广东医科大学创新强校工程项目

书香中国学术文库

全人发展语境下高校学生工作的知与行

谭秋浩 主编

光明日报出版社

图书在版编目（CIP）数据

全人发展语境下高校学生工作的知与行 / 谭秋浩主编. --北京：光明日报出版社，2016.12
ISBN 978-7-5194-2583-8

Ⅰ.①全… Ⅱ.①谭… Ⅲ.①高等学校—学生工作—研究—中国 Ⅳ.①G654.5

中国版本图书馆 CIP 数据核字（2017）第 033039 号

全人发展语境下高校学生工作的知与行

主　　编：谭秋浩

责任编辑：宋　悦　　　　　　责任校对：赵鸣鸣
封面设计：中联学林　　　　　　责任印制：曹　净

出版发行：光明日报出版社
地　　址：北京市东城区珠市口东大街 5 号，100062
电　　话：010-67078251（咨询），67078870（发行），67019571（邮购）
传　　真：010-67078227，67078255
网　　址：http://book.gmw.cn
E - mail：gmcbs@gmw.cn　songyue@gmw.cn
法律顾问：北京德恒律师事务所龚柳方律师
印　　刷：北京天正元印务有限公司
装　　订：北京天正元印务有限公司
本书如有破损、缺页、装订错误，请与本社联系调换
开　　本：710×1000　1/16
字　　数：279 千字　　　　　　印　张：16
版　　次：2017 年 5 月第 1 版　　印　次：2017 年 5 月第 1 次印刷
书　　号：ISBN 978-7-5194-2583-8
定　　价：48.00 元

版权所有　　翻印必究

编委会

主　任：符学三

主　编：谭秋浩

副主编：盛文楷　钟家华　罗　敏　匡思蕾
　　　　官成浓　陈炳权　聂　彤　冯香婷

编　委：陈晓光　唐湘涓　梁志勇　廖少玲
　　　　吴　汪　黄育宽　陈　敏　丁喜生
　　　　王广宁　陈　明　张　静　李鹤展
　　　　李　鸣　骆　然　温少恒　李茂祝
　　　　戴滨彬　梁云峰　程钟泽　张　超

人人皆可成为领袖

——对全人发展语境下高校学生工作的思考

马克思说:"人以一种全面的方式,也就是说,作为一个完整的人,占有自己的全面的本质"。马克思把未来理想社会界定为"以每个人的全面而自由的发展为基本原则的社会形式","在那里,每个人的自由发展是一切人的自由发展的条件"。

马克思全人发展理论对高等教育的启发在于:高等教育也应当追求一种全人教育,即高等教育不应只专注专业教育,还应当注重大学生综合素质的提升;高等教育不只是某个或某一群体大学生成长的平台,还应成为所有青年大学生成长的乐园。由此可见,在全人发展语境中天然地蕴含着"人人皆可成为领袖"这一基本命题。

"人人皆可成为领袖"是对大学生拒绝平庸、成为精英的热切期盼。"人人皆可成为领袖"是激励现代大学生拒绝中庸,不随大流,培养自己的个性和喜爱;训练独立思考的能力,拥有舍利取义的勇气;决绝自我中心,敢于担当,胸怀众人,敢于变革,发挥优势,开掘潜能,成为自己擅长领域的领袖和精英。全人发展语境下,大学需要培养学生的"领袖气质"。张萌说,健康、善良的生命,活泼、自由的头脑,丰富、高贵的灵魂,这是人生三宝。我认为这也是领袖气质的必备构成。另外,青年领袖还应具备以下三大素质:第一,形象。容貌、服装、言谈举止等方面的展现若能很好地符合大家的心理预期,将有利于领导权威的建立。个性化的领导形象可能更有影响力,但前提是大家能够接受认可。第二,信任。这指的是领导者如何获得追随者的信任。信任就是"心服"领导的决策。第三,目标。与普通人不同,领导人的目标即团队目标。目标是一种个人或系统想要达到的状态或结果,会为此计划，设法达成。明确的目标会为领导人和团队导航，照亮方向并提供充足的动力。

"人人皆可成为领袖"是对高校学工人员平等尊重每位大学生、不断优化工作方法的积极呼唤。在中国传统的师生关系模式中，学生是被动的倾听者、接受者，他们一般不习惯于挑战授课者的观点，缺乏独立和批判性思维的能力。堪称"中国高校通"的耶鲁大学前任校长理查德·莱文曾说："目前中国大学的本科教育缺乏两个非常重要的因素。第一个是缺乏跨学科的广度；第二个是缺少对于批判性思维的培养。"这显然跟国家创新型人才培养的目标不符。英国哲学家怀特说"大学就是在老年人的智慧和年轻人的热情之间搭起的一座桥梁。"为此，广大教师特别是学工人员应该充分尊重和包容每位学生的差异，相信他们的潜能；始终坚持制度面前人人平等。我们应当鼓励学生积极参与各类奖项的评定，积极参与社团活动、公益活动、探讨如何更好服务学生等方面的工作。保障学生平等享有学校资源，平等享有进步的机会；营造一个公开、公正、公平的校园氛围；保护大学的批判精神，鼓励学生提问、质疑、怀疑。

"人人皆可成为领袖"是全人发展语境下高校学生工作的座右铭，全人育人则是高校学生工作迈向"人人皆可成为领袖"目标的重要路径。纵观国内高校，全人育人理念下的高校学生工作已进行了一些有益尝试，如我校的领袖行动计划、青年领袖讲坛、"校园之星"评选、优秀毕业生分享会、"行知班"人才培养等。高校全人育人工作的进一步优化，尚需要从深层次更新既有的学工理念，创新相应的学工模式，广泛学习成功做法。既要从大学生的角度去探索，也要从高校学工人员的角度去思考。既要注重理论研究，又要加强实践尝试。既要借鉴国内知名高校的成功做法，又要关注国外高校的有益经验。一言以蔽之，全人发展语境中学生领袖的培养是一项宏大的系统性工程，这项工程牵涉到学生工作的方方面面。高校学生工作者应义无反顾担当起全人育人工作的使命。

在此背景下，广东医科大学组织广大一线学生工作者，对全人发展语境中学生工作的理论和实践进行了探索，举办了专门的研讨会对相关议题进行深入交流，并选派30余名工作人员赴香港中文大学参加为期一周的系统性学习和培训，通过研讨会期间的思想火花的碰撞以及在香港中文大学期间的交流学习，产生了关于全人发展语境下高校学生工作新思考、新设想，形成了《全人发展语境中高校学生工作的知与行》这一理论成果。希望本书能够为兢兢业业致力于高校学生工作的园丁们提供有益的养料,能够为高校学生工作的创新与发展贡献应有的力量。我们期盼全人教育成为今后高校学生工作的常态,我们希望高校莘莘学子能够"马奔大道、虎啸深山、驼走大漠、雁排长空",各有所长,成为自己所擅长领域的领袖!

广东医科大学党委副书记　符学三

目 录
CONTENTS

第一部分 全人发展语境下高校学工理论研究 …… 1

第一章 学工理念创新 3
高校生全人教育的新思考 3
全员育人视域中的高校学生工作实效性提升 7
"大树"哲学对辅导员职业发展的启示 11
辅导员的职业态度新论 16
教练技术中"发问"方法对高校学生工作的启示 20
新常态下共情技术融入高校学生工作的思考 23

第二章 学工模式新探 28
多维协同辅导员工作模式的探讨 28
"以学生为本"的全人发展型学生工作新模式初探 33
基于全人教育理念的学生工作创新 37
临床医学"3+2"教学模式下学生管理的探索 42
体验式教育：医学院校大学生生命文化教育的重要途径 46
布迪厄文化资本视域下高校贫困新生适应性研究 50

第三章 思想政治教育 56
知行合一：大学生社会主义核心价值观教育的第一要义 56
全人教育理念下大学生思想政治教育范式构建 63
新媒体时代高校学生统战工作创新研究 67
新媒体时代大学生思想政治教育的路径新探 71

提高在校大学生对学校归属感的思考　80
关于大学生绿色教育的思考　85

第二部分　全人发展语境下高校学工实践探索 ……………………… 91

第四章　综合素养提升　93
公民生态素养培育的困境及其破解对策　93
高校学生参与第二课堂活动的现状与对策　98
微信在高校德育中的影响与应用　107

第五章　就业创业指导　114
"卓越计划"培养下的大学生就业竞争优势分析　114
大学新生职业规划意识培养方法　118
高校创新创业教育存在的问题与建议　123
广东省医学生职业生涯规划现状分析　127
高校创业型勤工助学模式的实施路径　134
基于校企合作模式的大学生创新创业实践探索　138

第六章　资助帮扶工作　144
全面收费背景下研究生奖助激励的问题与对策　144
大学生校外兼职过程中的权益保障措施探讨　148
关于高校留级生教育管理工作的思考　153
心理咨询技术在高校辅导员谈心教育中的应用　158
抑郁倾向青少年的叙事治疗个案报告　166

第三部分　香港中文大学全人育人的做法及启示 ……………………… 173

第七章　全人育人模式　175
香港高校全人教育模式及启示　175
全人教育理念下的高校学生事务工作思考　180
浅谈香港中文大学书院制视野下全员育人　187
全人教育理念下香港中文大学学生工作的做法及启示　192
香港中文大学通识教育的启示　197

第八章　第二课堂实践　201
书院制对香港中文大学通识教育的影响分析　201
高校学生宿舍育人功能实现路径探析　205

香港中文大学博群计划:大学生社会服务新模式的探索　209
　　在高质量的公益活动中培养大学生的社会责任感　213

第九章　综合素养提升　219

　　医学生人文素养培育的思考与探索　219
　　关于提高医学生大学语文素养的思考　223
　　香港中文大学就业指导的工作启示　228
　　香港中文大学的学生工作对医学新生教育的启示　232
　　香港中文大学教育理念对内地研究生自我教育的启示　235

第一部分 01
全人发展语境下高校学工理论研究

第一章

学工理念创新

高校生全人教育的新思考

作为社会生活的一个重要平台,大学在培养大学生自身发展、社会发展能力等方面有着十分重要的作用。反思中国教育的各个阶段(包括大学),我们不难发现,恰恰在全人教育方面,很多大学是忽视了这一隐重要性命题的内涵,而以分数、专业作为衡量教育成功的价值标准,无疑,这样教育背景下培养出来的大部分毕业生会成为社会的专业人员,却缺少了人之为人的生命发展能力与本应作为社会栋梁的社会责任感与历史使命感。

一、全人教育的理念

现代意义上的"全人教育"最早是由美国的隆·米勒(Ron Miller)提出的,他创办了"全人教育出版社"并发行了《全人教育评论》。加拿大的约翰·米勒(John Miller)代表著作主要有《全人教育课程》,在课程教育方面取得了斐然成就。澳大利亚、英国的全人教育研究发展也十分迅速。日本教育家小原国芳等人也对全人教育如理想的教育、理想的人提出自己的见解,认为应培养真(学问)、善(道德)、美(艺术)、圣(宗教)、健(身体)、富(生活)全面发展的人。

全人教育是指教育的目的是在健全人格的基础上,让学生的生命潜能可以充分、全面、和谐地发展,促进学生的社会适应力、社会发展能力,使学生成为有知识、有道德、有能力的全人。这一理念是对以人为本与社会为本教育观点的整合,形成了个人价值与社会价值相结合发展的新理念[1]。

全人教育鼓励以人为本的自我实现,强调人之为人,着重于人的内在,比如情感、同情心、想象力、创造力、好奇心等,要和谐发展个人心智,形成健全人格。

同时,全人教育还让人明确:人是在结构性的社会群体之中生活的,是在鲜活的人际交往中存在的,会形成各种关系,要进行各项事务,因此,真诚的人际交往和跨文化的人类理解是社会适应力与社会发展力的重要途径。

总之,全人教育是培养人的全面素质且蕴含广阔而博大的世界观的培养模式,认为环境、人类、和平是相关的,强调人与宇宙、自然、社会和谐相处的世界观,这一观点超越了个体与小群体,是全球、生态与灵性互动的系统论观点。

因此,全人教育的个人发展功能、社会教育功能、基本素质培养功能、实践能力提高功能、职业能力训练功能、团队凝聚功能和文化娱乐功能等多方面的功能,将影响着大学生的价值观、理想信仰、情感、人格的形成与发展。

二、现代教育的现状

反观近几十年来中国的教育现象与教育结果,我们不难发现,教育很多时候是为了迎合社会生产力的发展,将生产力所需要的技能与知识进行分解,并将这些分解的部分对学生进行所谓的专业化训练,使许多的青年人只是学会了某种技术才能与工作细节,而缺失了个人在身心、情感、理智、精神潜能、美感、创造力等多方向的发展,这样,人仅仅被物化为技术工具而失去了人之为人的生存意义,失去了个人发展的最本质最基本的动力与方向。

工业化时代的快速发展使科学实用主义盛行。科学也成了大学发展的主导方向,实用知识的传授与工业能力的培养成为大学的主要职责,这固然会大大地促进社会生产力的发展与革新,但同时,不可否认的是,人文课程的缺失,文学、艺术成为生活中的奢侈品,使受教育者的视野里缺少了价值观、是非观、道德审美的评价元素,缺少了对周围事物的关心,大学生的德育与意识形态出现空白化或模糊化[2]。

同时,高考制度使激烈竞争存在必然性,学生之间的关系存在一定的矛盾与紧张。很多人在这样长期的竞争环境中会忽视对正常人际关系的重视与对合作关系的理解。将社会关系、文化背景分割开来的教育,最终结果可能是制造出只重功利的人,他们关注满足自我,经常看到的是身边狭小的人与事,缺乏对更多人的理解与尊重。这些将使他们在走向社会以后以团队工作为基础的工作局面中出现困顿与迷惑,人际理解能力的低下会使他们丧失相当多的机会。

此外,将各种知识人为地割裂开来的学校教育,各门学科被相互孤立而存在,知识被拆分得四分五裂,这样学习的结果导致了受教育者的思维方式孤立而缺乏系统性、整合性,这也将导致人的发展是片面而无法完整的。更甚的是,知识视野的极大局限性,使受教育者"近视"至无法理解人与社会、人与自然、人与宇宙之前的相互关系,这将阻碍人类社会在地球的和谐生存与未来发展之道[3]。

三、全人教育的新思考

建设与创新全人教育,是培养适应并引领社会发展的高素质人才的需要,是大学发展的必然发展之路,也是高校得以持续发展的必然要求。因此,要突破传统教育活动与路径的桎梏,开拓发展全人教育的路径,丰富大学生的教育发展的内容与形式,对全人教育的实施方式进行科学的设计与思考,发挥大学的平台教育功能,才能更好地服务于高校的社会责任与历史使命。

(一)全人教育的活动机制创新

全人教育作为国内大学较少开展的领域,要成功实施,必然需要坚实的机制基础。首先,领导机制是关键基础。可以考虑由校领导担任牵头或负责,由学生管理部门如学工部、团委、二级学院等相关职能部门参与,形成联动合作机制,在不同的平台层面开展相关的指导与运作工作。其次,运作机制是环节基础。通过建立健全教育与管理运作渗透机制,将全人教育活动与国家的政治理想、民族精神传承、社会公德的推行、高雅文化的学习与个人发展的理念相融合,以学校机构平台促进,推进学生自我教育与相互教育相结合,建构全人教育的工作网络。再次,评估机制是反馈基础,通过学校、教师、社会各界、企业等主体对全人教育活动效果及人才培养质量进行效果观察与社会效益评价,建立完善评估管理机制。还有,保障机制是实施基础,通过资金投入保障、指导队伍保障、奖惩制度保障、后勤保障等机制,切实保障全人教育活动的实施能得以落在实处[4]。

(二)全人教育活动理念创新

因为全人教育的理想宏大,因而要求大学教育理念要进行相应更新,用更大、更新、更全方位的理念,去更新原先的只关注科学与专业的理念,用更博大、更开阔的视野去更新原先只关注工业生产化进程、专业发展与技能训练的视角,用更贴近人性、更情感化的观念去更新原先只关注物质积累的观念,用更道德、高雅的标准去更新原先只关注以物质财富为成功的标准,打造出宇宙、自然环境、社会、个人和谐发展的科学发展观,提高大学生对现实生活、科技、社会管理等方面的参与积极性,提升他们的发展个人与发展社会乃至发展世界的能力。

(三)全人教育的活动内容创新

参考现有资料,可以看出,全人教育讲求培养人的全面素质、博大的世界观,因而活动内容除了大学经常开展的各种理想教育活动、民族解放思想教育活动、常规的传统文化活动外,还应增加自然科学活动、人文教育活动、道德规范体系的教育活动、管理社会的能力培养、创业教育、就业能力、社会适应等一系列相关内容,以帮助大学生培养良好的信仰理想、道德人格与品质、情绪管理、人际关系,增强大学生作为生物人的生命发展、作为社会人的社会发展、作为地球人的宇宙发展能力。

(四)全人教育活动形式创新

形式创新是全人教育得以深入开展的外在条件基础。法无定法,整合资源,利用各种时间段,采用各种形式,如以中西合璧形式、自力自助形式、商业赞助形式、联合共建形式、现代古典组合形式、网络在线形式等多种形式,或通过各种实地考察活动、社会实践活动等形式,集思想、政治、科技、文化、娱乐于一体,通过师生、社会人士、校友等共同参与,对各种国际形势、现实问题、个人困惑,展开平等交流、相互探讨、集思广益,可以有效地促进了大学生对自然生态、社会环境、国情民情的了解,督促学生积极思考与价值选择,从而促进学生的健康成长,形成群体关心社会与环境,积极向上的教育氛围。关注学生的心理满足、提供难以忘怀的体验,探索通过体验促进全人教育活动品牌的形成。全人教育活动的开展在丰富多彩、学生喜爱的形式中,将为大学生成长成才搭建更加广阔的舞台。

总之,随着时代和社会不断地前进发展,全人教育的不断实施与深入进行,将对大学生健康人格的塑造、综合素质、实践能力的提高起着至关重要的作用。因此,各个学校应根据自身现状,确定全人教育活动创新目标、发展方向以及创新的基本任务、活动品牌形象等,进行全人教育的功能选择,开阔学生视野,启发学生思维,激励学生创新,优化提升学生综合素质结构,完善学生个性品质,提高学生的竞争能力和创业能力。

参考文献:

[1]潘向.高校校园文化活动创新研究[J].科技传播,2010(2):83-84.

[2]韩明涛.大学文化建设[M].济南:山东人民出版社,2006.

[3]张耀灿.思想政治教育学前沿[M].北京:人民出版社,2006.

[4]伍锦昌.正确处理和谐校园文化建设的八大关系[J].当代经济,2008(09):134-136.

(文/第三临床医学院 梁海珊)

全员育人视域中的高校学生工作实效性提升

高校学生工作是高校教育教学工作的重要方面,是高校全面贯彻党的教育方针尤其是思想政治教育政策、促进大学生成长成才的重要保证。高校学生工作是一项复杂的综合性系统工程,需要高校各部门全体教职员工直接或间接参与其中。随着各方面对高校学生工作的要求越来越高,要切实提高高校学生工作实效,构建高校全员育人学生工作格局已是共识。构建高校全员育人学生工作格局,要求通过搭建工作平台、建立工作机制,理顺高校各部门、各种资源的相互关系,使高校的全体教职员工为了实现育人的目标,在从事本职工作的过程中,以一定的形式直接或间接参与到高校的学生工作中去并协同发挥育人作用[1]。

近些年来,各高校都在自觉地积极构建这种学生工作格局,在实践中已经初步发挥了提高学生工作实效的作用,为高等教育事业的发展作出了很大的贡献。但在新形势下,我国的高校学生管理工作面临着前所未有的挑战,也对高校构建全员育人的学生工作格局提出了更高的要求。本文拟对影响高校构建全员育人的学生工作格局的因素进行归纳,在此基础上提出应对对策。

一、新形势下高校构建全员育人学生工作格局面临的主要挑战

概括而言,目前高校学生工作面临的主要挑战主要有以下三个方面,这些挑战客观上给高校构建全员育人的学生工作格局提出了新的更高要求。

一是社会转型期的时代背景使高校构建全员育人工作格局面临更加复杂的外部环境。社会转型期必然具有的不确定因素使高校学生管理工作面临着更加复杂的外部环境,给高校的学生管理工作提出了新的课题。高校构建全员育人学生工作格局如何与社会的育人环境形成有效合力,是一个全新的挑战。

二是我国始于20世纪90年代的高等教育系列改革使高校构建全员育人工作格局面临更加复杂的内部管理环境和利益协调困境。"扩招"、"学分制"、"后勤社会化"、"弹性学分制"、"职效工资改革"等高等教育管理政策改革的实施对高校学生工作产生了深远的影响,在为学生提供了更优质的教育资源的同时,也对高校学生工作提出了新的任务。在工作任务加重的情况下如何妥善协调高校内部各部门的工作关系尤其是部门利益,从而保证各部门各类教职员工不囿于狭

隘的部门甚至是个人利益,切实履行育人职责,从而形成高校全员育人的合力,是一个全新的挑战。

三是校园文化的多元化给高校构建全员育人学生工作格局带来了新的冲击。随着我国改革开放进入了一个新的阶段,我国与外界的经济文化来往日益频繁。加上科学技术尤其是自媒体技术的迅猛发展,极大地促进了校园文化的多元化趋向,当代大学生的精神世界更加复杂更加多元,不可避免地出现价值观混乱的情况。如何在文化多元化的背景下保证高校的全员育人真正聚约于学生的成长成才,从而保证全员育人的合力与学生的成长成才需求正向互促,也是一个全新的挑战。

二、影响构建高校全员育人学生工作格局的主要因素

(一)全员育人工作主体因素:各部门各类育人教职工的育人职责难以明晰化

高校学生工作的工作主体即学生工作者应该是谁,曾在相当长的时间里是一个莫衷一是的问题。有人认为高校学生工作者是包括主管学生工作的校领导为首,包括辅导员、班主任等以学生日常事务管理为其职责主要内容的高校学工队伍。也有人认为高校学生工作者从高校的育人功能来说应该是高校全体教职员工。持前一种观点的人认为学生工作需要专门化和专职化,而持有一种观点的人认为学生工作是一项全员性的工作,学校的所有教职工的本职工作都应该直接或者间接发挥育人作用。

应该说,两种观点都是有理由得到认可的。一方面学生工作队伍的专门化和专职化有利于高校学生工作的专业化,是提高高校学生工作发挥育人作用的必要条件;另一方面高校所有的教职员工的根本职责是培养人,因此,高校的所有教职员工属于广义上的学生工作者也是有道理的。然而问题在于在实践中,学生工作专门化在实践中往往表现为学生工作变成辅导员的工作,使学生工作狭隘化;而全员化在实践中往往会走到另一个极端,即看似每一个人是管理者,但是每一个人又没有清晰的工作职责,或者把自己的本职工作与育人工作割裂开来,认为学生工作不属于自己的本职工作。这两种倾向使得增强高校学生工作的实效缺乏确定的动力来源。

(二)全员育人工作客体因素:学生成长成才的多元化需求难以满足

目前高校学生工作的对象即工作客体主要是"90后"的青年群体,作为成长于改革开放后的青年,他们的成长经历伴随着整个社会的深刻变革。在国内,整

个社会正处于转型期,社会深刻变化所造就的复杂环境成了"90后"青年学生成长的社会背景;与此同时,全球化进程的加速推进和信息技术的迅猛发展使"90后"青年学生接受和感受多元文化的可能性和便利性大大提升。总之,"90后"青年学生生活在一个新生事物不断涌现成为常态的时代,他们的知识来源更加多元,他们的人生观、价值观和世界观的选择也更加多元。这一切都使得高校学生成长成才的需求越来越多元化,而需求的多元化势必对高校学生工作提出更高的要求。能否在学生工作的刚性统一与大学生成长成才的多元化恰适之间取得适当的平衡,并使高校全员育人所形成的合理与高校大学生多元化成长成才需求相互适配,是确保高校全员育人学生工作格局切实提升学生工作实效的重要保证。

(三)全员育人工作介体因素:学生工作资源的集约化整合机制尚未建立

高校学生工作的工作介体包括工作载体、工作制度、工作手段等,是高校学生工作中学生工作者对大学生开展工作、实现工作目标的中介性工作资源的统称。中央16号文颁布以来,全国高校逐渐建立起了比较完善的高校学生工作队伍体系,特别是专职政治辅导员队伍的建立和完善以及全员育人观念的逐渐强化,使高校学生工作实效得到了切实的提升。但在新形势下,打造一支专业化和全员化的学生工作队伍只是进一步增强学生工作实效的基本条件。更重要的是需要同时搭建能充分发挥管理效能的工作平台和实现工作方式的创新以建立增强学生工作实效的长效机制。要厘清全员育人学生工作格局下教职员工的工作职责并对学生的多元需求做出有效回应,必须建立合理的工作介体体系,以实现管理资源的集约化整合。

三、发挥全员育人学生工作格局对提升学生工作实效性作用的对策

(一)学生工作理念的转变:从重监管到重服务的转变

高校学生工作除了有维持组织运作秩序的功能之外,还有一个基本的功能,就是服务学生的成长成才需求。寓服务学生于本职工作之中是高校所有教职员工履职从业的根本要求。但在相当长时间里,高校学生工作比较侧重刚性的监管,而柔性的服务方面做得远远不够。高校学生工作要树立一种服务为先的宗旨,"这是党的根本宗旨在学生工作领域的具体体现,是贯彻落实'三个代表'重要思想的具体体现,同时也是学校工作的内在要求和学生工作的职业要求"[2]。只有实现从监管到服务的转变,高校学生工作的"全员参与"才能实现资源的正向增加,也只有实现从管理到服务的转变,高校学生工作的"专职化"才能真正契合学生的成长成才需要,从而切实增强高校学生管理工作的实效性。

(二) 学生工作职责厘定方式的转变：从重管理职责到重育人职责的转变

长期以来，我国高校在管理上采取参照公务员单位的管理方式。历史地看，这种管理方式有效地使有限的国家和社会资源得到高效和集中的利用，使我国高等教育事业能在短时间内就取得长足的发展，对促进我国高等教育事业的跨越性发展起到了巨大的作用。然而，随着我国高等教育开始从重数量到重质量的阶段转变，对高校的管理提出了更高的要求，现行的高校管理方式的不足也开始显示并逐渐引起学界的重视。比如高校如何去行政化问题成了人们讨论的热点问题。

落实到学生工作实践上，目前高校的管理方式使校内的各部门过于侧重管理职责而对本部门的育人职责则重视不足。这也是高校学生工作一旦侧重"专职化"就往往走向学生工作狭隘化，而一旦侧重"全员化"就往往走向学生工作主体泛化且学生工作职责无人承责的重要原因。因此，要构建高校全员育人学生工作格局并切实提升学生工作实效，必须在管理目标取向上实现重管理职责到重育人职责的转变。在学生工作主体的确定上，可以分为两类，一类是直接从事学生管理工作的教职工，也就是狭义上的学生工作队伍，包括分管校领导、学生处工作人员、辅导员和班主任队伍等人员；另一类是高校的其他职能部门、教学部门、科研部门及其他服务性部门的所有人员，他们都属于广义上的学生工作队伍。对于第一类人员来说，全员育人意味着他们要不断提高育人的专业性，而对于第二类人员来说，全员育人意味着他们要做到"一岗双责"，即在履行本职工作职责的同时发挥育人功能。比如财务部门在收缴学生学费的过程中就可以履行对学生进行诚信教育的育人职责。在高校全员育人的学生工作格局之下，按时按质收缴学费是重要的，如何收缴、在收缴过程中如何教育学生也同样重要甚至更加重要。

(三) 学生工作管理形态的转变：从重条块到重集约的转变

高校学生工作是一项长期的复杂的系统工程，贯穿于高校学生培养的方方面面和每一个环节。不管工作主体职责如何厘定，学生的成长成才的需求如何回应，要增强学生工作实效，都需要各种工作资源系统地整合和系统地发挥作用。目前高校学生工作在管理形态上大致分为纵向线条型和横向项目型两种。就保证组织行为顺利运行而言，这两种类型的管理形态都有其合理性。但是这两种类型的管理形态的存在也正是进一步增强高校学生工作实效的制约因素，因为无论是哪一种形态，都无法保证管理资源发挥集约效果。因此，要建立充分发挥学生教育各个环节的管理效能的集约型管理形态，在服务学生的过程中充分发挥各种资源的效用，使满足学生成长成才的多元化需求成为增强工作实效的表现形式。从这个角度来说，构建高校全员育人学生工作格局，既是新形势下增强学生工作实效的必由之路,也是提升高校学生管理水平的必然要求。只有这样,"全员管理"就会转变为和"全境育人"和"全员育人"。

参考文献:

[1]程亚萍.论高校全员育人思想政治教育机制的构建[J].湖北广播电视大学学报,2010(3).

[2]冼德庆.关于增强高校学生工作实效性的若干思考[J].高教探索,2007(4).

(文/人文与管理学院 吴笑韬)

"大树"哲学对辅导员职业发展的启示

《高等学校辅导员职业能力标准(暂行)》指出辅导员职业分为初级、中级、高级三个等级,明确了辅导员成长的"动态"方向。实践证明,辅导员的成长是一个需要时间积累、不断自我完善、自我发展的过程,研究辅导员成长理论和成长规律,指导与引领其实现从一般走向优秀、从初级走向高级的成长,对新形势下提升思想政治教育队伍整体水平,改进大学生思想政治工作具有重要的现实意义。"大树"成长哲学作为一个激励人的理念,对辅导员成长亦有诸多启示。"大树"之所以能由小到大、终成栋梁的关键在于其成长过程中存在五种必不可少的条件:时间、不动、根基、向上长、向阳光。对于辅导员成长而言,它亦是一个由生涩到熟练、由初级走向高级的过程,在其"岁月刻画年轮"的时间轴中同样需要遵循"大树"哲学,方能真正"成材"。

一、遵循大树成长的"不动"哲学,辅导员应坚定理想信念做"引路人"

古语说"求木之长者,必固其根本"(魏征《谏太宗十思疏》),大树要成材,不可能时时挪动,要长成一棵参天大树,必须保持"树根不动"。高校辅导员作为开展大学生思想政治教育的骨干力量和大学生健康成长的指导者、引路人,"不动的树根"就是以对职业坚定的信心和坚强的意志做学生的"引路人"。

(一) 政治引领

加强对师生的思想政治引领是新形势下做好高校党的建设和思想政治工作的迫切需要。习主席在第二十三次全国高等学校党的建设工作会议中指出强调,"要牢牢把握高校意识形态工作领导权,强化思想政治引领"。这一重要指示,为加强高校学生思想政治引领明晰了方向。作为高校思想政治教育工作者不仅要做到加强思想理论宣传,引导学生学习和研究党和国家的思想理论、习近平总书记系列讲话重要精神,武装其头脑,构筑其"精神世界",更要加强思想沟通,及时"追踪捕捉"学生的思想动态,并能准确判断这些思想潮流的"正负"取向,把握住思想潮流的影响范围。

(二) 道德引领

道德引领有别于制度约束,旨在唤起当代大学生对社会责任的确认和担当的德行要求,并内化为当代大学生个体的自觉行为。辅导员是大学生成长中的"重要他人",其自身的思想道德水平是发挥道德引领作用的关键,通过自身垂范、感召更能让学生信服。正如习主席所言:"党员干部要始终保持蓬勃朝气、昂扬锐气、浩然正气,用自己的模范行为和高尚人格感召群众"。此外,还可以进行环境熏陶、课程明理、活动导行和评价激励,从而实现全方位引领,引导学生向上、向善、向美。

(三) 文化引领

纵观我国现今社会文化,网络文化、时尚文化等大众文化不仅为西方文化的渗透提供了可能,拜金主义、享乐主义和消费主义价值观念势必对我国传统的幸福观念、勤劳节俭等价值观念构成挑战,冲击和弱化社会主义主流意识形态,因此加强大学生文化引领,不断地引领大学生学习、继承、借鉴、传播和创新民族以及域外的优秀文化,对提高学生的整体素质、文化修养以及弘扬民族文化起到重要作用。辅导员在文化引领中,可以用社会主义核心价值体系引领校园文化活动,引领校园物质文化建设,置学生于中华民族优秀的传统文化之中,使其身心得到沐浴洗礼。

二、遵循大树成长的"根基"哲学,辅导员应完善知识结构做"多面手"

千百万条树根,粗中有细,细中有微,盘根错节,深扎地底,不停地汲取养分,是谓大树的根基。世上没有无本之木,树高,其根也深也茂。辅导员要"成材"也需要牢实而又繁茂的"根基",只有根基打牢了,才能向上发展,万不能"空中楼阁"。要牢固自身根基,应该向大树一样极力汲取营养,不断学习、武装自我、提升自我,加强"干货"储备。具体而言,辅导员应该主动加强自身学习,更新知识结构、优化工作思路,以解决思想政治教育和对学生管理服务的过程中的新形势、新问题,做知识结构完善和职业技能丰富的"多面手",从而提高工作实效。

（一）工作学习化,着眼向"实践"学习

即要把每项工作看成是学习的新内容,研究和解决工作中贴近学生的实际问题,不再是闭门造车,这有助于在"做—反思—再做—再思"的"动态"工作过程中深化已有的知识、获取新的知识,从而实现学习、工作两不耽误。这就要求辅导员不仅要注重学习的开放性,即树立起"向学生学习、向同事学习、向领导学习"的学习理念,形成"学习共同体",将学生、同事、领导视为"同学",而且还要注重学习的反思性,并以文字化的形式呈现出来,总结、积累、甚至创造知识。

（二）学习工作化,着眼向"书本"学习

即将学习提上日程,视其为一项每天必要的工作内容,正如认真工作一样每天认真对待学习,以工作的心态来认识、研究读书和学习,让学习成为一项新的工作内容和形式。这就要求辅导员要把握学习的计划性,养成学习的好习惯;把握学习的广泛性,涉猎不同学科,紧跟时事政策理论;把握学习的创新性,做到读书不唯书,将书本知识适用于工作中的新形势、发现新问题、开创新思路。

（三）学习成果化,着眼于检验学习成效

一是内化于心,将学习成果转化为指导思想政治教育工作的科学思维和方法,在工作中做到学以致用,将共同目标落实到实际工作中去,使自己的思想融入时代潮流;二是外化于行,使自己负责的工作富有创造性,能更好地适应新时期、新形势和新要求,更好地将学习成果转化为思想政治教育工作的新思路和新举措;三是对话交流,积极参加各类比赛和交流活动,达到共享学习成果、柔性碰撞学习观点的效果,使自身的最新学习成效能在第一时间得到检验,从中也能激发继续学习的热情。如:辅导员职业能力大赛、辅导员论坛、学习成果交流会等。

三、遵循大树成长的"向上"哲学,辅导员应明确职业方向成为"行业专家"

大树一定是先长主干再长细枝,向上生长,没有一棵大树只向旁边长。一棵只是横向长的大树永远也看不到高处的风景,辅导员成长亦如此,如果辅导员在成长过程中只满足于当前状态,只想在固定层面发展而不追求向上,就永远也不能"超度"为一名专业化的辅导员。只有不断向上,追逐自己的"行业专家"梦,发展空间才更大,视野才更开阔,才有机会看到"整片森林"。为此,辅导员"向上长"应追求三种境界。

(一)以事业化为价值取向的工作境界

辅导员是在高校中从事学生的思想政治教育、学生日常管理、就业指导、心理健康以及学生党团建设等方面的工作,已初步成了一种职业,但是在辅导员队伍中,视其为"跳板"过渡者有之,一心"搞科研"无心投入学生工作者有之,不思进取等退休者有之,究其根源是没有将辅导员这份工作作为事业去经营,只有在事业化为价值取向的工作境界中才能实现辅导员由"谋生工具"到"自我实现"观念的转变、实现知识技能"工具化"到寻求自身本真的精神价值倾向的转变。

(二)注重专业引领提升专业境界

中共中央国务院《关于进一步加强和改进大学生思想政治教育的意见》明确提出要培养思想政治教育工作专门人才,甚至要选拔推荐一批从事思想政治教育的骨干继续攻读学位深造,这为提升辅导员专业境界构建了一条路径。但在现实中,由于辅导员专业背景多样,往往不愿意放弃自己以前所学专业,加之职称评定困难,多数不愿意攻读思想政治教育相关专业学位,这为辅导员专业化添置了一个"瓶颈"。然而,可以另辟新路径提升辅导员专业境界,促进辅导员专业化建设,即专业引领。辅导员专业引领有正式与非正式之分。正式专业引领的引领者应由思想政治教育专家、骨干教师、官方赋予的一系列诸如优秀辅导员、年度人物等组成,甚至成立"名辅导员工作室",这有利于深挖引领者的聪明才智,以激励被引领的辅导员群体,实现辅导员引领有组织有计划的完成。另外,辅导员可自发形成同伴引领和自身引领这种非正式的辅导员引领,突出引领、合作和关爱,寻求相互间的理解与支持,与正式引领不同,少了正式角色和合法权利,少了"头衔"和制度的约束,更容易调动同伴和自身的积极性。

(三)形成科研自觉的科研境界

辅导员作为一名思想政治教育者,不仅应具备教育能力,还要有科研能力,因为科研可以为教育提供最新的研究成果,可以增强教育的理论深度,同时更有助于培养和增强学生的科研能力。部分辅导员缺乏科研意识,存在"被动科研"现象,为评职称"速成"论文者有之,当领导论文"枪手"者有之。辅导员科研过程不应该是一种控制和要求,而应该是一种"自觉"行为,最终使科研的火种在自身体内发生"核聚变",具体应该做到秉持"在科研中幸福成长"的信念勇于实践、勤于学习、善于反思、乐于写作。

四、遵循大树成长的"向阳"哲学,辅导员应完善道德修养做"明白人"

阳光是树木生长的希望,大树必须为自己争取阳光,才有希望长得更高,因此,没有一棵大树延伸向黑暗、躲避光明。辅导员亦须向着光明成长,这就要求辅导员要时刻注意完善自身道德修养,加强自身思想道德建设,不受外界黑暗环境影响,使自己始终走在阳光路上,做一个"知何可为与不可为"的"明白人"。

(一)自觉筑起一道"篱笆墙"

在当前社会背景下,辅导员和学生都面临着各种相互激荡的思想文化的冲击。加之,高校扩招,多数高校的辅导员与学生的师生比例远超过国家规定的1∶200的标准,承担着较繁重的思想政治教育任务,同时还面临着职称晋升、提高学历等多方面的压力,致使部分辅导员价值观念歪曲、缺乏工作热情和上进心,对学生的成长关心不够,甚至放弃了良心和道义上的责任,忽视了对自身道德涵养的重视,产生了行为"失范"。但作为大学生思想、学习、生活的引导者、监督者和守护者,辅导员务必要自觉筑牢思想道德上的"篱笆墙",不仅要结合岗位职责,履行"不能失德"的责,自觉遵守职业道德规范细则,"法"已禁止不去犯,"法"要处罚不去碰,还要积极参加警示教育,明白"不能失德"的理,甚至就自身工作或个人素养等方面问题,要主动邀请、虚心接受同事、学生等的投诉或举报,从而加强对自身的监督。

(二)突破师德师能"两张皮"

"两张皮"指的是相互之间原本存在必然联系或依附关系的两种事物发生游离而单独存在,正如辅导员作为教师的师能与师德之间发生游离的现象,即辅导员在工作中只顾完成日常学生事务管理,管理归管理、德育归德育,德育与学生管理相互之间几乎也没有联系,甚至部分辅导员自身对学生德育要求与对己的道德标准不一致。以管理育人的核心理念统领德育和管理工作,就可避免德育与管理的两张皮现象,即改变以往师德高尚的教师大多定位带病工作、爱生忘家等形象,把着眼点放到辅导员的具体工作中,让师德在管理细节中体现,如引导辅导员用心和学生谈好每一次话,用情书写每一句批语,精心撰写"温馨评语"。

(三)常照"三面镜"防"栽跟头"

辅导员在奖助学金、名利和美色栽跟头的案例早已有之,究其原因都是丧失了党性原则,长期放弃了自我批评和自我反省。作为党员干部的辅导员只有常"照镜子"才能不"栽跟头"。其一要以制度规范为镜,《高等学校教师职业道德规范》、《关于加强和改进高校青年教师思想政治工作的若干意见》、《教育部关于建立健全高校师德建设长效机制的意见》等法律法规的出台为辅导员自身道德建设设置了"底线"。诚然,作为一名辅导员,在任何情况下,都要常照制度规范这面镜子,都不要忘记自己的身份,时刻对照法纪法规来检查自己的言行,勇于"解剖"自己;其二要以典型案例为镜,典型案例分为正面案例和反面教材,以正面典型为镜可以促转变。"见贤思齐,见不贤而内省",先进典型是每一位辅导员前进的标杆,辅导员应经常照、反复照,查找自己与先进典型的差距。以反面案例为戒可以受警醒。党的十八大以来,中央"打老虎"、"拍苍蝇"的脚步从未停歇,给广大党员干部敲响了警钟。辅导员虽不是"大老虎"、"大苍蝇",但也要以反面典型为戒,深入剖析反面典型的"成长"轨迹,从中吸取教训,查找自身思想上和行动中"不严不实"的问题,常除思想之垢,常扫行为之弊;其三要以群众为镜。学生、同事是辅导员的群众基础、是工作的方向、是检验的标准,常照此镜才有立足的根本和工作的活力。为此,广大辅导员应时刻检查自己在处理事务中有没有对谁偏心、程序不公正,损害学生和集体利益的行为,有没有把同事关系、师生关系、上下关系"庸俗化"等不良倾向。

(文/医学检验学院 邓佳倩)

辅导员的职业态度新论

辅导员的职业态度指从事思想政治教育工作的个人在对待自己的职业和教育对象时所持的观念和态度。职业态度包括职业认知、职业情感和职业行为三个层面,职业认知是指个体对职业的认识和评价;职业情感是指个体对职业的感情倾注和情感体验;职业行为指个体对所从事或者即将从事的职业的反应倾向,即行为准备。

一、辅导员树立良好的职业态度的重要意义

(一)职业态度是职业认知内化为职业行为的关键和桥梁

一般来说,态度的改变需要经历服从——认同——内化这三个密切联系的阶段。当个人完成对职业的认知的内化时,个人对职业的态度也就得到升华,个人的职业行为才得以形成和稳定。职业态度制约着职业心理活动,决定个人心理活动的方向和内容,又支配着个人的职业行为,态度的最终指向是人的行为,所以职业态度对职业行为影响深远,职业态度是形成个人职业行为的关键和桥梁。积极的职业态度能促进激励在工作中取得好的表现,反之,消极的职业态度将阻碍个人在思想政治教育中的表现。

(二)职业态度是职业人格的核心内容

职业人格是指人作为职业的权利和义务的主体所应具备的基本人品和心理面貌。辅导员工作的特殊性要求辅导员具备良好的职业道德,只有这样,才能以身作则,培养出合格的社会主义建设的接班人,而道德准则、道德情操和道德品质都是建立在积极的职业态度之上。积极的职业态度不仅是个人责任心的体现,是个人职业道德操守的集中体现。

(三)职业态度是职业工作绩效的最重要的主观因素,是个人职业能力得以发挥的基本前提

一个人的事业成就,取决于在职业认知上形成的职业态度。对于辅导员来说,积极的职业态度是形成个人工作绩效的推进器和助燃器。其职业态度关乎思想政治教育工作开展的成效,关乎个人能否对思想政治教育、就业指导、事务管理、心理咨询、党团建设、校园文化建设等工作顺利开展起到指导性的作用。

(四)职业态度决定思想政治教育的实际成效

思想政治教育工作是用一定的思想观念、政治观念、道德规范,对教育对象施加有目的、有计划、有组织的影响,使他们形成符合一定社会所需要的思想品德的社会实践活动。在这个实践活动中,作为教育者的辅导员只有做到以心交心,高度负责,才能将职业认知、职业技能发挥到极致,产生良好的职业效果。

二、当前辅导员的职业态度存在的主要问题

(一)对思想政治教育的职业认知不足

一是体现在实效困境上,具体表现在对思想政治教育工作缺乏认同感,从事思想政治教育工作的信念和意志不坚定,仅仅把从事思想政治教育工作作为一种过渡性的岗位,无法建立起一种真正理性的职业意志。个人对这个工作角色的社会价值判断不实事求是,对工作的性质和内容思考不足;二是体现在本领恐慌上,即个人从事思想政治教育工作的技能有限,而在实际工作中,虽然投入大量的时间和精力,但是缺乏总结和凝练,思想政治教育成效不显著。

(二)职业态度的认知向技能的转化功能较弱

职业认知向职业行为的转化过程是知、情、信、意、行五个要素之间不断平衡发展和适应的矛盾运动过程。尽管有部分辅导员对职业、对自身有一个较为全面的分析和定位,但是由于这支队伍普遍存在年龄和资历尚浅,政治理论修养和经验积累不足等问题,在开展思想政治教育时容易方式单一、缺乏威信和说服力,工作方法缺乏系统性和有效性,职业认知向职业行为的转化总体来说还是不顺畅。

(三)职业态度偏重于现实型和艺术型人格的培养,忽视研究型和社会型人格的培养

美国著名职业指导专家霍兰德认为员工的满意度和流动倾向性,取决于个体的人格特点与职业环境匹配的程度。他将大多数人的人格划分为六种类型:实际型、调研型、艺术型、社会型、企业型和常规型,环境也可分为这六种类型,当人格与环境的类型相匹配时,就会让员工创造最大的工作绩效。思想政治教育工作是一项系统的、综合性的工作,它的这一特点决定了辅导员更加强调具备社会型和研究型职业人格特征,而在现实工作和培训中,往往重视现实型和艺术型人格的培养,最终导致职业人格的缺陷,影响整个职业形象和职业水平。

三、端正和培养思想政治教育从业人员健康、积极、向上的职业态度的基本思路

(一)要正确认识当前中国社会的客观现实,以崇高的理想和坚定的信念引领我们树立正确的职业态度

一是要正确认识社会现实。当前,我国的改革正处在攻坚阶段,难免会出现急功近利的现象,所以辅导员要敢于正视和理性认识社会问题,用马克思主义理论武装自己,用马克思主义的方法澄清问题的根源。二是要正确认识个人理想,个人的理想是人生的航标,辅导员的职业理想与学生的成长成才是密不可分的,这就要求我们研究和探索思想政治教育的新方法和新途径,确保思想政治教育的科学性和时效性。三是正确认识职业。正确认识职业是建立在对个人的正确认知之上的。和一般的自我认知强调情感、体验等不同,辅导员的自我认知要密切结合职业要求和定位来开展。需认识到思想政治教育工作是政治工作思想性部分和思想工作中政治性部分的叠加和融合。

(二)要努力提高辅导员对职业的认识水平和技能水平

一种正确的态度产生和依赖于一种正确的理性的认识,同时,一种正确的态度作用的发挥,也依托于高水平的实现的主观条件,即技能水平。辅导员在正确

认识自己的职业价值时,也需要培养和丰富良好的职业技能。辅导员的职业技能应能促其思想、业务和人格趋于完善、不断发展,应包括组织管理能力、交往沟通能力、学习研究能力和创新发展能力。要提高上述能力一要善于学习,善于学习不仅要向书本学习,还要向实践学习。除了向其他教师学习以外,还要向教育对象学习。二要勤于思考。勤于思考才能不断锻炼个人对问题察觉和研究的敏锐性,才能明确创新内涵,培养创新精神,深化个人对思想政治教育工作的认识,找出个人在工作中的不足。三是掌握知识。知识是能力形成的基础,并能促进能力的发展。掌握知识不仅是掌握专业知识,还要掌握社会知识。

(三)要高度重视和强调辅导员的修养

辅导员的感召力、渗透力、说服力和战斗力的增强,提高辅导员的个人素质是最终的、也是最有利的渠道之一。辅导员个人素质提高的途径是全方位、多渠道的,但最终还是要取决于辅导员自我修养的提高。只有通过好的修炼和养成,才能培养高的社会良知和责任感以及职业自觉。重视和强调辅导员的修养,必须不断提升其理论水平和实践水平。只有将理论的力量和人格的力量结合起来,才能做到言传身教,身体力行。

(四)要建立职业的标准和社会发展的阶梯,为良好的职业态度提供职业平台、职业指引和职业空间

建立高标准的职业准则和切合实际的社会发展阶梯,拓展了辅导员职业发展空间,大大打消了辅导员社会认同度不高的顾虑。一是坚持准入机制,按照"政治强、业务精、纪律严、作风正"的标准,坚持公平公正公开的标准选拔人才;二是强化培养机制,建立分层次、分类别、多形式和重实效的辅导员的培训体系,搭建平台,提升思想政治教育从业人员的研究能力和学历水平;三是完善保障机制。制订符合省情的思想政治教育从业人员的职称系列评定办法,进一步提高思想政治教育从业人员的待遇。

(五)要有职业态度的社会引导,社会激励和社会批判

职业态度的社会引导,社会激励和社会批判有利于推进思想政治教育从业队伍的职业化、专业化,有利于破解新时期学生工作的困境和共性问题,有利于发挥榜样的激励和示范作用,在全社会形成一个良好的氛围。对优秀思想政治教育工作者的评选和表彰就是一种重要的方式,是一种价值确认,通过价值确认,思想政治教育工作从个体实现的价值上升到社会认同的高度,这对辅导员来说,是一种鼓舞,是一种力量,是拼搏奋斗的源泉。

(文/医学检验学院 吴春丽)

教练技术中"发问"方法对高校学生工作的启示

"发问"是教练技术在学生管理工作中的一种重要的应用方法,它既是一项创新,也是一种挑战。在现代快节奏里生活的,学生的压力也在不断地增长,学生在学习中付出了艰辛的努力,但有时候达到的效果并不理想,取得的成果也不尽如人意。作为高校学生管理工作者,有责任帮助学生面对解决的困惑,这需要改变以前某些陈旧的做法,采用新的方法和理念,指引学生在困境中开辟出一条最有效的途径,然后再加以努力奋斗,发挥潜能,从而达到更好的效果。

一、教练技术的基本步骤

(一)听

教练是学生的一面镜子,教练的聆听不是一般意义上的听,而是听出对方虽然没有说出来,却在言语和神态上已经表现出来的内容。教练需要听出学生说话背后的根本,听出对方的感受和情绪,并且要客观,抛开自己的判断和看法。有效地聆听是启动教练过程的钥匙,可以为教练收集到真实的资料,建立起双方亲和的关系。

(二)问

发问是人类进步的工具。学生目标的设立需要遵循 Smart 法则,即目标一定明确(Specific),可度量的(Measurable)、可实现(Attainable)以及目标必须是结果导向(Result-based)和必须具有明确的截止期限(Time-based)。所以,我们必须清楚"我想要的是什么?""怎样才能得到自己想要的?""我所做的是否有利于得到自己想要?""为得到想要的,我愿付出怎样的努力和代价?""如何能够持以恒",这就是所谓的"成功五问",通过这种启发性的、开放性的发问可以打开被辅导者的心扉的思维,从而挖掘出更多的可能性。而启发性的问题更加提高了这种可能性。

(三)分

教练的过程是一个明确区分识别的过程,因此,要求具有较高的区分识别能力,区分识别越强,就越能发现学生背后隐藏的内容,越能发现实质。教练区分识别的目的是反映真相,帮助学生看到自己的盲点,顺利地解决问题。教练不仅要区分出学生在说话中掺杂的演绎,还要识别出学生的渴望与困惑。

(四)应

回应就是要求教练对学生的提问要有充分的反应。教练在聆听和区分识别以后,就要用回应来帮助学生照镜子。当然,教练进行回应的出发点应该是给学生积极正向的支持和鼓励,而教练回应的心态应该是认真真诚、直接明确以及及时的。这样才能帮助学生解决问题。

二、"发问"的内涵及意义

"发问"是在教练技术中教练与被教辅导者之间展开的一系列的问话,它可以使被辅导者发现自己的盲点,发现问题,厘清思路,从而自己发现问题的答案,找到突破口;它可以给予被辅导者一种积极向上的动力,激发教练与被辅导者共同朝向更好的目标发展,并使被辅导者不断突破和提升自己,扩展潜能,看到更多希望,更多可能,更多选择和更多机会,而不会把自己限制在一个有限的范围内,茫然失望。教练就像一面镜子,不会告诉你怎么去做,却可以使你看清自己的样子,从而引导你该怎么去做。通过教练的过程,使被辅导者改善心态,清晰目标,专注行动,提升自身能力和素质,最终实现梦想,创造满意的结果。

对于学生来说,发问是帮助和推动其发展的一项重要技术。主要目的是引导学生自我负责,推动学生自己解决问题。很多大学生存在自我管理能力不足,职业生涯管理规划方面容易迷茫,从而缺乏行动的目标和动力,而教练技术倡导无论面对的难题有多大,都要迈出尝试的第一步,在行动中获取力量。而且通过一系列有策略的干预行为,帮助大学生厘清自己的状态,调整好心态,通过不断地挖掘潜能,寻找解决问题的途径来达到目标。

三、"发问"技术在学生工作中应用的方法

教练技术不仅仅是对学生进行说教,它更注重以问话的方式来激发学生的潜能。而且,在教练过程中,教练认为,每个人都是 OK 的,人们都拥有无限的资源和可能性,他们会针对一些行为做出他们自己认为的最好的选择。基于教练技术的原理和特征的分析,大学生作为来访者和被教练者,素质普遍较高,逐渐趋向于独立思考和判断,对自己的自信心增强,具备积极向上、乐观自信发展和提升自己综合能力的愿望和动机,愿意通过一系列的亲和的过程,自己发现自身存在的问题,并加以改正。其次,具有较高的文化知识和认知水平,也具备相对较好的沟通能

力、表达能力和行动能力,能够较好地配合教练技术的实施,使得教练过程取得一定成效,从而发现和解决问题和困惑;同时,因为社会生活节奏加快,一些社会热点、难点问题不断涌现。大学生面对社会的多重压力,有时候也会迷失自己,失去方向。为了使大学生有健康的心理、良好的态度、清晰的认知,需要教师加以引导和关心,这更加需要对大学教练技术在学生管理工作中有正确思想有所引导,不是生搬硬套的灌输,而是需要教练技术般的潜移默化的升入到大学生心中,因此教练技术可能成为引导和解决大学生思想问题的关键点。

(一)以发问来引导学生

只有通过的发问,才会引起学生的思考,才会引起学生的兴趣和注意力,也才能按照教师发问的积极正向的方式继续教练过程。"你真正想要的是什么?怎样才能得到自己想要的?现在所做的是否有利于得到自己想要的?为得到想要的,你愿意的付出怎样的代价?如何能够持之以恒?"通过这些发问,帮助学生从积极的角度去面对问题和解决问题,实现预设的目标。这些问题经过学生深刻思考之后的得到的答案才是最珍贵的资料,才最真实地反映了学生当时的状况或者未来的美好愿望。如果学生工作管理者一味地告诉,一味地讲授,学生也许听了,但是时间不长很可能就又全忘记了。这样讲出来的东西很难内化为学生自己的标准,思想和理念内化不成学生的准则,就不可能在外化为学生的行为。这样既浪费了教师的心血,又没有使学生得到自己想要的内容。所以,面对守旧的教育方式,学生工作管理者应该大胆的创新,尝试新的内容可能会面临很多挑战,但是我们接触得越多,懂得越多,在教育学生的方法上就会有更多经验,从而顺利地达到思想政治教育的目标。

(二)发问的出发点和方式

发问是一种新的尝试,一种新的教育方法。但是如何把握发问的方式呢,不同的发问出发点会得到不同的结果,不同的发问方式,更会得到不一样的效果。在教练中我们需要把握的发问原则有:多问开放性问题少问封闭;多问 What 少问 Why;不问反问句;多问拓展性问题,未来导向型问题,积极正向的问题。教师发问的出发点不同,学生的反应也会不同。如果教师的出发点是解决问题,不妨这样发问:"如果……我们是否可以创造出不一样的效果",这样的问话就会激起学生的思考,也能引发学生提出更加有效的策略。这种启发性的发问会使被教练者愿意探索新的事物,使双方在面对问题时更关心的是如何解决问题,而且是以积极正向的思维去思考问题的答案。启发性的发问可以更加接近对方,打开对方的心门,拓展对方的思维,找到很好的解决之策,也会让对方感觉到一种支持,教师与学生之间的相互坦诚和信任,创造出的是双方共赢的关系。

(三)发问的原则

在教练过程中,好的学生工作者会把握住每一次问话的机会,明确学生的信息根源,启发和引导学生。教师与学生之间的这种问话,不仅仅是简单的你问我答,而是教师对学生实施的一种有效的、以结果为导向的问话。因此,这种问话应积极正向,使处于混沌中的学生看清自己,清晰自己的目标。保持一种开放性的原则,它使学生发现自身更多的盲点,挖掘更多潜能。同时,这种问话会使困惑中的自己看到希望,从而增强自身的正能量,以积极向上的心态追求更完善的自己。

结论:

"发问"的魅力就是在教练过程中能够帮助学生在短期内达成目标,得到效益,解决困惑,让他们看清自己在哪些方面表现突出,哪里还需要再提高以及他们已经取得了什么成就。这会让学生更真实地体会到自己的成功,体会到欣然和幸福的感觉,认识到原来成功就在身边,一切也许并不是那么的遥不可及。

参考文献:

[1]陈国海,陈美招.中国企业教练技术[M].清华大学出版社,2011(3):4.

[2]徐斌.教练技术的"五步引领"法[J].中国人力资源开发,2008(5):27-29.

(文/药学院 丁磊 丁喜生)

新常态下共情技术融入高校学生工作的思考

2014年5月,习近平总书记在河南考察时首次提出"新常态",中国的经济、政治、文化、军事、外交、法治等诸多领域逐渐进入"新常态"时期。社会环境的变革为高等教育全面深化综合改革奠定了基调,创造了条件。高校学生工作如何适应"新常态",紧跟高等教育改革的步伐,充分发挥二者的优势互补和联动合力实现"1+1>2"全人发展的育人效果成为具有重要时代意义的课题。下面结合笔者参加辅导员心理咨询培训课程心得,谈谈共情在新常态下高校学生工作中的运用,希冀其不仅仅是一种教育技巧,更应内化为辅导员的一种魅力人格素养,贯穿于辅导员工作中。

一、新常态赋予学生工作新特征

十八大以来,纵观党中央从开展"群众路线教育实践活动"、"三严三实教育实践活动"和在推进"四个全面"、践行社会主义核心价值观中,我们不难发现从严治党、发展社会主义民主政治和促进社会改革等各个方面,新的理念、新的措施已大量涌现,这些共同构成了当前大学生思想政治教育工作的大背景、大环境、大依据。这无疑为学生工作带来新机遇与挑战,也赋予了学生工作新特征。目前高校学生在新常态下,从整体分析上来看,大学生的思想是前进的、健康的、积极的。虽然目前大学生思想出现了多变性、差异性和独立性,学生的主体意识非常强烈,需求多种多样,个性特点千差万别,需要我们摆正思想引领工作的姿态,提高学生工作水平,积极探索加强和改进大学生思想政治教育的新方法和新途径。

(一)"新"为保障

以往严肃单一的会议召开、文件传达、组织学习等形式在学生工作中起着主导地位。在高校相对活跃的文化环境里,这种方式显然不能取得较好效果。在新常态下,学生工作需具备创新思维,与时俱进,更新人才培养理念,创新教育管理形式,才能保障育人效果。

(二)"严"是原则

习总书记提出从严治党,高校学生工作也需将严字贯穿始终。严格做好学生管理服务各个环节,严格遵循教育规律,严格执行学校各项规章制度,从严育人。

(三)"实"为根本

学生工作要以"实"为根本,作风要扎实,工作要务实,行动要落实,学生工作更要脚踏实地,干实事,提升育人工作实效性,避免形式主义。

二、共情技术在新常态下学生工作运用的必然性

对于共情(EMPATHY),许多学者有着精辟的阐述。早在19世纪中叶,德国哲学家 Robert Vischer 就对共情一词作过诠释:"人们把自己真实的心灵感受主动地投射到自己所看到的事物上的一种现象",也就是表达人们对所见事物的主观的感受。在19世纪末20世纪初,德国心理学家、美学家 Theodor Lips 曾指出,人们正是通过"共情"方式来了解对方,做出反应的。随后"共情"一词经人本主义

心理学家 Cal R. Rogers 的进一步阐释,成为心理咨询和治疗中解开咨访关系密码的一把金钥匙,是合格的心理咨询者应具备的基本品质和能力。按照 Rogers 的观点,共情是指体验别人内心世界的能力,即能设身处地从别人的角度去体会并理解别人的情绪、需要和意图的一种态度和能力。按照现代心理学的观点,辅导员在辅导学生过程中使用共情技术时,要求他们能够知觉、体验、分享学生的情感变化,至少要做到尊重和理解学生,将心比心,多站在学生的角度去思考问题。这点,新常态下,契合辅导员工作的育人需求,体现在以下三个方面:

1. 辅导员善于采用共情技术,借助学生的言行和举止,从学生的思维和视角去体验、理解学生的情感和思想,有利于辅导员在不违反管理原则的情况下,设身处地理解学生,严中体现爱;

2. 辅导员善于采用共情技术,依据自身的生活阅历和内心体验,正确把握学生的情绪情感与其人格之间的关联,并深入体悟和理解问题的本质,有利于促进学生对辅导员建立起信任关系,凸显学生工作实效性;

3. 辅导员善于采用共情技术,将自身的感悟和体验准确地告诉学生,以取得反馈和达成共识,为师生谈话交流的有效开展提供心理情感保障,这种新技术的运用,发挥突出的作用,特别是在校园突发危机事件中,发挥重要作用。辅导员不仅需要关心学生的学习,还要关心他们的心理健康、家庭、人际交往等,对他们进行正面的引导,在危机发生时能够第一时间开展危机干预,帮助学生端正良好的生活和学习态度。

可以说,在新常态下,共情是做好学生工作的前提和基础,是高校辅导员工作能够顺利进展的关键。辅导员要积极的态度看待学生,关注学生的言谈举止和思想动向,善于发现学生的优点和长处,从学生的角度来理解周围的环境对学生的内心产生了什么样的触动,掌握哪些环境因素对学生的心灵有负面影响。这对于辅导员工作来说不仅是一种能力要求,更是一种魅力体现。具备"共情"特质的辅导员,能切身感受到学生"少年维特之烦恼",在必要时向学生提供支持与帮助,与学生共享成长、成熟、成才、成功后"桃李不言下自成蹊"无比幸福和欢乐,是促使辅导员思想教育工作走向科学化、探寻规律性的有效途径,也是辅导员工作与时俱进的创新举措。

三、共情技术在新常态下高校学生工作中的具体应用

中共中央国务院《关于进一步加强和改进大学生思想政治教育的意见》指出:高校学生思想政治工作要"坚持以人为本,贴近实际、贴近生活、贴近学生,努力提高思想政治教育的针对性、实效性和吸引力、感染力,培养德智体美全面发展的社会主义合格建设者和可靠接班人。"按照学校以生为本,全人发展的要求,辅导员一方面要加强学生的思想政治辅导,指导班风舍风建设和优秀学生党校学习,做好安全教育等;另一方面要有效帮助学生提升专业学习和综合素质,形成良好的学风。例如:教学巡查、检查宿舍、学生晨读、期中模拟考试和各项专业技能竞赛等。

(一)个体辅导中的共情

每一个生命常常渴望的是"被看见",而不是"被改正"。辅导员多站在学生的角度,真诚对待学生,多微笑,多鼓励。对学业或交际等方面不足的学生,正面引导为主,和蔼批评为辅;善于发现学生的优点,真正当他们是自己的孩子、朋友或者弟弟妹妹,平等真诚交流,努力做到对每位同学都一视同仁,公平公正,获得学生的信任和尊重。由于辅导员时间有限,学生人数众多,除了当面交流外,可以运用各种方式去发现学生的兴趣爱好、学习生活,拉近与学生的距离,发现和解决学生生活、学习、思想上的困难。如:短信、电话、飞信、微信、微博、QQ、QQ空间、邮件微信朋友圈、同学交谈、家长了解和班主任的评价,运用共情技术,拓展辅导员的工作思路,使师生关系更加和谐、融洽。

(二)群体辅导时的共情

学生小组、寝室、班级和年级形成自然的群体,辅导员运用共情,可以营造一些气氛,关注鲜活的教育生命,并发现学生群体的闪光点,并鼓励他们共同进退,同甘苦共患难,同欢乐,共同成长。因为和学生共情,体会学生的苦乐,换位思考,用心聆听学生诉说,才能更深刻了解学生,帮他们解决困难。例如:学生节日,写下鼓励的话赠予他们;和学生一起参加一些类似春秋游的户外活动,互动增进师生友谊;抽时间深入学生课堂听课;参与学生团学活动,让每个同学积极发言,营造民主气氛;召开班干部会议,指导班级工作的开展等。辅导员运用共情技术,以诚相待,想办法将工作做深、做透,使学生对学校产生认同感和归属感。

(三)家校交流中的共情

学生家长送孩子来上学,对他们充满了期盼。每一个孩子是学校的万分之一,而他们却是每个家庭的是百分之百。面对学生家长,辅导员需要运用共情,多站在学生家长的角度,最大限度得帮助他们管理教育好学生,让学生成才,不辜负家长的期望。对于家长的问题要耐心解答,热情真诚,和家长建立统一战线,形成家校携手,共同培养孩子。学校领导和同事支持着辅导员工作的顺利开展。辅导员应积极配合执行学校领导的安排,与同事协作,相互理解包容,相互支持,求同存异,共同为学生服务。

四、结语

综上所述,在新常态下,共情技术的掌握是新常态下学生工作专业化道路的内在需求,也是育人工程中全人发展、创新学生工作的必经之路;对于高校辅导员来说,共情不仅仅只是一种咨询工作技巧,更应该成为教育者以生为本的一种理念,并内化为辅导员的一种人格品质,使其贯穿于管理、教育和交流等日常工作生活中,实现与思想政治工作的完美融合,以促进大学生全人发展。

参考文献:

[1]姚荣. 加强日常思想政治教育工作消除社会思潮对大学生的消极影响[J]. 大学教育,2013(2):80.

[2]余开华,程莹. 共情在高校辅导员工作中的应用[J]. 高等教育,2012(11). 45.

[3]李瑞瑞. 共情在高校辅导员工作中的诠释和应用[J]. 湖北科技学院学报,2014(02). 112.

(文/药学院　李群芳　丁喜生)

第二章

学工模式新探

多维协同辅导员工作模式的探讨

现代信息技术对当今各行业的影响方兴未艾。新工具的应用必然引发原有工作体系变革。在此背景下,现有高校思想政治教育工作体系同样需要变构以适应时代。由此,本文提出主动应用信息技术开发专用工具以创设高校思想政治工作所需的环境,并以协助大学生问题解决为导向,构建较大规模、多维协同的高校思想政治教育工作新模式。

一、现状分析

2004年中央16号文和2006年教育部第24号令明确了:(1)大学生思想政治教育工作队伍主体是学校党政和共青团干部,思政理论课和哲学社会科学课教师,辅导员和班主任;(2)辅导员是开展大学生思想政治教育的骨干力量,是高校学生日常思想政治教育和管理工作的组织者、实施者和指导者;(3)高校要按师生比不低于1:200的比例设置本、专科生一线专职辅导员岗位。由此,全国高校形成了约13万思政教育工作队伍和近3000万在校生构成的思想政治教育巨型体系。每所高校相对独立存在于该体系之内。而一所高校内的思政教育工作队伍架构大致是:以1名辅导员及其负责约200名学生为基本单元;辅导员由院系副书记管辖,归口于学生处,与校共青团和社科部等统管于学校主管党委副书记。在此架构内,思政工作队伍各自工作角色和职责得以明确。但从解决学生实际问题效能而言,其缺陷明显:辅导员及其所辖学生形成的最小单元是孤立和缺乏交互的,而学生所产生的问题数是海量的,单个辅导员耗尽时间和精力也无法高质量协助学生解决全部实际问题。而可用于协助解决学生问题的巨大潜在资源,如近3000万大学生群体自身、6000万学生家长和大量校友却因缺乏有效渠道难被充分利用。该体系将200名学生的思政教育全托付于一人的做法其风险不小。即使其中不乏优秀工作者,但其影响力也难逾所在校之壁垒。总之,该体系未能将其所及的资源真正盘活。甚至一校之内的思政工作人员都没形成应有的合力。

刘梅(2000)认为网络思政教育打破传统教育观念,且能解决传统思想教育中难度极大的问题,如:应用理论研究者、基本理论研究者、思想政治工作者三者之间可网上交流,不再封闭各自为政;教育内容的衔接、教育效果的系统整合问题因网络化而有效解决。李小虎(2011)以13所安徽高校联盟为例提出高校联盟辅导员工作模式。并指出网络是有效减轻辅导员工作的载体。张陶然(2010)提出监督与引导,教育与服务,网上与网下,学校、家庭与社会等相结合的教育模式,以期在网络背景下更有效地进行高校思政教育工作。杜伦芳(2012)提出了"大思政"的教育模式。构建全员参与、时空延展、体系开放的思想政治教育模式。上述观点与近年所倡导的协同创新和网络大数据时代无不指向行业内外的高度整合和深层互动。可见,将当前过于分散的高校思政教育队伍进行适度整合是必然之势。但主动应用信息技术开发专门工具并开展高校思想政治工作的实证研究并不多见。目前应用信息技术进行高校思政教育之举尚未突破学校间的壁垒。这与信息技术无时空障碍且全开放的原则相背。商业网络平台具较好互动,但其无孔不入的商业渗透不利思政教育,难用于构建大规模思政教育体系。

综上,开发出思政教育工作专用工具,借以创设必需的网络环境;以协助大学生问题解决为导向,将当前的思政教育工作整合成较大规模、多维度协同的新体系很有必要。其意义:(1)新体系最大程度融合各种资源,多维协助大学生解决问题;且改变当前高校思政工作人员,尤其是辅导员"孤兵奋战"无后援的局面;(2)新体系指向学生常见问题解决;协助解决问题的过程即是渗透、植入思政教育过程,更是本学科原始积累过程。

二、网络工具的开发

(一)网络平台总体构建原则

以积极、交互、平等、开放、免费和共享为基本原则。在当前复杂多变的世界形势之下,大学生和辅导员均受到各种消极甚至有害的信息的严重影响;而得到积极和正面为导向的信息渠道和信息量尤为贫乏。因而,就大学生常见问题收集和累积正面和积极向上解决方案和建议的是构建本网络平台的根本宗旨。突破当前辅导员"单兵作战"的工作局面必定要构建多方交互的平台。通过该平台学生可以突破时空的限制获得无限多个辅导员的协助,同时还可以吸纳已经成功解决类似问题学生参与协助当前遇到问题的学生。这样可以充分整合了辅导员和学生当中的优质资源以协助大学生健康全面成长。甚至还可以吸纳能从正面和积极角度协助大学生问题解决的各类热心人士,如有经验的家长等以达成多方积极交互的巨型网络平台。

(二)基本思路、步骤及功能

1. 基本思路与步骤

"大学生问题的提出—问题的分析—问题的解决及其反馈—问题及积极问题解决方案的累积与拓展"是本平台运作的基本思路。需要协助解决问题的学生通过该平台完整表述自身的问题;以辅导员团队为基础尽可能多的人对其问题进行分析并给出相应的积极解决方案和建议;问题提出者从众多的积极正面的方案中取舍后予实施,并把问题解决的信息反馈给该网络平台累积起来供其他人借鉴参考;待问题收集和积累至一定程度后,可进行整理归类和更深入的研究。

2. 基本功能

(1)收集功能:收集大学生提出的问题和问题的解决方案;(2)筛选过滤功能:主要过滤消极的有害信息;(3)快速搜索功能:网络平台内任何经筛选后的信息均可被快速搜索到;(4)储存、累积和更新功能:经计算机网络将所有提出问题和问题解决的所有方案累积在该平台的数据库内,可随时随地调用,同时还可以对之前问题解决方案行进一步的完善和补充。

3. 具体功能设置及不同角色的操作

大学生常见问题解决网络平台的具体功能包括:登录、注册、提问、问题审核、问题显示、提交问题解决方案、问题解决方案筛选、问题解决方案的显示、搜索和后台管理等。

三、团队的打造及实际运作

在现行"单兵作战"的辅导员工作模式中已经蕴含着以问题协助解决为导向和主动植入某种思想的事实操作。辅导员多维协同工作模式是适应"互联网+"时代,在现行辅导员工作模式基础上引入网络工具的一种探索。如何在原模式基础之上将工作部分转移到线上或者线上线下紧密配合是多维协同辅导员工作模式的关键所在。

（一）基于单个辅导员的线上线下运作

辅导员日常工作中所遇到的问题及其解决就是最好的原始累积。目前辅导员所管辖的范围除自然班外，专门设有三套运作团队：党、团和学生会。辅导员所辖的学生以及由此组建的团队既是问题来源也是协助问题解决的资源。此外，辅导员除日常事务外也有授课任务，如就业指导。也可以通过布置作业等互动形式吸纳学生参与线上线下活动。

（二）基于辅导员之间的线上线下运作

大学生的常见问题大致可以分为：安全、学习、工作、生活、人际、就业等几大类。但以每个辅导员所管的学生基数为200人来计算，那么叠加起来的问题数量就是海量的。辅导员的繁杂工作跟大量重复工作密切相关。每个辅导员的个人能力优势是存在差异的。一个辅导员都有其某方面问题解决的能力优势，但不可能解决所有问题的。辅导员能力优势的整合就是辅导员之间能合作的依据。在日常辅导员个体累积基础上，借助其他辅导员能力优势进行分工合作，辅导员工作的整体效能自然更高。就工作室团队而言，通过线下专题研讨等互动，使得具有某方面能力优势被其他成员能快速复制和习得。辅导员在线下的提升直接影响到线上的回应能力。

四、问题与对策

（一）实际运作网络工具（学度网）存在的问题

1. 学生的问题意识不强，自我觉察力比较弱。能提出比较清晰地表述问题及较完整描述问题原貌的比较少。就目前网络平台（学度网）提出的问题而言，还是比较泛，需要进一步的澄清和聚焦。正因为学生对问题的表述是一个较浅层的诉说，需要围绕问题进行更多视角分析、思考和汇总。同时，条件允许的情况下，需要跟学生在线下进一步深入交流以协助学生厘清问题和自身发展状态。再匿名回馈到网络平台展示。

2. 辅导员对学生常见问题处置后累积、总结、分析和分享习惯有待进一步促成。繁杂的学生事务留给辅导员累积、总结、分析和分享学生问题处置的时间精力不多。

3. 工具营运需要专人管理。用户使用工具的习惯需要培养。目前通过学生作业和干部对工作情况的反馈比较快速吸纳用户。但对问题的回应速度和质量如果跟不上用户需求，那么用户的黏着力就明显不足。

（二）对策

1. 顶层设计，行政助力。目前辅导员工作室是该工作模式的试点。思想、工具和辅导员已经具体，初步实践条件比较充足。但仍需顶层设计和行政助力和支持。

2. 团队运作，优势互补。基于一名辅导员所管的学生需要通过班委、级委、团委和党支部等原有组织架构进行聚拢，并需要有意识引导学生有意识地将常见问题及其处理的方式以匿名的方式在网络平台上显示。不同辅导员之间需要就其感兴趣的方向进行团队合作。

3. 实践检验，科研探索。辅导员工作的过程实质就是问题的发现和解决过程。通过实践检验效果，并就某一方向进行深入研究有助于问题解决基本技能、方法和流程等有利于学科原始素材的累积和创新。

总之，在"互联网+"时代，通过网络工具促使行业的高度整合和紧密互动已是大趋势。以辅导员为最基本工作单位的大学生思想政治教育工作亦然。

参考文献：

[1] 中国政府网. 中华人民共和国教育部令（第24号）普通高等学校辅导员队伍建设规定[EB/OL]. http://www.moe.gov.cn/publicfiles/business/htmlfiles/moe/moe_621/201001/81843.html, 2013-02-14.

[2] 中共中央国务院发出《关于进一步加强和改进大学生思想政治教育的意见》[N]. 人民日报, 2004-10-15(1).

[3] 刘梅. 思想政治教育的现代方式——论网络思想政治教育建设[J]. 河南师范大学学报, 2000(2)

[4] 张再兴. 我国高校网络思想教育的十年历程与发展[J]. 思想教育研究, 2005(7)

[5] 李小虎. 高校联盟辅导员工作模式创新研究——以安徽高校（部分）联盟为例[J]. 河北工程大学学报, 2011(9)

[6] 张陶然. 网络时代高校思想政治教育工作模式的创新研究[J]. 学理论, 2010(10)

[7] 杜伦芳. 整体视野下"大思政"教育模式构想[J]. 长江大学学报, 2012(9)

（文/第二临床医学院 林路生）

"以学生为本"的全人发展型学生工作新模式初探

高校学生工作是高校工作的重要内容之一,是维护学校正常教学秩序、保证学生健康成长的基础性工作。长期以来,我国高校学生工作强调管理者的主导作用,忽视学生的主体作用,认为管理者是学生工作的主体,学生处于从属被动地位。随着我国社会主义市场经济体制的逐步建立和不断发展,经济思潮对大学生的价值观、人生观产生了巨大的影响[1-2],大学生在学校中主体意识在不断增强,他们的"人性化"、"主体化"呼声的日益高涨,导致以往的重教育轻指导,重管理轻服务的管理模式在学生教育和管理工作显得苍白无力,直接影响了高等教育的发展[3-4]。因此,新形势下探索高校学生工作的新模式,引导学生参与到学生工作中、培养学生"自我管理、自主教育、自我服务"能力,探索"以学生为本"的全人发展型学生工作模式对促进高校学生工作的发展具有重要的实用价值。

一、"以学生为本"的全人发展型学生工作新模式内涵

学生是高等学校的根本,是大学教育过程中的主体,是学校教育工作的出发点和归宿,高校教育工作要以学生为本[5-7]。以学生为本首先是要确认学生在大学教育中的主体地位,其次是要尊重学生,第三是要关注学生价值的体现。全人发展是指人在身体、知识、智力、道德、创造性、精神、价值操守等方面得到全面发展,通俗地讲就是全面发展[8-10]。大学教育不应仅是知识传授和技能习得,更要求培养"完整的人",全人发展必须超越学科和专业的分割,全面提高人的综合能力。

"以学生为本"的全人发展型学生工作新模式是针对以往灌输式教育和刚性管理为主的传统学生工作模式的不足而构建的一种新型模式,它与以往的工作模式相比具有明显的优越性,首先其工作理念体现"以人为本",即注重尊重学生、研究学生、服务学生、引导学生,通过教育使学生自觉树立正确的价值观、人生观和道德取向,培养学生"自我管理、自主教育、自我服务"的良好习惯;其次关注学生的全人发展,即引导学生全面、自由、和谐发展;第三,其目的是培养学生"自我管理、自主教育、自我服务"的能力。这一新模式是符合现代高等教育理念和我国高等教育发展规律的需要。

二、"以学生为本"的全人发展型学生工作新模式的必要性

"以学生为本"的全人发展型学生工作新模式就是以广大青年学生成长成才的强烈愿望为出发点,以培养我国社会主义现代化建设需要的优秀人才为根本目的,全面塑造和培养适应新时代社会发展和进步的复合型人才,这也是高等学校的根本任务。

(一)"以学生为本"的全人发展型学生工作新模式是高等教育本质的内在要求

教育实际上就是使人成为人的过程,是培养人的活动,是属于人自身的再生产范畴。高等教育的本质是使人实现其应有价值。高等教育价值取向中,"以学生为本"就是要培养多层次、多规格、创造性、个性化、全面发展、身心健康的人,以适应社会的需求[11-12]。而"以学生为本"的全人发展型学生工作新模式强调学生的主体地位,强调学生的自我管理,强调学生的全面发展,与教育的本质是一致的。

(二)"以学生为本"的全人发展型学生工作新模式是学生工作本质的客观需要

大学的基本功能是人才培养,高校学生工作的最终目的是为人才培养服务,所以高校学生工作的本质应该是为学生健康成长和全面发展创造条件,而不是为了管理而约束学生。以往的学生工作中追求制度化、标准化,重教育轻指导,重管理轻服务,缺少人情味[1],恰恰违背了学生工作的宗旨。"以学生为本"的全人发展型学生工作新模式是将管理作为一种服务手段,强调围绕学生的主动性、积极性和创造性开展工作,既重视学生的全面发展又彰显学生的个性发展,这正是管理工作本质的体现和需要。

(三)"以学生为本"的全人发展型学生工作新模式是创新人才培养的需要

随着经济的发展、社会的进步、科学技术的突飞猛进,创新已经成为我国经济社会发展的主旋律,在今年的政府工作报告中李克强总理提出了"大众创业,万众创新",号召全民创新。因此,创新人才的培养是我国经济社会发展的重要保障。以往的那种追求制度化、标准化管理的学生工作模式只会限制学生的发展,培养出来的必定是模式化的人和被套以种种条条框框的人,难以成为创新型人才。而"以学生为本"的全人发展型学生工作新模式尊重学生的主体发展,强调学生的全面发展,这正是创新人才培养所需要的。

三、践行"以学生为本"的全人发展型学生工作新模式

过去几年中,在我校法医专业的学生管理工作推行"以学生为本"的全人发展型学生工作新模式,通过树立师德标兵、引导学生自主学习全面发展和提高学生管理人员的素质等措施践行"以学生为本"的全人发展型学生工作新模式。

(一)"以学生为本"的全人发展型学生工作新模式要求以立德树人为引领

习近平总书记曾指出"办好中国特色社会主义大学,要坚持立德树人,把培育和践行社会主义核心价值观融入教书育人全过程"。立德的意义在于让道德真正内化于心,外化于行。在践行"以学生为本"的全人发展型学生工作新模式中,我们开展了一系列活动加强资队伍建设,提高教师师德水平和业务能力,增强教书育人的荣誉感和责任感,如开展"十佳师德"和"十佳科研"标兵的评选活动,并举办宣讲交流,为学生树立道德榜样;开展《夯实教师队伍,彰显生命文化正能量》的"书记项目",围绕立德树人这一根本任务,紧紧抓住教师队伍建设这一育人关键环节,践行生命文化育人的理念;开展学习和践行社会主义核心价值观和"三严三实"教育活动,要求老师严于律己、树立良好的师德形象,做学生立德树人的榜样;同时创办了"李哲人体科学工作室",打造系列自媒体栏目,为普通民众传播人体科学知识,为学生的学习带来全新方式和理念,与此同时加大宣传李哲老师忠于党的教育事业、孜孜不倦为学生服务的精神。学院党委还利用党团日活动、入党教育、党章学习活动以及抗战胜利纪念日等活动,引导师生自觉学习和践行社会主义核心价值观。

(二)"以学生为本"的全人发展型学生工作新模式要求引导学生自主学习,全面发展

中共中央办公厅、国务院办公厅印发《关于进一步加强和改进新形势下高校宣传思想工作的意见》强调指出"立足学生全面发展,努力构建全员全过程全方位育人格局,形成教书育人、实践育人、科研育人、管理育人、服务育人长效机制,增强学生社会责任感、创新精神和实践能力"[13]。在践行"以学生为本"的全人发展型学生工作新模式过程中我们通过各种活动潜移默化地引导学生形成自主学习,全面发展的良好习惯,培养学生热爱专业、立志为国家发展做贡献的精神。为此学院在学生中开展了一系列学风建设活动,如创建优良学风班级、成立学习互帮小组、召开学习经验交流会、开展"零挂科"宿舍评比活动及"把课堂还给自己,不做低头族"活动等,端正学习态度,激发学生学习积极性,促进学生全面发展。根据法医学专业特点和公务员考试的实际需要,通过开展法医技能大赛、公务员模

拟考试、法医知识系列讲座、建立以综合测评平均分和学业平均分排名为导向的实习分组机制以及实行公务员预报名调整策略等方式,实践公安系统法医人才的培养模式,提高学生专业技能,明确发展方向,取得了较好的效果,法医学专业近三届应届毕业生考取公安系统公务员的人年年攀升。此外还通过开展暑期三下乡活动培养学生的社会责任感和奉献意识;通过基础医学知识大赛、科普知识大赛等第二课堂活动培养学生自主获取知识能力和广泛的兴趣爱好。

(三)"以学生为本"的全人发展型学生工作新模式对学生工作者的要求

"以学生为本"的全人发展型学生工作新模式与传统的管理模式相冲突,学生工作者由管理者、主导者的地位转变为服务者,难免会有一丝失落感,我们在践行该新模式的过程中要求学生工作者首先要加强认识,意识到新型工作模式的重要性;其次要转变观念,真正树立"以学生为本"的思想,应强化对学生的服务意识,做到教育者、管理者和服务者相统一;第三积极创造条件,构建服务型管理体系,为学生全面发展服务;第四鼓励学生工作者不断进取,提高业务水平和管理能力,做学生全面发展的良师益友。

"以人为本"是当今管理哲学、管理理念的最高境界,高校学生工作实行"以学生为本"的全人发展型学生工作新模式是符合时代要求的。学生的全面发展是高等教育的出发点和最终目的,更是学生工作的核心。经过近年的学生工作实践,我们的学生管理工作出现了学生"自我管理、自主教育、自我服务"的新面貌,各项活动从策划到实施大多是由学生自主完成,全体学生参与意识强,活动气氛热烈融洽。在以后的学生工作中我们将不断总结,使"以学生为本"的全人发展型学生工作新模式真正落到实处,为学校的教育事业做出应有的贡献。

参考文献:

[1]李支敏.探讨新时期学生工作的特点[J].山东省青年管理干部学院学报,2004,01:43-44.

[2]孙绪柱.对新时期学生工作的再思考[J].山东省青年管理干部学院学报,2005,02:100-101.

[3]盛云,杨连生,段志锦.高校发展型学生工作模式理论研究[J].教育科学,2014,01:62-68.

[4]罗鹂.高职院校学生工作管理模式优化分析[J].才智,2015,06:207.

[5]王宝德,刘凯,刘雪梅."以人为本"学生工作理念初探[J].山东省青年管理干部学院学报,2004,04:65-67.

[6]王悦. 高校学生工作应加强"以人为本"的内涵建设[J]. 科技信息,2009,17:136-137.

[7]郑卫,李红岩. 以人为本做好学生管理教育工作[J]. 山东省青年管理干部学院学报,2007,03:78-79.

[8]刘龙海,范晓光. 大学生综合能力培养的全人教育模式探究[J]. 继续教育研究,2012,11:132-134.

[9]张红,张行. "全人发展"育人理念下的香港高校学生工作特点分析及其启示[J]. 华北电力大学学报(社会科学版),2011,06:128-131.

[10]黄惠娟. 全人发展——教育永恒的主题[J]. 校园英语,2014,12:88.

[11]袁川,董泽芳. 再谈社会转型期高等教育目的的价值取向[J]. 高校教育管理,2013,01:34-39.

[12]李峰,杜春兰. 浅析高等教育目的[J]. 教育导刊,2015,10:18-20.

[13]人民网,关于进一步加强和改进新形势下高校宣传思想工作的意见,2015年01月19日19:22. http://edu.people.com.cn/n/2015/0119/c1006-26412100.html

(文/基础医学院 唐湘涓)

基于全人教育理念的学生工作创新

成功无定式,也不可轻易复制,高校学生工作更是如此,但"以学生为本、为了学生的一切"的理念不变,为学生成长成才的服务目标不变,推进学生工作不断创新永远在路上。新形势下如何有效地推进学生工作创新,是做好学生工作亟待解决的一个重要问题。当前,兴起于20世纪70年代的美国、并在我国香港、台湾等地高校有较成功实践的"全人教育"理念在很多方面值得我们学习、借鉴和思考。笔者拟结合多年来的工作经历和对外交流学习体会谈谈基于全人教育理念下的学生工作创新。

一、全人教育的概念

全人教育从字面简单理解就是培养全面发展的人。"全人教育"整合了以往"以社会为本"与"以人为本"的两种教育观点,形成既重视社会价值,又重视人的价值的教育新理念。著名教育家、北京大学前校长蔡元培指出:"教育是帮助被教育的人,给他能发展自己的能力,完成他的人格,于人类文化上能尽一分子的责任。"台湾中原大学多年来一直标举"育自由思考、重责任伦理、秉全人教育"的办学理念。就其内涵而言,"全人教育"首先是人之为人的教育;其次是传授知识的教育;第三就是和谐发展心智,以形成健全人格的教育。从某种意义上讲,全人教育就是培养"全人"或"完人"的教育。全人教育的目的就是培养学生成为有道德、有知识、有能力、和谐发展的"全人"。[1]

"全人教育"职业教育观认为全面发展的专业人才是人的内在发展和社会发展的和谐统一,从业人员不仅需要掌握专业知识和相关技能,而且应该具有健全的人格和高尚的情操。具备较强的职业能力、学习能力、交际能力、适应能力、管理能力和创新能力,这是人才可持续发展的基础。[2]

内地如上海大学、复旦大学、汕头大学等高校的书院制,香港、台湾高校的通识教育等,都有"全人教育"的影子,都不同程度体现了学生由片面发展到全面、自由、充分发展的主张,体现了以人为本和价值教育的思想。

二、从全人教育视角看当前高校学生工作过程中存在的困境

(一)辅导员队伍稳定性不够、专业性不强,不利于培养全人

要培养全人,必须要有培养全人的人。除了要有专业知识传授外,更需要培养学生成为全人的人生导师——辅导员。当前辅导员队伍在各级教育行政部门和高校党委的重视下,在规章制度、地位待遇等方面有了长足的发展,尤其是辅导员队伍既属于行政人员又属于教师系列的两条腿走路机制,一方面让从事学生工作的同志有所发展空间,通过转行政和教学岗而离开辅导员岗位,另一方面也客观造成了辅导员队伍存在一定的流动。此外学生工作事无巨细,繁琐碎小,辅导员经常被淹没在日常事务的深渊里,往往做了好些年都是围着学生转,缺乏职称或职务升迁等价值成就感。总体上出现了新进辅导员有激情但缺乏经验,工作多年没转岗的因职业倦怠而疲于应对工作,加上辅导员队伍职业化专业化进程缓慢,队伍的稳定性不够、专业性不强,这种境况不利于培养全人。

(二)学生工作的主导性与主体性矛盾,不利于学生个性发展

主导学生工作的辅导员和作为学生工作主体的学生,两者有着明显的个体差异。在年龄、思想、知识、阅历、生命感知、生活感悟等方面的差异,注定二者的矛盾是必然的。年龄上产生的代沟,为人师者的尊严,新时代青年学生的特质、思想阅历等差异导致的隔阂,使得辅导员和学生天然的存在沟通障碍和理解误差,学生存在被动接受、机械服从、消极认同等情形。这些现象导致了辅导员和学生相互的不了

解,形成了彼此"不用了解"和"了解不了"的负心理,师生之间难以走心,听不到实情,更不用说工作效果上入心入脑。由此联系到我们身边发生的各类事件:优秀学生在实习过程中经不起实习老师的批评想不通而放弃生命;家境宽裕的学生因考研不顺觉得愧对父母而轻生;某方面天才的学生因为学业困难而不能如期拿到毕业证等,这些事件折射的是我们作为学生工作的主导者在工作实效性方面的不足,在如何培养学生成为个性发展、人格健全的人等方面输在了大学起跑线上。

(三)课外实践活动的形式和内容相对滞后,不利于学生全面发展

当前高校各种学生活动不可谓不多,不少学校被学生吐槽称为某某活动学院或大学。不少活动在形式上年复一年老三样,缺乏创新设计,没有结合90后、95后学生特点,跟不上新媒体时代要求和节奏。在内容上与第一课堂脱节,满足不了学生兴趣和关注点,吸引不了学生主动参与,缺乏足以震撼灵魂、激励思想的深层次体验。不少课外实践基地在合作的深度上缺乏实质内容,在促进学生全面发展、领导力和社会责任感培养等方面缺乏足够体现。这一方面是我们对教育教学实践创新不够,对学生的兴趣点培养和专注点引导等做得不够;另一方面是课外活动本身和学生的契合点缺乏,没能创造、满足学生的精神需求和情感体验。有的学生对活动厌倦,成为低头族,认为学习考试及格能够毕业就好,没有更高的目标追求。

三、基于全人教育理念下的学生工作创新

(一)在创新动力方面,加大投入提升辅导员队伍培养全人的职业忠诚度

作为培养全人的人,辅导员必须是综合素质高业务能力强的人,尤其是忠诚和热爱党的教育事业的人。在工作中我们必须强化一种意识:辅导员就是和一般的行政人员、教学人员不一样:我们首先是党员,同时也是政治辅导员,是学生的人生导师。要切实提升辅导员队伍对职业的认同和忠诚,必须在各方面加大投入。一是在辅导员队伍建设中,要充分落实党和国家的相关政策,加强人事制度改革,加大保障力度,给辅导员以精神尊严和物质体面。辅导员首先自己是体面的人,才能心无旁骛地教育出体面的学生。二是辅导员要加大时间和精力的投入,积极投入到工作中去,努力拼搏,以饱满的热情、创新性的工作成绩展示忠诚和风采,以自己的敬业形象和综合素养赢得领导放心和学生满意。最后,辅导员要加强学习投入,创新思维,开拓国际视野。同行交流以了解自身不足,走出国门以开阔视野。尤其是与优秀辅导员的交流,有利于他们感受到同行对学生工作的忠诚与热爱,发现同行乐在其中的工作激情和价值存在感,那是别人抢也不抢不了的学生对辅导员的工作认同和价值体现。

（二）在创新平台方面，主动创设学生与辅导员全方位对接的平等沟通平台

创设学生与辅导员全方位对接的平等沟通平台，消解学生工作的主导性与主体性矛盾，提高学生工作创新力度，可以尝试以下举措：

1. 积极尝试社区式的书院制模式。书院制模式是近些年国内高校借鉴国外大学，改革以年级和大班为单位的粗放管理模式，开展住宿学院与现实社会模式的对接，充分体现思政工作进宿舍的教育模式。如汕头大学由学生自主提出申请，学校随机分配宿舍，用小社区、大教育的建设理念，将书院住宿生的生活、学习、成长融于一体。通过书院活动平台的搭建和各项活动的有效开展，为学生提供团队、交叉学科、体能、心理和职业生涯等拓展课程项目。通过不同专业、不同年级的学生"混住"同一宿舍，男女生同住一栋宿舍楼，促进住宿生身心全面健康发展，营造出独特的住宿学院文化，推动汕头大学从"专业培养"向"全人教育"的转变。[3]书院制模式有利于学生和辅导员在时间和空间上，在生活、学习、思想、心理等方面实现全面对接，扩大了学生的自主度，加强了学生的自我管理，夯实了师生的全方位沟通平台，体现了沟通主体的平等性。

2. 寻求共鸣，用好微时代的网络大平台。微时代的网络大平台，是当前学生工作者隔空了解学生情况、发现问题苗头和做好思想政治工作的好阵地。网络平台的信息反馈有很强的即时性和全面性。学生几乎人手一机，QQ、飞信、微博、微信等社交软件无所不用。结合网络时代里成长的青年大学生特点，用好微时代网络平台，一方面要主动深入掌握这一平台，通过学生即时发布的衣食住行等片言只语，见微知著，了解、发现学生的问题和需求；另一方面要结合学生实际，积极打造能引起网络共鸣的正能量活动如"我最喜欢的班级微博指数"、"微信发现正能量达人"等，对学生多一些创新服务，少一些管理约束，从而创造和满足学生需求，进而引领学生思想，促进学生在学习生活各方面能够真实共情、共鸣，形成平等沟通、个性共融、和谐自然的师生关系。

（三）在创新内容方面，加强和专业教师合作，积极参与学生的课题项目和文体活动

教学工作和学生工作相互促进、互为补充，需要辅导员和专业教师的紧密有效合作。学生工作千条万绪，从时间效益角度考虑，好钢要用在刀刃上，我们不能做保姆式的工作，以免对辅导员人力资源造成极大浪费。辅导员要做学生最想我们做的、最需要我们做的，即在学业上能很好帮助学生，为他们排忧解难。为此要加强和专业教师的合作，在课程教学、实习和毕业设计等实践教学环节过程协同跟进，了解学生，及时发现并向专业老师反馈以解决问题。密切跟进学生参与实

践教学各环节的具体情况,对到课率和学习纪律等做好督促工作,将平时表现作为科目成绩的重要组成部分。

课外活动创新三下乡活动形式和内容,将学生的三下乡活动与创新强校、专业方向、学生能力、对社会的了解和体验等因素有效结合到一起,打造一流第二课堂,促进课程化、系统化、品牌化、预算化建设。将学生工作和创新强校密切地结合起来,让辅导员和学生积极有效地去参与到创新强校项目中。一方面我们可以在符合现行政策和相关财务制度的前提下,加大对大学生创新强校、大学生创新实验、大学生创新创业大赛等项目和活动的资金投入和激励奖励;另一方面可以缓解我们对学生工作投入相对不足的问题。在投入的内容上不能只停留在助学和奖学金的基础上,可以考虑从学校层面设立创新创业基金,有奖学金,也可以有奖创金,专门用来奖励创新创业。

教育不是轰轰烈烈的革命,不是方方正正的规章,而是细水长流的滋润。只有在加强和专业教师合作过程中,在创新参与学生的课题项目和文体活动中,融入学生,服务学生,才能使教育者的合力汇成涓涓水流不断滋润学生全面发展。

四、结语

"全人教育"把教育目标定位为:在健全人格的基础上,促进学生的全面发展,让个体生命的潜能得到自由、充分、全面、和谐、持续发展。基于全人教育理念下的学生工作创新力图通过在创新动力、平台和内容等方面加大投入,为培养全人的辅导员队伍加强保障和提升职业忠诚度,创设学生与辅导员全方位对接的平等沟通平台,提高辅导员队伍的创新性,加强和专业教师合作,创新参与学生的课题项目和文体活动等,让学生得到全面、个性、自由、和谐持续发展。

参考文献:

[1]百度百科:全人教育[EB/OL]. http://baike.baidu.com/view/1650299.htm?fr=aladdin

[2]唐红亚.全人教育背景下高职院校学生创新能力培养浅议[J].科教文汇,2014(11):136.

[3]马成瑶大学生社区管理机制创新研究——基于五所高校住宿学院的考察[J].思想理论教育,2015(8):98.

(文/公共卫生学院　王辉群)

临床医学"3+2"教学模式下学生管理的探索

1999年高校扩招以来,医学院校普遍存在教学资源不足、实践教学矛盾突出等现象,为有效地解决存在的问题,学校利用校院协同的优势,建立行之有效的应用型临床医学专业人才培养的新模式——"3+2"教学模式,即对五年制临床医学(本科)学生实行"3年在校基础理论课及临床桥梁课教学,2年集中在医院实施临床专业理论教学与实践"的教学模式。因此,在新的教学模式下,摸索总结学生管理工作的新特点,探讨解决出现的新问题,值得我们思考。

一、新模式下学生管理的特点

(一)学生在校时间短

与传统的教学模式相比,新的教学模式下,学生在校时间由四年缩短至三年。其中大一、大二、大三上学期在学校学习,大三下学期至大五上学期在医院进行为期两年的学习,大五下学期回校学习。学生在校时间短,对学生在校期间各阶段的教育应进行重新规划,各阶段的培养重点应进行调整。

(二)以班为单位下点,见习实习不轮换,学生较集中

传统教学模式下,实习医院数量较多,各医院提供的实习岗位数量不一,因此实习分配主要以学生意愿为主,打破"班级"概念,实习生完全分散在各医院。而在新的教学模式下,除了注重学生临床知识及实践技能的提高,还注重学生思想品德、职业素质及职业道德的培养,因此对教学医院教学及管理能力的要求更高,各医院所能接收的学生人数也相应增加,实现了以班级为常驻医院学习,且见习实习在同一医院,学生比较集中,便于管理。

(三)以班级自我管理为主

学生进入医院学习后,医院科教科仅负责学生日常事务管理及教学管理,医院管理人员半途接手管理学生,对学生的总体情况及个别特殊学生的情况无法进行全面及深入的了解,而且大多数医院实行见习生与实习生分别管理,即见习阶段与实习阶段分别由不同的老师管理,医院的各类信息传达及教学安排主要通过班级干部完成。因此,在医院学习阶段,班级的自我管理在学生管理中发挥重要

作用,班级干部的领导力及凝聚力尤为重要,班级干部在学校与医院的联系中发挥重要的桥梁作用,同时也在学校与学生信息的上传下达中发挥重要作用。

(四)学生党员较集中

学生党员发展主要以学生在校学习阶段为主,各班级党员发展人数相对均衡,至下点前,各班基本可以发展5－7名党员,因此,以班为单位下点,学生党员相对集中,不会出现党员扎堆或党员缺乏的现象。再者,理论学习这一年,学生见习比较集中,时间相对固定,学生党员有条件进行集中学习、民主评议及过组织生活,因此,也为我们在医院继续开展组织发展及党建工作提供了时间和空间的保障,解决了以往实习阶段党建工作停滞不前的问题。

二、新模式下学生管理存在的问题

(一)管理制度不健全

在新的教学模式下,学生进入医院的第一年,主要以理论学习和见习为主,第二年以实习为主,学生管理涉及学校、二级学院及教学医院三级。学校主要负责学生教学的宏观管理,二级学院主要负责学生日常事务管理及思想政治教育,医院主要负责教学管理及学生日常事务管理的具体实施,因此,传统教学模式下制定的各类规章制度必然存在管理的盲点,如学生党员的管理与组织发展、择院标准、考试管理、见习生行为准则等,我们需不断完善,努力做到统一标准,规范化制度化管理。

(二)学生与学校联系减少,与老师交流受限,归属感下降

在新的教学模式下,由于大多数教学医院与学校都有一定距离,学校老师与学生沟通交流的方式受限,只能通过定期的探访检查了解学生的总体情况,通过班级干部和医院老师了解总体情况及个别特殊学生的情况,通过通信网络等工具与学生交流,无法做到贴近学生管理,无法深入细致地了解学生情况,无法面对面与学生进行交流,这样势必影响思想政治教育的效果。同时,学生对于学校信息的了解途径及活动参与方式也大受限制,通常只能通过网络进行了解,几乎无法参与学校的相关活动,如此一来,学生对于学校的归属感有所下降。

(三)学生活动单一

在新的教学模式下,学生提前一年进入医院,且在医院学习的第一年,学生学习生活相对规律,以理论上课和见习为主,学生空闲时间较多,但是医院远没有学校如此丰富的文化生活,学生偶尔参加医院组织的文体活动,或派代表参加学校

的个别技能比赛,学生参与学校活动的机会大大减少,学生活动单一,需依靠班级组织相应的学生活动,以丰富学生的业余生活。

三、新模式下学生管理的对策

(一)完善相应的管理制度

在学校大的制度框架下,我们需依据新的教学模式的特点完善相应的管理制度,进一步厘清明确学校、二级学院及教学医院三者的管理职能及职责,制定规范的见习生行为准则及学生管理办法,完善提前下点学生的组织发展工作及党建工作,建立有效的联系机制,这样既可以保障各项工作的有序规范管理,也可以保证学生在医院的培养质量。

(二)加强下点前培训

下点前的集中培训尤为重要,主要分为三个层面进行培训。首先对全体学生进行培训,由学校相关职能部门及二级学院负责完成。培训的主要内容包括:教务处负责临床学习要求及方法、教学安排等教学方面的培训;医院管理处负责医疗安全、工作制度等方面培训;二级学院主要负责学生行为准则、生活安全、心态、医德医风及文明礼仪等方面培训。其二对主要学生干部进行培训,主要由二级学院负责,培训的内容包括干部职责、工作方式及态度、管理目标、联系机制等内容。其三对全体党员进行培训,主要由学校组织及二级学院完成,培训内容为党性教育、组织发展及组织培养。

(三)完善党建工作

在新的教学模式下,党建工作需从新生入学抓起。按照正常的组织发展程序,入校即可对在校学生进行培养,大二可发展第一批学生党员,加上高中发展过来的党员,年级可成立学生党支部。因此,在党员及党员干部的培养思路中,应从大一开始重点培养支部书记及支委候选人,大二建立学生党支部并物色培养党小组组长人选,让他们熟悉并逐步接触组织发展的各项工作及党建工作,大三下点前在各班成立党小组,由党小组组长全权负责学生在医院的各项党建工作,学生党组织关系不发生转移。学校应完善学生进入医院学习后,学生党员培养和发展工作的各项工作制度,以保证学生组织发展工作及党建工作的质量和效果。

(四)加强班级自我管理及干部培养

从新生阶段开始抓班级自我管理,建议通过"目标管理"培养班级自我管理的意识,及早培养核心的学生干部,制定规范的管理制度,让学生有章可循,形成稳定的管理体系及框架。进入医院学习后,班级管理主要实行"党-团-学"三位一体管理,管理的核心成员为党小组组长、班长及团支书;要求每周一小报、每月一总结,有利于全面细致地掌握学生的情况及个别学生的特殊情况;通过每月一次的组织生活会加强学生党建及对发展对象的培养。

(五)加强班级文化建设

因学生在医院的文化生活相对单一,因此,班级可根据具体情况自行组织各类活动,包括知识分享会、组织生活会(以主题讨论的形式开展)及各类体育活动,可适当参加学校的相关活动,积极参加医院举行的各类文体活动,以丰富业余文化生活,同时有利于学生尽快融入医院。

(六)加强学校与学生的联系

为提高学生对学校的归属感,加强学校与学生的联系,保持信息畅通是非常必要的。通过定期的探访及教学检查了解全体学生在院的学习生活情况;通过学生回校考试或参加活动的机会个别接触学生;通过定期与医院带教老师的交流,掌握学生的整体情况;通过网络工具,建立信息的发布平台,让学生充分了解接收学校动态及相关信息;通过举办技能竞赛,让各教学医院派代表回校参加比赛等,以此加强学校与学生间的互动交流。

参考文献:

[1]刘兆玺,张敬军,王艾."360度管理"在临床后期教学管理中的探索[J].中国西部科技.2013(31):55-56.

[2]唐宋文,周禄涛.高校医学生实习前党员教育工作的问题和对策[J].科技资讯.2012(22):247.

[3]颜亮,马金珠.辅导员如何加强医学院校药学类学生的实习管理[J].辽宁医学院学报(社会科学版).2011(9):46-48.

(文/第二临床医学院 刘吏婷)

体验式教育:医学院校大学生生命文化教育的重要途径

开展生命文化教育,传承生命文明、创新生命文化,积极建构高校生命文化,引导大学生对生命的意义进行思考,帮助大学生树立正确的生命观,养成其健全的人格,体现了强烈的生命关怀及以人为本的理念,是全人教育的具体形式,也是高校教育特别是思想政治教育的一项崭新课题。尤其作为培养我国医疗卫生事业发展后备力量的医学院校,培养良好的生命文化价值观对于医学生在今后的职业生涯中感悟和实践医生的职业责任和职业情感具有重大意义,更是医学生具备良好医学职业精神的思想基础。[1]而体验式教育的视角下生命文化教育则是一个新的尝试,它为传统的生命文化教育提供了新的思路与参考。

一、体验式教育的内涵

体验式教育作为一种教育模式,最早可以追溯到古希腊哲学家苏格拉底的教学方式,他教导弟子的方法是以情景教育和发问的方式,而不是灌输式,这是体验式教育的雏形。笔者认为,现代的体验式教育是根据特定的教育内容和教育目标,为受教育者(包括个体和群体)创设一定的游戏、活动和情景、平台,通过受教育者的客观体验和实践,以及反思、交流与分享,内化并指导生活中的具体行为。生命文化教育要取得实效,它更需要学生个性化、实践性的体验,多元化的实践体验式教学是对大学生进行生命教育的切实有效的方式。

二、体验式教育视角下的生命文化教育目标

体验式教育视角下,生命文化教育的目标可以分为从低到高三个不同的层级:

(一)获得对生命存在的真实感受

在生命世界里,每个个体生命都是独一无二的,都是一个丰富的世界,任何人没有权利轻视其他个体生命。[2]因此,学生在体验过程中获得的对生命的感受和体会是创造生命价值、提升生命价值的前提,是体验式生命文化教育的首要目标。通过体验活动使学生的心灵受到触动或震撼,认识到生命的可贵性,从而敬畏生命,尊重生命。

(二)形成对生命价值的深刻理解

获得对生命的真实感受,是为了能更深刻更准确的理解生命的价值进而实现人生价值。对生命价值产生深刻的理解,是受教育者将自己的生命感受内化为自己的思想的过程,就是对"生命感受"加工、升华的过程,从而形成对生命感受的深刻理解,正确认识自己的价值,积极主动地创造生命价值,提升生命价值,对于大学生来说,形成深刻的对生命价值的理解,就是要引导他们发现和探索人生的价值,使他们懂得在满足物质需求的同时,更注重追求更高的精神境界,合理建构自己的人生目标,树立正确的、科学的人生理想。

(三)取得对生命危机的科学干预

大学生的生命健康,包括自然生命健康,精神生命和社会生命的健康。生命危机同样也包括这三方面的危机。在现实生活中,危机是无所不在、无法避免的;危机并不全是有害的,我们要在危机的萌芽中能看到转机,尽快地用合理的方式解决危机。科学地进行生命危机干预,就是要正确认识死亡,在挫折面前,能学会调节情绪,尽快恢复心理健康。同时,通过自己的社会"角色"以及相应的权利和义务,意识到自己的社会存在、社会生命,从而充实自己的自然生命和精神生命。

三、医学院校大学生体验式生命文化教育的路径探索

按照体验式教学模式的一般操作流程,通过创设能贴近学生生活实际,有一定思考价值的教学情境,激发学生参与的积极性和主动性,其后引导学生亲自参与活动并引导学生结合情境和问题,运用生活现象和事例发生联想,进行体验、感悟,并在师生之间、学生之间进行探讨和交流,通过头脑风暴集思广益、相互启迪、开阔视野,从而澄清一些模糊认识或错误认识,获得正确认识,继而通过学生自愿发言、代表发言、小组讨论、班级辩论等方式,比较不同的价值取向,学会客观地分析和辩证地思考,从而实现对体验的超越,完成知识的内化和重建,最终实现把所学的知识用于指导实践的目的。根据具体的教学目的、内容,并结合学生的实际情况,灵活运用多种教学方法,从而将体验式教学模式广泛应用于大学生生命文化教育的教学实践中。

(一)情景体验模式

创设情境是活动课的主要教学方法之一。利用图像音乐、教学视频、情景剧、心理剧,甚至学生的生活体会、成长记忆等来创设情况。如介绍生命形成时,通过多媒体向学生展示一个怀上三胞胎的女性肚皮变化的过程,从一个点来展现女人

的怀孕历程。最后,当三个生命从妈妈的肚子里剥离,那个曾经硕大无比的肚子,好像一个被爆气的气球,写满了沧桑、沟壑、贫瘠、凄凉与落寞,使学生充分领悟生命由来的不易,母亲孕育的伟大,明白生命的形成、发育是一个纷繁复杂而神奇的过程,感恩母亲的无条件付出,更好地珍惜生命。

又如,通过开学典礼、毕业典礼或升国旗仪式时举行"医学生誓词"宣誓仪式、护生授帽仪式、"无语良师"人体标本感恩追思活动,让学生坚守"健康所系,性命相托"的誓言,牢记"救死扶伤"的神圣使命,同时感恩生命、尊重生命。通过生命文化建设宣传教育展,以图片、文字等形式对生命文化的相关内涵进行全方位的介绍和宣传,为营造生命文化宣传教育提供了直接的视觉素材,展示生命文化元素营造医学人文氛围;通过举办"生命教育主题"演讲比赛,开展"世界艾滋病主题活动日"宣讲活动、图片展览及签名活动等,利用特殊节日等真实情景,营造充满生命教育气息的校园文化氛围,增强大学生的生命实践体验,启发和培养生命情感,激发生命的潜能,感悟生命的意义和价值。

(二)案例分析模式

在大学生生命文化教育的教授课堂中,通过搜集社会上的真实案例,让学生接触大量的实际情景,深入思考社会不同类别案例所反映的实质问题,树立正确的价值观,从而学会以理性的思维模式看待客观问题,乐观地应对生活中的挑战,进一步提高学生的思辨能力。在"危机干预"的章节中,使用案例分析的体验模式是最常见的。教师可安排在课堂上进行小组讨论,或者布置课后作业,如探讨大学生自杀案例的原因、如何识别自杀危机、自杀危机有何预兆、自杀危机的预防与干预等问题,让大学生立足于群体之中,提高警觉,防患未然,及时干预,应对危机,疏导心理,减轻危害,珍爱生命,真正达到防御心理危机的作用。

(三)角色扮演模式

角色扮演模式使学生通过自己创设的情境亲身体验和实践,发现问题,了解问题,解决问题。在角色扮演中,学生能亲身体验和实践他人的角色,进而更好地理解他人,学会共情,学会换位思考。如在讲授"尊重生命"章节时,让学生扮演聋哑人、盲人,或者参与互动游戏"瞎子背瘸子"等,通过角色的扮演,让学生体会残疾人生活的诸多不便,感受残疾人的顽强意志、自强不息,唤醒学生尊重他人、关爱他人的心灵。医学院校可召开"生命文化教育"角色扮演主题班会,让大学生扮演孕妇、残疾人、危重病人及家属等角色,使其身临其境,换位思考,体验心灵感受,进而学会坚强,学会理解,学会与人相处。也可通过扮演正在焦急等待医生前来救治的危重病人家属,体验感受患者家属的焦虑、恐惧的心情,感悟医务人员救死扶伤的神圣使命。通过角色扮演体验活动,使体验者的心灵受到触动或震撼,彼此分享体会和收获,从而认识到应该敬畏生命,尊重生命,珍惜青春,乐观进取,精益求精,才能担负起健康所系、性命相托的历史重任,成长为优秀的医务工作者。

(四)拓展训练模式

拓展训练是紧密围绕主题,通过精心的活动设计,让学生在各种游戏活动和拓展训练中获得体验与感悟的团体训练模式。拓展训练模式是学生普遍喜欢的形式,因为游戏活动能够带给人快乐的体验,在游戏中的领悟是开放的、主动地、触及情感的、富有创造的。使用团体拓展训练的教学模式,除了表达某一主题外,多数都加入了团体意识的元素在其中,让学生体验团队合作的重要性,增强大学生的凝聚力和团队精神。如建立生命文化实践基地,让学生参与患者的临终关怀服务、收集遗体捐献者的遗嘱、参与饲养和处理实验动物、参与医疗抢险救助等,使学生体验生命的神圣;引导学生积极投身社会实践活动,倡导无偿献血、捐献骨髓、器官等,唤起爱心,强化学生的社会责任感;通过征文、演讲、影展等形式在学校开展以"弘扬生命文化"为主题的探讨活动,促进医学生对生命文化的理解和感悟,有助于形成正确的生命价值观;通过心肺复苏、局部创伤、烧伤、烫伤等情况的现场救护医疗急救培训,让学生将现学的医学知识付诸实践。这些隐形的生命文化熏陶具有现实的感染力,对于医学生今后走上医疗工作岗位,履行把患者的生命和利益放在首位的职业精神,具有类似于启蒙教育的作用。又如,医学院校特有的临床实习不仅是提升生命文化教育效果的一个非常有效的途径,更是培养大学生的生命精神和提升大学生的生命境界的重要场所。在临床实习中,学生们可以亲身体验到生命的脆弱和宝贵,理性认识生命的价值和意义,更好的捍卫生命的尊严;通过牢固树立一切为了病人的生命健康的医学职业精神,担负起"健康所系、性命相托"的神圣使命。

医学院校开展体验式生命文化教育,有助于大学生认识生命的珍贵、意义、价值,树立正确的生命观,为医学生今后从事医疗卫生工作、形成良好的医学职业精神打下坚实的基础,这对于未来的医务工作者来说尤为重要。在大学生体验式生命文化教育教学实践中,教师要尽可能为学生提供可听、可看、可触摸、可经历、可操作的机会,运用参与式、情境式、模拟式、换位式等多种教学方法,尽可能把生命文化教育课中抽象的知识还原成事实,让学生面对需要去思考、操作、论证、讨论,让学生去体验事实、体验问题、体验过程、体验结论,使学生在教师引导下真正感受到感情与思想的萌生、形成和交流过程,感受到引人入胜的探究过程,从而使教和学在学生主动参与、师生互动合作中构建知识、发展能力、健全人格、共同发展。

参考文献：

[1] 洪梅等. 生命文化视域下医学生职业精神的培养[J]. 中国医学伦理学：2014(2)：70-72.

[2] 刘慧. 生命德育论[M]. 北京：人民教育出版社,2005：177.

（文/药学院　陈丽君　冯明英）

布迪厄文化资本视域下高校贫困新生适应性研究

一、引言

近年来,随着我国教育事业的不断发展,国家对教育事业的支持,使得越来越多贫困家庭的孩子能够实现自己上学的理想抱负。然而随着大学教育的逐渐普及和贫困学生在进入大学时产生的种种心理问题,使得教育研究者们不得不针对这种问题进行分析和研究[2]。据有关研究显示,贫困新生中大多来自农村或贫困地区的城镇,与生长于城市的大学生相比,其在对大学的适应周期上是有着一定的明显差异。在进行贫困新生的适应性研究中,探究者往往只是针对贫困新生的自身心理素质和价值取向进行分析解读,没有很好的运用布迪厄文化资本理论来加以佐证和提升,因而最终的研究结果不能很好地与现实紧密结合起来,没能很好为解决根本问题作依据和起作用。布迪厄文化资本理论的完善性体现在其对贫困学生的成长历程、家庭因素两者的综合考量。文化资本的积累是以再生产的方式进行的,它主要通过早期的家庭教育和学校教育结合来实现的。由于贫困新生受限于自身的成长环境,他们的价值取向和价值观念,作用于他们的大学生活和学习当中,往往会阻碍他们更好地适应大学校园的学习生活。

二、贫困新生大学环境适应阻碍现状分析

（一）城市文化观念的独立性

贫困新生在进入大学前已经在家庭环境及其当地的文化氛围当中被潜移默化,形成了一定的价值取向和价值观念,他们进入大学新校园时面对环境的剧烈

变化，往往就对自身既定的价值取向和价值观念带来很大的冲击，而这种冲击对贫困新生产生的影响并非一朝一夕可以适应。基于布迪厄的文化资本理论，在特定的环境当中会形成特定的环境文化，同时这种特定的正统文化在特定环境之内，对于行动者的优劣评判都是有着自己的标准和理念。当前高校建设的迅速发展，营造出了一种极具现代文化气息的校园生活氛围。大学作为社会的缩版，往往体现着具有城市特色的思想观念、行为模式、语言习惯、生活方式。城市文化代表着整个社会的主体文化，而高校更是始终坚持服务于主文化宗旨的，这就使得农村文化越来越被城市文化所排斥，使其被边缘化[3]。城市文化的特征主要是：经济繁荣、信息发达、思维活跃，人们的心理已经普遍认同城市文化是要优越于乡村文化。在这种带有强烈城市特征的大学氛围之中，大学生的生活、行为、语言和人文精神也具有了一种现代化的气息。初入大学校园的贫困新生，在落后的农村、城镇文化的影响下，已经形成了既定的行为方式和价值取向，因而要在初进大学时，想马上适应或改变难度较大，因此他们在强烈城市文化氛围的大学当中处于明显的弱势地位。在大学环境里，就农村学生和城市的学生而言，在城市中成长的学生早已经过城市文化的洗礼，思想观念、行为方式与城市文化更加融合，在言谈举止上显得较为从容和大气，因而学生和老师往往更加倾向于认同这种学生。在强烈城乡文化冲击之下，贫困新生知识的匮乏不仅表现在对信息量的掌握、新生事物的感知、兴趣爱好的狭窄等方面，甚至对于城市生活的娱乐方式他们也未曾接触过，显得处处碰壁和彷徨。同时，贫困新生在人际交往过程中，也会出现很多问题，致使其在融入新的大学生活当中遇到重重阻碍，从而导致贫困新生的交际圈得不到融合和扩大，容易造成贫困新生孤立无援、相互隔绝、自我封闭的状态[4]。

(二)贫困新生家庭文化资本的匮乏性

学生的教育培养和塑造，家庭所发挥的效果是不容轻视的。家庭无疑是文化资本最初和最主要的再生产场所，家庭环境中父母的文化素养、兴趣爱好和行为习惯、父母的言行等，都将成为孩子们竭力仿效的对象，孩子们正是通过这种无意识的模仿行为继承父母的文化资本并将其身体化的。经济条件较好家庭的家长，通常拥有更为丰富的文化知识和社交资源，其所拥有的文化资本优势在对孩子进行家庭教育的时候，可以通过父母的传承教授给孩子，从而提升孩子自身的文化资本。因此文化资本传承优势越强的家庭在进行家庭教育的过程中，所能带给孩子的教育效果也就越明显，这些孩子长期受到良好家庭文化的耳濡目染，因而在进行价值塑造和学业发展时能更容易达到自己所期许的目标，塑造出更为优越的文化观念和知识技能,从而使得孩子的自信心得到不断增强,他们对于大学新环境的适应就越快。而对贫困新生家庭而言,由于其家庭经济条件的限制,所拥有的文化资源也相对匮乏,不能对子女进行更多更好的文化投资。同时由于长期资源分配匮乏、思想观念和行为方式落后,以及贫困农村家庭的父母本身具备的文化水平和教育方式相对城市的家庭较为劣势,因而其在进行家庭教育的过程当中所能为孩子提供教育效果确实有限。不同的家庭由于各自拥有的文化资本不同,学生的成长环境和社会环境也就相应不同,从而导致学生成长结果出现差异[5]。布迪厄文化资本针对父母能够对子女进行怎样程度的文化资本传承,对于孩子所能够占有的文化资本的影响进行了阐述。贫困家庭由于经济条件和社会资源的局限性,他们难以在社会当中拥有丰富多元的文化资本,同时子女能从父母身上汲取的文化元素也较为单一匮乏,增加贫困新生适应大学环境的难度。文化资本由于其占有度稀少和狭隘性,很难内化成自身的文化资本,这就导致贫困新生在适应大学多元文化并存的新环境时遇到了一定的阻碍,他们应对和挑战新环境的能力也相对薄弱,适应新环境的周期更为长久。

(三)学校教育水平不平等的延续性

学校教育是布迪厄的学术旨趣所在。教育的发展与文化资本有着密切的联系,学生接受教育是积累文化资本的重要途径,而学校教育是文化资本进行再生产的场所。尽管我国近几年来一直在致力于教育公平的促进和推动,但由于各地区经济发展水平不同等因素,教育机会不公平造成不同地区以及城乡之间人口受教育程度存在差异,这就造成贫困新生在进入大学前受到的学校教育的起点和质量偏低[6]。贫困学子,尽管通过高考这一相对公平的竞争进入到高等学府,在普通人看来进入高等院校接受教育之后,农村学生就可以在接受高等教育中保持公平竞争,并且贫困学生只要努力学习,就能够出人头地从而最终实现自己的理想和抱负,这种看法在研究者看来是撇开了城市大学生与贫困家庭学生之间文化资本差异的狭隘看法。贫困新生在文化资本的拥有程度,较之城市当中的大学生而言是很低的,这就使得许多贫困大学生在入学阶段,与城市大学生之间的文化资本占有量就有着明显落差。高等院校的教育模式基本都是基于城市教育模式的蓝本,在这种情况下无疑加深了贫困新生在文化资本上的劣势。相对贫困地区新生和经济发达地区大学新生而言,在求学阶段,城市大学生往往会因为其自身的文化资本优势较轻松获得学习和就业的优势,而来自贫困地区的学生在求学时,由于早期学校教育水平的限制,个人往往要付出更多的努力,才能达到城市大学生已经拥有的文化资源的水平,这无疑增加了他们适应新环境的压力和困惑。同时,对于学生之间在学业上成功与否的评判机制,同样有意无意地忽视了文化资本的占有优势,片面性的议论学生个人资质和领悟能力,这种评判无形之中又对贫困学生的学习信心和价值观念产生不利的影响。这种忽视文化资本占有的不公平的教育机制,在对城市大学生和农村大学生的教育过程、对学生的培养塑造都是极其不利的,并且会使得贫困学生一直处于学校和教育体制的边缘化状态,他们在大学新环境里更加无所适从。

三、贫困新生适应大学新生活的应对策略

贫困新生由于早期环境因素的客观存在性,使得他们在占有文化资本处于劣势地位,从而导致贫困新生在适应大学新生活出现了重重阻碍。本文就基于布迪厄文化资本的再生产的两个阶段进行了解决措施的分析:第一阶段是学生家庭文化资本传承当中所起到的文化资本传承效果,第二阶段是学校对学生的塑造和培养,学校教育文化的再生产、传承以及积累最终会使学生所能获得的文化资本得到充分实施。基于这一理论,给贫困新生的文化资本占有提出了一定的指导理论。

(一)努力实现教育公平,为贫困新生创造良好的文化资本积累平台

在我国目前的教育体制下,现有的教育资源配置体制严重阻碍了教育公平公正的实现,因此完善教育资源配置制度和营造好的文化积累平台,可以有效地提高贫困大学生对于大学多元文化氛围的适应性。提高贫困大学生对大学环境的适应水平,这不仅仅是通过家庭和学校就能彻底实现的,同时还需要政府部门针对这种情况制定行之有效的解决方案。国家在大力发展高等教育的同时,要注重幼儿到高中阶段教育的公平合理性,合理分配教育资源,用政策和制度确保教育的公平性,进而缩小高校贫困新生与非贫困生在入学前所积累的文化资本的距离。政府在针对贫困家庭这种弱势群体时,应该进行适当的侧重帮扶,如制定教育扶持和补偿政策,让贫困新生减少经济上的压力,放下思想包袱,使其以更好地心态和精力投入到学习中去,学生可以在这个过程中不断提升自我,积累更多的文化资本,从而最大程度的保证每一个学生都能拥有一个公平的学习环境,从而实现社会的整体公平。构建宽松、公平、合理的学校文化氛围,可以为贫困新生的文化资本积累创造一个良好的平台。

(二)改良优化教育模式,帮助贫困新生增加文化资本积累机会

同政府部门的侧重补偿政策相匹,高校在针对贫困新生对于文化资本占有的薄弱的问题,同样进行切实可行的侧重教育。学校主管部门在对贫困新生进行经

济帮扶的同时,更重要的是进行精神上的帮扶,使他们尽快适应大学新生活,不断提高他们文化资本积累。这对高校教师提出了新的要求,教师在进行日常教育教学环节当中不仅要在学习中提供必要的帮助,增强与贫困新生的交流互动,从而使得贫困新生在学习生活中的文化资本能够有效地得到提升和改善。同时学校还可以选拔一批优秀的贫困学生作为贫困新生初入新校园学习和生活的向导,以相似身份学生的榜样示范作用引领和带动贫困新生,帮助他们尽快适应校园新生活,融入集体,激励和帮助贫困新生更好地提升自我,自觉提高个人素养和掌握文化知识,增加文化资本的积累。

(三)提高学生能动意识,保证文化资本占有的可靠性

文化资本作为一种与之相伴的客观存在形式,是不能通过直接授予的方式来实现的[7]。文化资本的积累和占有,所消耗的时间是比较漫长的。在高校的文化环境里,许多刚入学的贫困新生还有很多的陌生和不适,往往还会产生一定的心理困惑。因而在提升贫困新生的文化资本积累的过程当中,高校更要重视学生的个人意识的培养,充分发挥他们的主观能动性,使他们具有一种勇于开拓、不怕困难的优秀品质,从而让贫困新生主动适应新环境,积极主动探索寻求文化资本积累的新途径,使其更好的适应大学校园的生活[8]。

四、结束语

青年学生是时代的先锋,民族的未来。人才强国战略是我国发展战略当中的重中之重,因而笔者就布迪厄文化资本理论结合当前我国高校教育中贫困新生文化资本的实际情况,提出了问题思索和一些解决的措施。通过对布迪厄文化资本理论的学习和应用,从而促进教育者思考和完善我国高等教育发展的有效途径。

参考文献:

[1]司忠业、梅海东、张黎. 大学贫困新生心理适应期压力分析及对策研究[J]. 今日科苑,2010

[2]吴燕华. 农村贫困大学新生适应困境研究——基于布迪厄文化资本的视角[J]. 长春理工大学学报(社会科学版),2013

[3]王胜利、吴洋. 浅析布迪厄文化资本理论下的教育不平等现象[J]. 西北工业大学学报(社会科学版),2013

[4]徐瑞. 我国教育公平政策的价值取向探析——基于布迪厄文化资本理论

的视角[J].河北师范大学学报(教育科学版),2013

[5]孙银链.论家庭文化资本对学生成长的影响[J].湖南师范大学教育科学学报,2006

[6]李昱祺、赵庆芳.教育与反贫困——布迪厄文化资本框架下的教育场域研究[J].知识经济,2012

[7]朱伟珏.文化资本与人力资本——布迪厄文化资本理论的经济学意义[J].天津社会科学,2012

[8]史明.布迪厄文化资本视域下教育不公平思想研究[D].河北师范大学,2014.

(文/学生工作部　冯香婷)

第三章

思想政治教育

知行合一：大学生社会主义核心价值观教育的第一要义

十八大报告明确指出:"要深入开展社会主义核心价值体系学习教育,用社会主义核心价值体系引领社会思潮、凝聚社会共识。"[1]加强大学生社会主义核心价值观教育,引导大学生树立正确的价值观,既是我们当前面临的一项现实而紧迫的重要任务,又是关系到我国意识形态安全的一个长远问题。习近平同志同北大师生代表座谈时也寄语青年要自觉践行社会主义核心价值观,要在勤学、修德、明辨、笃实上下功夫,从知行合一上下功夫。社会主义核心价值观既要内化于心,又要外化于行,"知"和"行"是思想道德教育的两个基本范畴,知行合一也是大学生社会主义核心价值观教育的第一要义,正确理解和运用知行合一原则,对于加强社会主义核心价值观教育具有十分重要的理论和实践意义。

一、知行合一的理论内涵

中国历史上大凡杰出人物无不注重身体力行、坚持知行哲学,知行合一成为道德哲学和人生哲学的基本原则。古今中外一些具有重要影响的教育家、思想家均对"知"与"行"作了深入的思考探索,期间形成了许多理论成果,对我们当前探讨社会主义核心价值观教育的知行统一模式仍然具有深刻的启发意义。

"知"与"行"这对概念及其之间的关系是中国哲学中出现较早的概念,这对范畴贯穿了中国哲学认识论部分的始终。《左传》和《国语》历史典籍中最早提出知行并重的观点,《左传·昭公十年》中有"行知之实难,将在行之"的提法,《国语·周语(上)》有记载邵公向厉王的谏言"夫民虑之于心而宣之于口,成而行之"。明代大哲学家王阳明针对当时程朱"知行二分"说的流弊正式提出了"知行合一"说。王阳明的知行合一有两层意思,一方面是指二者不可分,他认为"良知,无不行,而自觉的行,也就是知","圣人之学为身心之学,要领在于体悟实行,切不可把它当作纯知识,仅仅讲论于口耳之间。"即知行二者本不可分,道德良知若不通过道德实践体现出来,就不能称为真正的"知"。另一方面是指知是行的前提,知决定行,以知为行,即他所说的"知是行之始,行是知之成"。王阳明从道德良知角度深刻地揭示了"知"与"行"的合一就是道德意识和道德实践的统一,促进知行的统一与相互转化,最终实现"致良知"的目的。美国实用主义教育家杜威对"知"与"行"的问题也有着较为深入的研究,他认为"知识不是孤立的、自我充足的东西,而是包罗在用以维系和发展生活的方法里。"[2]"行"是指经验。在他看来,"经验"既是知识,又蕴含着实践,他提出了在"做中学"以源源不断获取经验的方法论。日本儒学家冈田武彦认为,"道德认识与道德行为是一致的,强调知而不行,只是未知,强调学以致用,知行合一。"[3]中国著名教育家陶行知先生坚持辩证唯物主义知行统一观,在批判地继承了其他理论家关于知行合一思想的基础上,创立了"生活教育"理论,提出了"生活即教育"、"教学做合一"及"社会即学校"的教育思想,克服了学理与经验相分离的弊端。陶行知指出,"思想与行为结合而产生的知识是真知识,真知识的根是安在经验里的。""有行动之勇敢,才有真知的收获。"[4]"行是知之始,知是行之成。"[5]

从对知行合一思想理论发展历程的简要回顾中可以看出,虽然不同时代的思想家在对知行合一思想的具体表述方面各有千秋,但他们的思想内涵却在很大程度上存在相互融合、异曲同工之处:都一致重视"行为"的意义,强调和突出知识与行动在实践中的统一,主张"知"与"行"的相互促进和转化。从哲学上看,知行合一的思想观念与辩证唯物主义思想内涵相一致。毛泽东同志说:"我们的结论是主观和客观、理论和实践、知和行的具体的历史的统一。"[6]"实践、认识、再实践、再认识,这种形式,循环往复以至无穷,而实践和认识之每一循环的内容,都比较地进到了高一级的程度。这就是辩证唯物论的全部认识论,这就是辩证唯物论的知行统一观。"[7]可见,"知行合一"就是"知"与"行"的相互融合、转化和促进,"知"是主体对客体观念的把握,属于认识的范畴,这里的"知",不仅是指隶属于自然科学层面的知识,而且是指隶属于人文社科层面的道德知觉,即知道什么是善、什么是恶、什么是正确的价值观;"行"是主体对客体的物质活动,属于实践的范畴。知行合一的思想道德教育模式,要求我们不能把道德认识停留在理论认识的层面上,而是在道德认识的基础上付诸具体的道德实践。中国传统的知行哲学一直是许多优秀人士做人做事的基本准则,在我们加强社会主义核心价值观教育的今天,仍然要坚持知行合一的准则。

二、知行合一是大学生核心价值观教育的内在要求

(一)大学生社会主义核心价值观教育的终极目标决定了坚持知行合一的必然性

拥有一定的道德意识与掌握一定的道德规范只是德育工作的中介性目标,德育工作归根结底是为了促进受教育者自觉地践履社会规范与道德规范,因此,道德实践是德育的终极性目标。大学生社会主义核心价值观教育的功能性目标,就是通过社会主义核心价值观教育使得符合当代中国社会需要的思想观念和道德意识内化为大学生个体的道德品质,从而能够自觉地进行道德实践。长期以来,高等学校的德育大多注重德育知识的灌输和书面考核,使高校德育工作具有很大的局限性,因而难以很好地保障大学生能够自觉进行道德实践,这跟我国一贯建立在偏重家庭影响和社会引导基础上传统的德育模式有关,又与高等教育之前的中小学教育阶段长期受到应试教育注重文化课的教育和考试而忽视德育工作有关。当代大学生成长于社会转型、文化冲突、各种价值观念相互激荡的全球化时期,人们的价值迷失、行为失范、道德感薄弱等一系列问题在很大程度上给大学生的成长带来了挑战。若只是把大学生社会主义核心价值观的教育当成理论化的知识传播,势必会加剧知行脱节的矛盾,造成知而不行的现象。因此,在当前时期,探索知行合一的大学生社会主义核心价值观教育模式是社会发展的必然要求。

(二)社会主义核心价值观作为隐性知识体系的特征决定了坚持知行合一的科学性

隐性知识是相对于显性知识而言的,隐性知识的习得,仅仅依靠文本和语言的传达是难以真正掌握的。隐性知识的传递需要知识受体在一定情境中反复体悟和深化,最终将隐性知识嵌入个体的知识系统之中。因此,隐性知识的有效传递,既具有个体依赖性,又具有情境依赖性。由此也可以看出,社会主义核心价值体系更多地具备隐性知识的特征,社会主义核心价值观的教育仅仅依靠文本和语言是难以达成的。社会主义核心价值观的形成与道德品质的转化,必须依赖于一定的德育情境才能实现。德育情境是指与德育受体相关的所有人、物、事及其之间相互关系的特定场合,既具有主观因素又有客观因素。在特定的德育情境中,德育受体会积极主动强化自身道德意识并进行自觉地道德实践。大学生知行合一的社会主义核心价值观教育，就是将大学生置身于特定的育人情形当中，注重突出大学生在教育活动中的主体地位，通过主体体验、自我体悟、自我调整，引导他们自觉践行社会主义核心价值观，促进社会主义核心价值观内化为大学生自身所固有的道德品质。因此，以知行合一的方式进行社会主义核心价值观教育符合隐性知识生成规律。

（三）当代大学生的实际特点决定了社会主义核心价值观教育坚持知行合一具有较强的针对性

当代大学生成长于全球化多元价值观念相互激荡的社会背景下，鲜明个性的表象下隐藏着脆弱的内心。他们大多在难以自立的情况下崇尚自主，在不能自省的前提下崇尚自我，在缺乏自律的情况下追求自由。对一些比较抽象的理论式说教或刻板的条款式规制具有较强的抵触情绪，加上传统的思想政治教育模式是建立在以考试为目的、以教师为中心的违背教育规律的模式上，这就造成了大学生在思想道德方面的知行分离。"知行合一"的大学生社会主义核心价值观教育模式尊重大学生认知发展规律，紧紧抓住青年大学生个体的思想和性格特征，在弱化教师主体地位的同时彰显当代大学生的能动性，以学科知识为支撑、以生活教育为基础、以其思想性为切入点，坚持实践育人的理念，致力于让受教育者树立知行合一的社会主义核心价值观。能够保障大学生在喜闻乐见的德育情境中参与一定的行动，使他们在自主实践与自我体验的条件下，不断深化对道德规范与政治要求的认知，有利于促进道德意识向道德品行的转化。因此，知行合一的社会主义核心价值观教育符合当代青年大学生的实际特点，具有较强的针对性。

三、实现社会主义核心价值观知行合一的有效路径

（一）教育过程行动化，提高社会主义核心价值观知行合一的行为能力

依据社会主义核心价值观教育过程的开展方式，可以分为语言化教育过程和行动化教育过程。语言化的教育过程，是指用话语的方式将践行和养成社会主义核心价值观各种道德要求、规范、条款等约束形式表达出来，不可否认，语言化的教育方式是社会主义核心价值观开展的基础环节。但缺乏实际行动的说教，注定会使受教育者形成被动接受的状态，特别是在应试教育环境迫使下的被动学习，导致受教育者产生较强的反感情绪，在实际行动中形成"事不关己"的心理认知。与语言化教育方式相对的是行动化教育方式，社会主义核心价值观教育过程的行动化是指整个德育过程以受教育者为主体，受教育者在完成工作任务和参加各种

活动的过程中,手脑并用,身心投入,通过自我体验、反思、改进、提高,打通社会主义核心价值观认知向品行转化的通道。当前大学生对于社会主义核心价值观学习具有"知"的浅表性与"行"的滞后性,造成这种情况的重要原因在于传统的德育模式较倾向于语言化说教而缺少行动化的引导,重视归纳演绎的思维方法在德育过程中的运用,将道德原则片面地知识化与理论化,却没有足够突出"行"的基础性地位。以理服人不如以行服人,实践对"知"的作用是生动的、深入的,实践对人的孕育同样也是直接的、深刻的,社会主义核心价值观教育过程行动化的要求,克服了传统德育活动封闭性、空洞性、被动性与理论性的弊端,适应了德育活动的开放性、参与性、情境性和实践性的特点。社会主义核心价值观教育过程行动化要求以行代育,以行代教,既突出教师的引导作用又突出大学生的主体地位,实现施教者的主导作用与受教者的主体作用相结合实,能够充分调动大学生的积极心理元素,使他们在行中体悟,符合人类从行到知、以知助行的认识规律。

(二)教育目标隐性化,营造社会主义核心价值观知行合一良好的氛围

社会主义核心价值观教育目标的隐性化,是指为了避免受教育者在不能充分理解教育目标和意义的前提下,认为教育目标过于功利而产生知而不行或知而逆行的情绪,在开展教育活动时要尽量将教育工作的抽象目标融入具体的教育活动之中,使大学生在润物无声的德育活动中潜移默化地受到洗礼。在中国不断融入全球化发展趋势的新时期,多元文化的涌入使众多不同的价值观念相互激荡、碰撞,对人们主流信仰造成了冲击,一方面,导致一些大学生价值迷失,另一方面,另一些大学生自主意识增强,会积极主动对德育内容进行审视、判断。加之大学生社会经验严重不足、知识结构尚不健全,辨别是非曲直的能力有待提高。充分考虑当今时代背景和大学生个性特征多重因素的影响,如果社会主义核心价值观的教育目标和过程过于显性化,容易引起大学生的叛逆言行,进而影响他们参加实践活动的热情。实现社会主义核心价值观的教育目标的隐性化,就不能脱离受教育者的自身特点和认知水平,否则势必会给受教育者留下假大空的印象,进而导致受教育者知而不行的现象。要避免这种现象的出现,就要社会主义核心价值观教育走出单纯依靠课堂教学的单一模式,把课堂教育与家庭教育、社会教育之间恰当地结合起来,在社会主义核心价值观教育的过程中结合大学生自身实际,突出教育的时代性,根据时代发展对内容进行适当增添,同时增加教育内容的生活气息,通过教育者的包装和设计,使教育内容与受教育者的生活实际产生千丝万缕的紧密结合,从多角度向受教育者提出对其有富有吸引力的任务,使社会主义核心价值观教育转化为符合青年学生趣味的、活泼开放的系列活动主题。这也是

陶行知"生活即教育"价值理念的体现。

（三）教育活动自主化，激发社会主义核心价值观知行合一的积极性

德育活动的理想状态是实现受教育者进行积极的自我教育，让受教育者学会独立思考，自觉增强道德能力，能够有效实现道德认识与行为的统一。孔子十分重视自我教育，他在"克己""内省""存养"和"力行"等方面提出了重要的自我教育方法。他说："君子求诸己，小人求诸人"，"仁远乎哉？我欲仁，斯仁至矣"，这里的自我教育是排斥物质追求而重视精神人格的理想人格方面的自我教育，这里还不包括职业理想、生活理想和社会理想等方面的内容。而当代大学生的社会主义核心价值观教育应当认识到职业、生活、社会、国家与道德的统一，让大学生们在个人理想人格养成中充分认识到国家昌盛和社会发展与理想人格形成的高度的关联性，把个人的职业理想、生活理想和社会理想与道德理想结合起来，倡导他们自觉培育诚信、敬业、友善和爱国意识。社会主义核心价值观的教育过程在很大程度上就是受教育者自我体悟、理解、深化的过程，学生的自我教育不能否定教师的价值，一切有效的教育的活动均离不开教师的积极引导。在教育过程中坚持以学生为本，学生是主体，是自身知识的构建者与自我学习的主人；教师是主导者，其使命在于指导学生实现学习效果的最优化，学生和教师应当认清楚各自的位置，发挥其应有的作用。

（四）教育内容项目化，构建社会主义核心价值观知行合一的教育机制

项目原本是指一组相互关联又相对独立的独特的工作任务的集合。社会主义核心价值观知行合一教育工作的项目化，是指按照知行合一基本原则的要求，将大学生社会主义核心价值观教育活动设计成若干个相互衔接、关联的系列德育项目，发动全体同学认真完成此类任务或项目，深化对社会主义核心价值观的理解并自觉践行。在项目化的活动进行设计和开展过程中，最好充分突出学生的主体地位，引导其自主设计、热情参与，教师在全程负责组织、引导、把关、督促和评价的职能，及时对项目的设计和开展加以小结、评价和调整，并启发学生从中体验社会主义核心价值观的内涵与要求。可见，学生作为社会主义核心价值观教育活动的主体，并未否认思想政治理论课教师的主导地位，相反，将德育教师胜任本职工作的标准提得更高。这些子项目应当在充分考虑当代大学生认知规律和思想状况的基础上，由浅入深、由易到难逐渐登堂入室渐进地学习提升。通过让学生们在具体的项目化的行动中认识和体验，真正实现了实践教学形式的过程性、开放性和多样性，达到"教学做"三者的有机结合。以大学生社会主义核心价值观教育为例，可将其分解成数个系列子项目做支撑：首先，社会主义核心价值观知识大

家学系列活动。在学习方式上,突破课堂纯理论灌输,调动学生积极性,社会主义核心价值观知识竞赛的形式增强其学习的动力,或让其开动脑筋,将社会主义核心价值观的基本知识融入自编、自导、自演的情景剧中。其次,社会主义核心价值观知识大家说系列活动。在通过多重形式的自主学习初步掌握社会主义核心价值观内涵的基础上,组织学生们积极参与以社会主义核心价值观为主题的辩论赛、演讲赛,确保其辩论和演讲言之有物、情真意切。第三,践行社会主义核心价值观我争先。发动各班级争创践行社会主义核心价值观示范班,鼓励学生们争当践行社会主义核心价值观标兵,并制定操作性强的明晰的考评方案和奖励措施,引导全体学生积极投入到践行社会主义核心价值观的具体活动中来。最后,践行社会主义核心价值观优秀典型大家学。在前几个阶段的学习知识、宣传引导、典范评比等系列活动开展的基础上,及时引导所有班级及全体学生学习优秀典型,施行示范班荣誉的流动制度和优秀标兵的交流汇报制度。

参考文献:

[1]胡锦涛.坚定不移沿着中国特色社会主义道路前进为全面建成小康社会而奋斗——中国共产党第十八次全国代表大会上的报告[M].北京:人民出版社,2012.29.

[2](美)约翰·杜威.确定性的寻求[M].傅统先译.上海:上海人民出版社,2005.

[3]冈田武彦.王阳明与明末儒学[M].吴光等译.上海:上海古籍出版社,2000:62.

[4][5]陶行知.陶行知全集(第4卷)[M].成都:四川教育出版社,2005.

[6][7]毛泽东.实践论[M].毛泽东选集:第1卷.北京:人民出版社,1991.

(文/学生工作部　谭秋浩)

全人教育理念下大学生思想政治教育范式构建

一、全人教育内涵

全人教育的思想内涵非常丰富,但至今也没有一个明确统一的学术定义。在我国,研究全人教育最早的就是台湾与香港。如香港中文大学的书院制度,意在与校内的各专业和学系相辅相成,为大学本科生提供全人教育和全面辅导,为社会培养的德才兼备的公民和领袖。书院和学院共同管理和培养学生的制度就是在全人教育的理念下形成的。书院负责"学生为本"的教育,提供一些非形式的教育机会,如:帮助学生成长的活动、增加与人交流的机会,开展通识教育,而学院则是正规的专业课程学习。从这方面来看,在香港,全人教育应该是进行人的道德品质、情感、专业技能、生活和谐的培养。

在中国大陆,华中理工大学文辅相教授认为:"全人教育是指教育者首先要把学生作为一个人,一个主体性的人,一个有感情有智慧的人。同时要把学生培养成一个在生理与心理、智力与非智力、情感与意向诸方面协调发展的具有较高素质的人"[1]。就这个定义来说,"全人教育"首先是人之为人的教育;其次是传授知识的教育。

综合众多专家学者的全人教育内涵研究,可以概括出,"全人教育"中的"全人"就是全面的人、完整的人、完美的人、完备的人。所以从某种意义上来说,全人教育就是培养"全人"或者"完人"的教育,充分发挥人的潜力以期使人成为完整、全面的个体。其中教育的内容涵盖人格、智能、情能、体能等诸多方面。而全人教育的最终目的就是培养人的独立生存的能力,拥有健康的体魄,拥有高尚的德行等,总之就是一句话有道德、有知识、有能力、和谐发展的"完人"。

二、全人教育思想的基本观点

(一)全人教育强调人的能力与潜力的全面发展

全人教育的思想核心就在"全人"二字上,强调培育人的全面整体发展、多方位发展,不仅仅是传统的专业技术、专业技能获得的专业学习,还有人的智能、情感、道德、审美、创造力、精神潜能、社会、身体等的全面发展。全人教育是为人的和谐、合群、合作、公平、正义、诚信、了解以及爱等方面而教授。[2]当今提出现代意义上"全人教育"的第一人，隆·米勒，他指出，就全人的本质上来看，精神性比物质性重要，教育更多着重于人的内在教育，如情绪、情感、怜悯心、好奇心、想象力、创造力，特别侧重人的自我实现。如此个人不仅获得了专业技能的发展，而且在精神上、人格上得到提升，达到了人的精神性和物质性的高度统一。

（二）全人教育强调人是教育的根本

全人教育认为教育是人之为人的教育，人是教育的根本。[3]在全人教育中，将受教育者看作独立的"个体"，是社会和地球的主人，根据受教育者的主体性、多元性、差异性，因材施教、差异指导、个性教育，摒弃以往的机械化、填鸭式、一刀切等教育形式。每一个受教育者可以凭借自己的天赋、能力和智慧来表达个人的特质性。

（三）全人教育强调个体间联系、关系，寻求生命意义

全人教育主张教育者与受教育者之间的关系是平等的、开放的、有活力的关系，强调受教育者和受教育者、受教育者与教育者之间建立起一种开放而平等的学习群体。在这个学习教育过程中，加深受教育者在学习过程中的合作精神的感受，提升受教育者理解、关心、宽容他人的素养。传统上的教育偏重于竞争，用考试、考核、比赛的方法来衡量受教育者，重视学生智力方面的发展，忽略非智力方面的培养。这造就了一批"唯利是图"的人，对于其他的一切都漠然视之，导致人性的沦丧。而全人教育强调个人的自我实现，重视人与人之间真诚的交往，差异文化的交流和理解，如此增强了人与人之间的理解与信任，消磨掉自我中心，增强人的社会、全球意识。

（四）全人教育强调人文精神的培养

隆·米勒指出："全人教育是用人文教育的方法来达到全人发展的目标。"现代大学普遍重视专业知识和专业技能的教授与培养，忽略人文素养的培育，致使人文关怀缺失，造就一批实用主义者。全人教育并非否决科学知识的学习与重要作用，但在大学里，要加强人文精神的培养，在专业知识、技能的教育中渗入人文精神的教育。在大学中，没有人文精神的大学教育，则丧失了人的基本品格的培养，这种大学教育是达不到全人教育目标的。

三、全人教育理念下构建大学生思想政治教育新范式

（一）树立"以生为本"服务理念，推行服务式学生工作方式

在我国高校中，学生工作与大学生思想政治教育总是紧密相连的，学生工作主要是以德育为主，强调对学生加强思想政治教育。大学教育普遍呈现一种教育理念模式——"以社会为本"。"以社会为本"的教育理念认为人具有社会性，对社会具有很大依赖性，教育要使人社会化，使人适应社会的需要，满足社会的需要，从而忽略人的价值。在这种教育理念模式下的高校，在学生管理上，会偏向行政化管理，设置"校、院、系"三级管理机制来加强学生的思想政治教育，不能根据学生的个性差异和发展需求进行教育，忽视学生的主体性，使学生不能得到全面发展。

因此，我们要树立"以生为本"的学生工作理念，突出学生在学生管理和教育教学中的主体地位，培养学生自我认识、自我选择、自我管理和自我完善的能力，把"全人教育"理念真正用到学生教育、学生工作、学生管理中去。另外，高校要加强"服务学生"的工作理念，让"一切为了学生，为了一切学生"成为高校的座右铭，把对学生的教育融入学生工作的服务中去。在学生工作当中，增强学生工作者服务学生的意识和自觉，贯彻服务学生理念，以学生的需求为导向，为他们创造好的学习和生活环境，真正做到一切为了学生。同时我们还要及时关注到学生遇到的学习、生活难题，及时为他们提供帮助，排忧解难。

（二）培养学生自我教育能力，推行"混编"式住宿制度

在高校中，宿舍是学生日常生活、学习、交流的重要场所，是高校实施思想政治教育的重要阵地，充分发挥宿舍的育人功能对于做好学生工作具有重大意义。学生住宿管理关系到学校正常的教学和生活秩序，关系到学校和社会的稳定，也关系到我国高等教育的改革和发展。学生住宿管理是学生工作的重要组成部分。在我国大部分院校学生住宿上依然是按照传统的院系、专业、班级来划分安排。这种宿舍安排方式存在很多弊端：一是同专业、同班级，学生之间存在很大竞争关系，容易引起宿舍人际关系紧张，影响宿舍的和平稳定；二是同专业、同班级的同学在专业背景上、知识学习上、技能训练上存在一致性，大家所接受的教育是一样的，不利于不同专业学科的交叉，学生视野的开阔，创新能力的培养；三是同专业背景、同班级同学，在专业进度安排上、学业学习上具有一致性，会使一些懒惰学生对他人产生一定依赖性，如个别同学起床需要他人叫醒，互相抄袭作业、事事等人通知的现象不乏出现。

因此，宿舍住宿上，学校可以改变以往传统的住宿安排方式，安排不同院系、不同专业、不同班级、不同背景的同学混合住宿，加强不同学生的交流、沟通、学习。宿

舍是学生的私人空间,不同的学生住在一起,大家之间需要互相磨合,学会理解、体谅、宽容,尊重他人的个性和习惯,如此对学生良好性格的养成,健康的成长都是具有重大作用的。在"混编"宿舍中,学生之间的诸多不同,会避免一些懒惰学生依赖同类同学的帮助,引导他们进行自我教育、自我学习、自我监督、自我管理、自我服务。可以把宿舍建设和发展为自我管理组织,在这里开展丰富的宿舍文化活动,促进宿舍的精神文明建设,提升学生的集体荣誉感,促进学生的身心健康和谐发展。

(三)培养学生奉献精神,拓展志愿服务活动形式

志愿服务是指人们出于自己的意愿,贡献自己的时间、精力,在不求任何物质回报的情况下,为推动社会建设和发展、帮助社会弱势群体而提供的公益服务。志愿服务体现了志愿者崇高且无私的志愿精神,即一种不求回报的志愿参加的推动人类进步的品质。[4]大学生志愿服务活动是社会实践活动地一种类型,旨在培养大学生的志愿服务精神、团队合作精神、社会责任感、使命感,提升大学生的道德素质,树立正确的人生观、世界观、价值观。大学生志愿者是整个社会志愿服务队伍不可分割的一部分,而志愿服务活动是对大学生进行思想政治教育的重要途径。然而当前高校的大学生志愿服务活动形式比较单一,活动范围也比较狭窄,大多都是献血、走进养老院、孤儿院、义教义诊等,并且很多局限于校园内部。高校应该引导学生拓展志愿服务活动的深度和广度,如:走向社会,进行一些热点问题的社会调查;走进社区,传递爱心;开展志愿服务活动竞赛,用DV短片、照片、文字、手信记录下大家服务的过程,增强大家参加志愿服务活动的荣誉感等。高校尽可能地扩展大学生志愿服务活动的类型,使其内容更加精彩,影响更加深刻,不仅提升学生的自主参与度,提升学生的社会阅历,塑造学生的道德品质,也能给予需要帮助的人以关怀。

参考文献:

[1]文辅相.文化素质教育应当确立全人教育理念[J],高等教育研究,2002(1),27-30.

[2][3]刘晓燕.大学全人教育的理念及实践[D].南京信息工程大学,2014.06

[4]白月娇,崔晓琰.浅析大学生志愿服务活动的思想政治教育功能[J].山西师大学报,2012.9

(文/基础医学院 魏莹莹)

新媒体时代高校学生统战工作创新研究

随着现代科学技术的日益发展,互联网已成为人们工作和生活中不可缺少的运用工具,而大学生是信息时代的先锋,对网络新事物有着浓厚的兴趣。新媒体的出现,无疑受到了大学生的关注和讨论,成为大学生获取知识、交流情感的网络平台。高校学生统战工作应该适应网络新形势的发展,探索新媒体时代高校学生统战工作的途径和方法。

一、新媒体开展学生统战工作的特点和优势

(一)新媒体的特点

"新媒体"概念的首创者被认为是 CBS(美国哥伦比亚电视网)技术研究所所长戈尔德马克(P·Goldmark),他于 1967 年在其发表的一份计划书中把"电子录像"称为"新媒体"(NewMedia)。[1]

随着新媒体产业的蓬勃发展,我国的新媒体用户也在迅速增长。根据中国互联网络信息中心(CNNIC)发布的《第 35 次中国互联网络发展状况统计报告》显示,截至 2014 年 12 月,我国网民规模达 6.49 亿,手机网民占比为 85.8%,手机成为网民上网的第一大终端,手机新媒体用户越来越庞大。[2]

与传统的信息传播载体相比,新媒体具有独特的功能和特质:一是操作使用的便捷性。得益于 web2.0 技术的进步与发展,网络媒体、手机媒体等成为大学生常用的工具,信息的发布和更新能够通过新媒体工具得到瞬间地扩散,新媒体的便捷性使得大学生仅需挥动手指就能知晓天下事,随时随地更新讯息。二是交互方式的多样性。传统的信息输出是单向的,受众只能被动的接受。新媒体为信息的传播提供了"一对一"、"一对多"等交往模式,并构建出纵横交错的立体交互机能,使得发布者和接受者之间的地位趋于平等,两者之间可以实现信息的实时交流和反馈。三是强烈的个性化色彩。新媒体用户往往既是信息的制造者和发布者,又是信息的接收者和传播者,符合了大学生喜欢张扬个性、追求自我意识的特质,使得现代大学生找到了一个自我宣泄和表达思想的场域,并在其中获取自身的心理诉求。

（二）新媒体对开展学生统战工作的优势

传统的统战工作方式中,信息都是通过自上而下单向输出的,形式显得的单调、滞后。新媒体呈现出的新特点给高校学生统战工作带来了机遇,对开展学生统战工作具有新优势。

1. 扩大学生统战工作受众面

新媒体为统战工作提供了新平台和新渠道,学生使用新媒体工具能够快速便捷地学习和了解党的新政策和统战部的最新工作动态。学生之间利用新媒体建立起来的交往圈子也为统战工作提供了信息传播链。大学生在新媒体平台学习了相关统战知识后,进而关注和转发学习内容,这种发散式的内容转播能够使更多的大学生或者党外知识分子受到影响和教育,从而扩大了高校统战工作的受众面。与此同时,大学生可以通过方便的新媒体平台对统战工作建言献策,表达自身的需求和看法。另一个方面,在新媒体环境下,可以引入统战工作教程,让大面积学生随时随地学习统战知识,突破传统培训班模式的限制,真正实现跨时空、方便快捷的互动交流。

2. 激活学生统战工作感染力

新媒体便捷性、交互性、趣味性、大众性等特点,可以将统战工作中严肃的内容变得简单而活泼,最大限度地满足广大学生的视觉、听觉和好奇心,调动大学生获取信息的自觉性、积极性和主动性。正是如此,越来越多的大学生成为新媒体的弄潮儿,他们习惯从新媒体渠道获取各类信息和知识,并且喜欢将自己的生活体验、个人见解通过新媒体平台呈现出来,使具有不同思维方式、生活习惯、价值追求、理想信念的个体或群体可以进行信息交换和传递。基于这样的认知路径,高校学生统战工作可以从大学生群体特性和群体诉求出发,重新审视和定位高校学生统战工作,改善乃至颠覆传统的统战工作理念和工作方法,借用新媒体这个平台,激活高校学生统战工作的感染力。

3. 增强学生统战工作整合力

大学生成为新媒体的忠实粉丝,很大程度上是因为新媒体创建了学生乐于和惯于采用的方式来获取信息。微博、微信等用户只要通过"关注"就可以主动了解相应的内容,并且可以展示个人的心情和想法,同时可以运用"转发"功能来传播公共舆论信息,从而形成一个完整的信息链。由此得知,新媒体为大学生提供的信息平台,实现了碎片化到系统化的整合。同样的,新媒体的特点也为统战工作创造了条件,新媒体不仅拓展了高校学生统战工作的时空性,又在一定程度上整合了统战队伍的力量,从而为开展高校学生统战工作提供了多维度、多层次的实施路径。

二、新媒体时代高校学生统战工作的途径

（一）构建学生统战新媒体工作平台

1. 强化网络主阵地优势，完善统战宣传内容

开展高校学生统战工作，必须把握门户网站这一主窗口，稳步推进统战宣传工作。首先，通过网络平台，发布党建统战政策和文件，传达统战工作精神，整合统战共享资源，进一步引导学生学习党的统一战线的基本理论和基础知识，提高学生的政治责任感和统战认同感。其次，应及时更新统战资讯和动态，展现符合时代创新精神、体现社会进步的思想道德和价值理念。再次，在统战网站中，结合现代学生特点，做好学生专题板块，在其中增设留言箱、统战工作成果展示、统战先进人物报道等，增加网站的吸引力和号召力。同时，引入统战教育教程，增加统战网站的灵活性和丰富性，使学生自行阅读相关内容，自觉接受统战教育。

2. 开发统战教育新载体，增强统战宣传成效

随着新媒体产物的推陈出新，高校学生统战工作不仅需要网络门户的宣传，更重要的是借力微信、飞信、微博等即时交互工具来开发统战教育载体，运用学生喜闻乐见的方式来开展统战工作。学校统战部门应该与时俱进，根据学生的需求创设官方微博、官方微信等，将统战内容在即时工具中发布和传播，以扩大统战宣传效果。值得注意的是，在运用即时工具宣传统战工作时，统战人员应转变工作方式和方法，特别是转换话语形式，要以学生喜爱且常用的语言进行内容分享。例如，某统战公众号以统战工作图解、统战知识竞答等形式赢得了学生的普遍关注、回复和转发，扩大了统战的受众面。统战部门运用微信、微博等工具创新工作内容，使得统战宣传更加生动活泼，贴近大学生，从而提高学生的统战热情和积极性。

（二）增强统战工作的互动性和针对性

新媒体改变了传统的沟通交流方式，突出了便捷性、虚拟性、互动性等特点，深受当代大学生的喜爱。高校统战队伍应该利用新媒体工具的特质，开展"点对点"的统战工作。学生在新媒体虚拟的空间和宽松的环境下，容易敞开心扉，敢于提出统战意见和建议，表达学生真实的想法。统战人员透过新媒体可以了解学生的思想动态和心理诉求，与学生共同讨论统战政策和时事话题，营造学生参政议政、建言献策的互动气氛。例如，可以通过学生的微博、微信等载体了解他们的学习生活状况，对统一战线的认识等，并运用即时工具的互动功能，展开引导与教

育,帮助学生解决困难和消除疑虑。同时,利用新媒体一对一交流的功能,实施点对点的统战服务。特别是少数民族学生、有宗教信仰的学生和港澳台海外侨胞学生等,他们各自有不同的特点和心理诉求,对统战工作的认识和反应也各不相同,因此必须根据其不同特点和需求给予针对性的教育引导和提供专门性的服务[3]。

(三)建立网络舆论引导机制,培养学生意见领袖

当代大学生人生观、价值观未完全成熟,对待事物的看法尚处在探索阶段,思想起伏较大。新媒体提供了宽松和自由的平台,但由于匿名性和监管乏力等原因,学生在受到煽动时,不免会出现偏激的言论和行为,给高校学生统战工作带来了困难和挑战。高校统战人员应该主动占领新媒体这块高地,关注学生思想动态,了解学生状况,在其中掌握学生舆论特点,引导学生舆论方向,宣传主流价值,大力开展统战工作。另一方面,高校统战部门必须针对性地培养学生意见领袖,借力学生意见领袖传播统战思维和价值理念。通过观察学生在新媒体空间的活跃度和粉丝量等,寻找学生当中的意见领袖,对这部分学生开展舆论引导教育,引导意见领袖带领其他同学发表健康、向上的言论,严禁发表有害国家稳定和社会和谐的思想。此外,还可以培养学生党员、学生干部作为新媒体意见领袖,组建一支高素质的学生队伍,运用朋辈教育的力量来规范其他同学的网络行为,提高大学生的媒介素养,从而增加高校学生统战工作的实效性和感染力。

新媒体的发展和进步为高校学生统战工作带来了机遇和挑战,统战人员需要利用新媒体的优势,结合学生的媒介特点,创新和改革统战工作的方式和方法,主动争取学生对象,凝聚学生精神,实现统战工作的大联合、大团结。

参考文献:

[1]黄健.新媒体浪潮[M].南宁:广西教育出版社,2011:22.

[2]中国互联网络信息中心.第35次《中国互联网络发展状况统计报告》[R].北京

[3]赵月.刘禹男.新媒体时代高校学生统战工作研究[J].佳木斯教育学院学报,2013:25.

(文/第二临床医学院 罗漫妥)

新媒体时代大学生思想政治教育的路径新探

在互联网技术特别是移动互联网为代表的新技术的推动下,当今传媒已经进入了新媒体时代。中共中央办公厅、国务院办公厅于 2015 年 1 月 20 日印发的《关于进一步加强和改进新形势下高校宣传思想工作的意见》中指出:"推进辅导员博客、思想政治理论课教师博客、校务微博、校园微信公众账号等网络新媒体建设。"[1]党和国家层面已经正式提出把新媒体运用于高校宣传和思想政治教育工作,在此背景下,探讨如何科学地推进新媒体融入高校思想政治教育无疑具有重大现实意义。

一、新媒体的基本内涵及其主要特点

当前,对于新媒体的具体内涵和外延的界定不尽相同,较具代表性的有联合国教科文组织的定义:现时代的新媒体就是网络媒体,是以数字技术为基础,以网络为载体的传播媒介。清华大学熊澄宇教授认为:"新传媒(或称数字媒体、网络媒体),是建立在计算机信息处理技术和互联网基础之上,发挥传播功能的媒介总和。"[2]中国传媒大学宫承波教授认为:"广义上的'新媒体'是利用数字技术、网络技术和移动通信技术,通过互联网、宽带局域网、无线通信网和卫星等渠道,以电视、电脑和手机为主要输出终端,向用户提供视频、音频、语音数据服务、连线游戏、远程教育等集成信息和娱乐服务的所有新的传播手段或传播形式的总称……而狭义上的'新媒体'则专指'新兴媒体'"。[3]尽管大家对新媒体具体内涵的解读不同,但其基本共识是:新媒体就是在信息技术不断创新的推动下,依托网络技术、移动通信技术和数字技术等,实现大量信息数据以文字、图片、视频等多种形式进行传播的信息媒介的总和。其主要特点有:

(一)传播的迅即化与交互性

传统媒体(报刊、广播、电视)的信息发布过程一般由专业人员掌握,其发布内容和效率不仅受到这些专业人员自身所具备的价值观念的影响,并且还会受到相关职能部门审批的左右,消息的传播势必具有一定的滞后性、单向性和不对等性。与之相反,新媒体技术推动下的信息编辑和传播,不受传统媒体那种发行、印刷、运输等各种客观因素的限制,每一个体仅仅需要使用数码产品或手机、电脑等文本录入系统,便能够十分便捷地采集、编辑、发送文字和图片信息。个体发布信息的便捷必然促进新媒体所承载着的信息的交互性的增强,新媒体的开发商们也在积极地发掘新形式以更好地实现信息和活动的互动,实现了信息由从"一对多"的单向传播向"多对多"的互动交流转变。

(二)主体的个性化与隐蔽性

传统的大众媒体(例如报纸、广播、电视)很难为广大个体量身制作、发布信息,而在新媒体的密切配合下用户的个性化得到彰显。这主要体现在:首先,用户也可以结合自身的需要与偏好编辑信息,个体的自由意志得到充分体现,不同个体表达意见、发表观点、发布信息都是平等而且具有个性的;其次,用新媒体平台为特定的个体或用户群提供个性化、专门化的信息服务,这样可以增加受众对于信息的可选择性。除了个性化之外,新媒体所具有的虚拟性特征直接导致了信息发布主体的隐蔽性。比如人们习惯在聊天工具、博客微博、各大论坛上用一个虚拟的 ID 来隐匿自己的真实身份,要破除这种隐匿,只有专业人士运用专业技术手段或专业工具才能实现。

(三)内容的海量化与碎片化

新媒体诞生于信息技术的突飞猛进所产生的数字化传播方式,当前,数字化技术不仅可以制作和修改一切形式的影音、图片和文本信息,而且还能够制造出电脑游戏、数字动画等逼真的虚拟信息。数据信息不仅在源源不断地被制作、创造着,而且还在各式各样先进的新媒体中以多种方式传播着,以至于我们这个时代被称为信息大爆炸的时代。与之相伴,碎片化是呈现新媒体时代信息传播镜像的一个生动描述。一方面,信息之多、传播形式之多样造成人们没有时间和精力深刻关注和理解相关信息。另一方面,新媒体语境下表达意见的自由性打碎了由某一类媒体或文化的强势覆盖的时代,更多的是通过新媒体对信息局部的零星的阐释来表达某种观点或宣泄某种情绪。

二、新媒体技术给大学生思想政治教育带来的机遇

(一)有利于实现大学生思想政治教育方式的创新

当前,我们进行大学生思想政治教育的主要渠道是理论课教学、社会实践和辅导员的教育引导,这些教育方式的实际效果并不明显。在网络技术和数字化技术催生下的新媒体,逐渐形成了资源丰富、形式多元、传输便捷的网络体系,与既往的交流方式相比,实现了历史性的跨越。第一是教育场合的更新,确保大学生突破时空限制便捷地获取相关知识和教育,这与传统在规定的时间到规定的场所接受教育的方式相比,其效率大为提升。第二是教育内容创新,通过信息技术,将人类文明的优秀成果进行吸纳、整合,将枯燥的理论说教转化成大学生喜闻乐见的形式,通过新媒体平台推送先进的思想理论能够做到更加主动和迅捷。第三是教育方式更具有针对性,新媒体的个性化能够发布更具针对性的信息,以最迅即、更为直接、更为深入地推送带有一定教育内容的影音、文字或图片。一言以蔽之,新媒体以其生动、快捷的传播优势,日益取代传统信息传递方式,在推动大学生思想政治教育革新方面也必然会有用武之地。

(二)有利于激发大学生思想政治教育对象的兴趣

高校传统的思想政治教育课堂实效性不尽如人意的原因是多方面的,其中主要原因有:课堂内容枯燥、抽象,教育形式呆板、单一,施教者和教育对象之间缺少有效的互动,因此,教育对象往往产生较强烈的排斥心理。而新媒体支撑下的课堂的生动性、多样性和互动性,恰好克服了传统课堂的弊端,适应了青年大学生的特点,极大激发了青年大学生的学习兴趣,为大学生打造了一个耳目一新的开放性的学习平台。新媒体环境在多方面激发了教育对象的兴趣,首先,大学生通过信息的共享或转发,获取信息资源的途径更加丰富,信息选择的空间也更加广泛,以往教育双方信息不对称的状况在很大程度上得到改变;其次,较为抽象的思想政治教育理论课被以活泼、生动的形式翔实地表现出来,受教育者接收到的直观、形象、有趣的学习内容,以轻松的心态在润物无声的环境中浏览信息、接受教育;再次,在浏览过程中,可以跟在线的朋友相互、讨论,还可以根据对浏览内容的理解发表自己的看法,教育对象的主体地位得到彰显,传统被动接受的教育方式得到了改变。这三种因素极大改观了传统思想政治教育抽象、单一的现象,使不同层次和基础的受教育者都能够根据个人偏好,找到适合自己的内容,受教育者在浏览、选择、评论信息的过程中受到了思想政治教育内容润物无声的洗礼。

(三)有利于增加大学生思想政治教育过程的活力

在传统大学生思想政治教育过程中,施教者和大学生处在不对等的地位,施教者是具有权威性的强势意见一方,处于主导地位。大学生个人观点与施教内容契合时,自然就成为施教内容的接受者和追随者,如果大学生个人观点刚好与施教内容不一致,常常会选择隐藏自己的真实思想状况,表现为一种被动接受或事不关己的消极应对状态,思想政治教育的实际效果自然难以得到发挥。然而,思想文化通过具有双向互动性特征的新媒体的传播,在很大程度上彰显了受教育者的自主性,有效克服了受教育者在教育过程中的被动、附和或沉默状态,使其从原来消极接受过程中的被动地位转换成互动交流过程中的平等地位,受教育者的积极性和参与性都得到很大激发。并且,在新媒体所承载的课堂中,教育者和受教育者不再是面对面的状态,而是依赖一定的虚拟符号进行交流沟通,新媒体使用者自身的职业性别、相貌、种族等一系列社会特征被隐蔽,这便有利于减少教育者与教育对象之间的心理防范。新媒体人际交流的虚拟性和匿名性可以使大学生无所顾虑地真实倾诉自己观点、迷茫和苦闷,施教者也可以获得教育对象在思想、学习和生活各方面最真实的信息反馈。教育者可以通过对学生思想、学习和生活等方面暴露出问题的分析,同样通过新媒体的形式更具针对性地对受教育者进行教育引导。

三、新媒体视域下大学生思想政治教育带来的挑战

(一)大学生思想政治教育环境复杂化

中国互联网络信息中心最新调查显示:"截至 2014 年 12 月,我国网民规模达 6.49 亿,互联网普及率为 47.9%。手机网民规模达 5.57 亿。网民中使用手机上网人群占比由 2013 年的 81.0% 提升至 85.8%。"[4]在新媒体构建的虚拟网络上,分散在世界任何一个角落的个人实现了超越空间限制的交流。从积极方面看,大学校园的现代化管理以新媒体为依托实现了时空和资讯无屏障的信息化,青年大学生利用新媒体发布和传播信息变得更加自由,但从消极方面看,一些带有消极、腐朽、甚至反动的负面的信息有可能会乘虚而入,因为通过新媒体传播的信息具有不确定性和难以操控性。并且,新媒体的虚拟性和与相对隐蔽性导致了大学生网上和网下两种不同的甚至是截然相反的状态,易引发自卑的大学生逃避现实,沉溺于虚拟世界的满足。比较矛盾的是:一方面,虚拟环境中难以建立诚挚的信任关系,另一方面,虚拟空间中的间接交流也可以使大学生放下心理负担进行真诚而坦率的交流,这种虚拟环境中虚假和真诚态度的随意转换,容易引发心理危机和人格障碍。可见,新媒体语境中的舆论环境变得更加复杂化,置身其中的大学生的思想状态也朝多元化复杂化发展,这必然会削弱传统思想政治教育的作用。

(二)传统的大学生思想政治教育方式受到冲击

新媒体模糊了真实生活学习世界和网络虚拟环境之间的界限,形成了一个渗透力强大的传播更加迅速的信息交叉空间,当代大学生借以了解各类思潮的信息途径得到扩充,使得传统单一的思想政治教育方式变得捉襟见肘。我们不可否认,传统大学生思想政治教育方式具有很多优势,例如:教育者的主导性,施教内

容的固定性,教育目标的针对性,教育过程的可控性,施教者和教育对象之间面对面的现实性。然而,新媒体承载着的信息传播速度呈加速度增长态势,信息内容呈裂变式增加,传统一对多主导式的思想政治教育方式受到动摇,大学生能够根据个人的观点主动选择、鉴别、传播相关信息,不再安于"被动"地接受某种思想观念的状态,以至于有大学生追逐非主流的消极腐蚀思想,出现了主流价值观引领不力的严重危机。并且,以虚拟身份出现在新媒体上的大学生成了"隐蔽性主体",其交往行为和真实的言论变得难以跟踪,大学生实际的思想状态对于教育者而言变得扑朔迷离,教育者在这种知己而不知彼的状态下很难有效开展针对性工作。在上述重重因素作用下,传统的思想政治教育工作模式由一家主导逐渐转向新媒体背景下的"个体"与"权威"两家并存的现象。

(三) 对大学生思想政治教育师生的媒介素养提出了要求

"媒介素养既包涵人们收集、整理、评论和发送各类媒介信息的能力,又包涵人们使用各类媒介信息服务于自身工作和生活的能力。"[5]不同历史时期,人们赖以传播信息的媒介不同,关于媒介素养内涵和外延的界定也必然不同。比如,媒介素养在印刷媒体广为流行时期主要是指阅读素养,而在现今互联网技术广泛应用的新时期主要是指网络信息处理素养。当前青年大学生媒介素养缺乏的主要表现是,对新媒体有较强的接纳能力,成为新媒体较为前卫的运用者和推广者,在大学生中间使用新媒体比较普遍,但大学生面对铺天盖地、良莠不齐的信息缺少一定的鉴别能力,加之大学生的理想信念还未完全定型,还没有足够的定力去接受各类异质信息的洗礼。一般而言,学生的媒介素养是由教育工作者自身的媒介素养及其媒介素养培育能力决定的,可是,与大学生们对新媒体高度的认同感相比,教师们对新媒体运用于教学的重视度仍然不够、运用能力十分欠缺,这便导致当前教育者群体的新媒体素养普遍不如大学生群体的现象。因此,当务之急是促使教育者学会利用新媒体来协助和完善自身工作,以娴熟的新媒体运用能力影响大学生,让教育者了解新媒体传播的基本原理,培育他们运用新媒体处理信息的能力。

四、新媒体视域下当今大学生思想政治教育功能弱化的原因分析

(一) 传统思想政治教育内容更新的滞后性造成的话语权乏力

新媒体时代思想理论传播的多元化、开放性、复杂性并存,迫切需要传统大学生思想政治教育在内容构成方面紧密结合新媒体时代特征,及时得到发展完善。当前,传统思想政治教育的内容在以下几个方面没有进行及时的优化升级:在强

调了授课内容的规范性和一致性的同时却忽视了教育对象的层次性和差异性;强调了授课内容的政治引导性的同时却常常与当代大学生的生活实际相脱节;强调授课内容以知识本位的同时不注重教育方式的生动形象和丰富多彩,这些因素造成了当今大学生思想政治教育话语传播方式的滞后性。这种滞后性主要体现在:思想政治教育课的话语体系不能及时跟上社会经济文化的发展步伐,因而便不能很好地满足大学生的个体兴趣和爱好,教育者与教育对象之间的有效沟通难以达成。并且新媒体时代所构成的虚拟空间里,每个主体都具有平等的话语权,因而劝导式或控制式的话语传播方式失效。不同于传统媒体传播信息过程中传播者主动地位和受众的被动地位相对固定的状态,新媒体的接收者和发送者可以同时并存于同一个主体,信息的传递也是双向过程,在此情况下,受教育者极有可能与教育者同时甚至更早获取信息,甚至出现了受教育者面对教育者而具有强势地位的现象。

（二）传统单向灌输的教育方式面对新媒体时代的冲击而造成的思想政治教育效果不佳

传统思想政治教育方式的重要特征是高度依赖授课教师威权,在课堂上进行单向灌输教育,尽管这种教育方式存在诸多不足之处,但无法否认,在新媒体广泛融入社会生活之前,由于受教育者获取信息渠道非常有限,这种单向的灌输方式能起到很好的效果,并发挥过重要的影响。新媒体时代的到来,以其海量的、迅即的并具有极强的融合性特征,足够促使海量信息在多重媒体形态之间自由迅即传播,思想政治教育对象的信息获得途径多样化,他们的思想文化也呈现出多元并存的情况。常识告诉我们,旧的思考方式去分析和解决新的问题不仅是难以行得通的,若高校依然只是坚持单向灌输式的思想政治教育,常常会导致事与愿违的后果,带着威权式的灌输而不注重受教育者的思想状态是不可取的。因此,高校思想政治教育工作人员必须深刻认识到,应当充分考量新媒体对大学生生活学习的多方面影响,用多学科的知识扬弃传统灌输式思想政治教育的缺陷。

（三）高校思想政治教育课对新媒体载体重视不够、运用不足,思想政治教育应有的整体效应无法得到充分发挥

先进的教育载体是实现一切教育有效开展的前提条件,与新媒体不断得到充分应用的先进的多样化传播载体相比,单一的课堂教学形式日益相形见绌。并且新媒体的覆盖面非常广,新媒体像信息的毛细血管一样把各类数据信息运送至社会有机体的每个角落,使施教者面对受教育者的信息优势不复存在,甚至出现了反转,这势必导致施教者原有的主导性和权威性大为削减。当前,传统思想政治

教育模式的作用日渐衰退,然而,囿于各种主客观条件,新模式全面取代传统模式尚需要一定的步骤和时间,在此之前,即便是举步维艰,传统模式仍在履行着自身的使命。面对新媒体具有的强大优势,传统教育模式显得力不从心,泥沙俱下的多元思想文化通过新媒体必然给大学生带来不同程度的价值观上的偏差,甚至导致其在行为上误入歧途。因此,我们需要及时整合传统思想政治教育和新媒体技术各自的优势,充分考量新媒体的流行而导致的大学生思想的独立性、多变性情况,既要根据思想政治教育不同内容的不同属性选择合适的载体,又要注重通过传统和现代手段的相互交叉、优势互补,凝聚成一股适应新媒体时代需求的强劲的教育合力。

五、新媒体时代加强大学生思想政治教育体系建设的路径

(一)树立思想政治教育新观念

新媒体强劲的发展势头让我们不容忽视。但在现实中,有些思想政治教育工作者思想保守,只看到互联网的开放性、复杂性等诸多弊端,认为"还是过去没有网络的时候好",甚至认为"网络太可怕了",产生了"网络恐惧症",主张采取封堵、禁锢等比较消极的办法,这种保守思想常常与初衷背道而驰。开放兼容、与时俱进的作风应当是高校思想政治工作者应对新媒体兴起要具备的最基本的精神:以开放的姿态接纳新媒体技术,客观、全面看待新媒体之于大学生思想政治工作的利与弊,既不能因为看到其威胁而因噎废食,又不能对其带来的机遇视而不见。这是高校思想政治工作者应具有的最基本的能力自信和变革精神的重要体现,如果高校思想政治工作者还没有大学生那样愿意接纳新事物、研究新事物,势必造成大学老师特别是思想政治教师思想的落伍、能力的废弛,大学生群体陷入价值混乱状态。我们应尽可能规避新媒体带来的风险,充分激发新媒体有利的一面,丰富教育资源、创新教育形式,主动发掘新媒体蕴含的巨大的思想政治教育功能,实现教学与研究的结合,在实践中勤于探索新媒体与思想政治教育相结合的经验和教训,在坚持正确的政治方向的前提下,把握思想政治教育不断发展的规律,实现传统思想政治教育的适时变革。

(二)转向思想政治教育新范式

第一,由"单一"转向"多样"。这主要体现在教育的载体和内容两个方面:在教育载体方面,我们长期沿用的是以"两课"教育为主要内容,以"教师、教材、课堂"为显性课堂,并辅之以舆论引导、活动渗透、榜样宣传等隐性教育的有限教育模式。当前,今新媒体承载者各类思想文化深入渗透到大学的生活和学习当中,

这种单一的范式受到了严峻挑战。应当充分利用大学生喜闻乐见的网络社区、博客、微博、微信、即时通讯等形式多样的网络资源,将思想理论课内容转化成趣味性较强的、结合大学生日常生活和学习的各类信息进行传播。

第二,由"主导"转向"引导"。在新媒体带来的多元思想文化自由流动的语境下,思想政治教育主体间的交流变得相对自由平等,传统的教师处于绝对主导的权威性不复存在。面对异质文化在新媒体中的传播,若采取封堵的办法,只带来适得其反的效果,造成更大的误解和负面影响。动之以情晓之以理的引导远比不由分说地封堵更能够激思想政治教育的实际效果。例如,大学生在校园BBS上大胆直率地发布观点看法、宣泄情绪、真实事件,思想政治教育工作人员可以发布针对性的回复,这无疑是很好的舆情疏通、引导机制。

第三,由"灌输"转向"对话"。上文已提及,新媒体信息传播者和接受者融为一体,相应地,新媒体承载的思想政治教育也必然集主客、体于一身,教师和大学生之间的界限变得不那么泾渭分明,思想政治教育过程由教师向学生单方面的"灌输"过程转变为在平等主体在交互中逐渐达成"共识"的过程,即,从施教者的"独白"模式走向施教者与教育对象之间的"对话"模式。对话式教育,不等同于课堂上简单的你问我答模式,而是建立在施教者与受教育者相互尊重、平等基础上的共同生成和创造意义的新形式。

(三)搭建思想政治教育新平台

首先,将融合了图像、音频元素的超文本多媒体控制系统应用于高校思想政治教育理论课堂教学中,利用新媒体技术增强思想政治教育理论课教学的生动性和说服力;在课余时间,新媒体也能发挥其应有的效果,例如,将思想政治理论课的内容以文字、图片、影音资料通过校园新媒体平台进行广泛的传递,使任何具备一台联网计算机的学生都可以方便观看、提问、评论、讨论等,从而增加了思想政治理论课的课下互动。其次,开辟专门的BBS平台,供广大同学交流日常生活与学习当中出现焦点难点问题,特别是围绕着突发性事件产生的谣言或重大疑问,相关部门或负责老师应及时作出判断、答复,建立迅即畅通的网络舆情疏通机制,将误会和正面冲突消除在萌芽状态。再次,建设"微信公众平台",实现正面思想文化和学生工作信息的及时推送;打造权威迅即的学生生活、学习、思想、心理等分类服务平台,实现更加针对性的服务引导工作;建立学校职能部门、学院以及学生组织微博横向联系的学生工作"微博矩阵",尽最大可能地汇集微博平台的目标受众,用一致的观点和立场对外传播,形成强有力的微博矩阵效应。最后,将新媒体运用到班风建设上,打破传统意义上的班级概念,建立以班级为单位的qq群、飞信群和微信群,通过交流聊天、推送信息等方式,克服现实空间的限制,使网络成为班级同学之间沟通交流的活跃场所。辅导员或班主任要加强对班群的正确引导,经常推送一些人生励志、心理疏导正面的信息推送给同学们。

(四)培育思想政治教育新主体

"思想政治教育主体最根本的特点是具有主体性。思想政治教育主体的主体性,表现为思想政治教育主体的主动性、主导性、创造性、前瞻性等属性。"[6]思想政治教育主体的界定,不在于其是施教者还是教育对象的身份角色,关键在于在教育过程中是否彰显了其主体性。即便是在形式上居于主导地位的施教者,在实际的教育过程中没有充分彰显其主体地位,也无法被看成思想政治教育的主体。一般而言,教师是课堂上的主体,而在新媒体语境下,教育模式由"一对多"的权威主导向"多对多"的多中心并存的转换,师生之间的平等、交互增强,思想政治教育者因此极易丧失主体地位。如果教师不能够像学生那样以开放的姿态接受新媒体这一新事物,学生有可能在教育过程中反客为主,教师则处在被动地位。鉴于此,高校可以邀请本校新闻传媒专业的教师对从事大学生思想政治教育工作的非新闻传媒专业教师进行培训、考核,提升他们的媒介素养。在学生方面,首先邀请新闻传媒专业的教师培养一批具备媒介素养的大学生骨干力量(可以是学生组织中负责宣传的个人或机构,例如重点培训各班宣传委员、学生自组织中发挥宣传功能的部门成员等),引导这部分学生骨干充分利用各类新媒体技术传播具有正能量的思想文化,并发挥他们的辐射作用,带领周围的同学自觉提升自身的媒介素养。

(五)构建思想政治教育新机制

按照中共中央和国务院要求,高等学校党委是大学思想政治教育的领导机构,要保障大学生思想政治教育及时跟上新媒体发展的步伐,首先就应建立由高校党委直接负责部署和指挥的领导机制。这一领导机制应在实现新媒体多样、互动、对话等方面做出表率,例如可以建立融合了新媒体平台的、学校党政齐抓共管的、广大师生广泛参与的网络社区组织,并制定配套的规章制度,明确权责关系,强化责任意识,充分激发思想政治教育网络社区组织中领导层和广大师生们的活力。其次,鉴于新媒体的信息的海量性和主体隐蔽性,应建立高校思想政治教育网络媒体的预警机制:一方面,已经建立的领导机制组织广大师生通过 BBS 论坛、网上调查等途径,掌握不同年级不同专业、不同时期的大学生群体的思想特点和动态,对这些数据进行处理、研究,建立相应的电子档案信息或预警信息数据库。另一方面,建立一支由学校机关部门的领导和教师们代表以及思想政治教育教师、辅导员、学生党员、学生宣传骨干等组成的网络志愿者,分工管理校园各类新媒体平台,对于一些确定违规、虚假的信息予以屏蔽或删除,有必要时予以有理有据有节的解释、反驳。另外,由于新媒体技术含量较高、专业性较强,因此,技术保障机制也应成为高校思想政治教育新媒体化的常规机制。技术保障机制主要从两个方面着手,首先是新媒体平台的保护机制,主要包括域名的保护、数据库隐私的保护和著作权的保护;其次是施行IP实名制,加强对信息源头控制,及时过滤非法信息,有效规范网络语言,保持新媒体的清洁度。

参考文献:

[1] 中共中央办公厅、国务院办公厅. 加强和改进新形势下高校宣传思想工作[N]. 人民日报,2015年1月20日,第1版。

[2] 熊澄宇、廖毅文. 新媒体——伊拉克战争中的达摩克利斯之剑[J]. 中国记者,2003年第5期。

[3] 宫承波. 新媒体概论(第三版)[M]. 北京:中国广播电视出版社,2011年版,第3-4页。

[4] 三川,CNNIC发布第35次《中国互联网络发展状况统计报告》[J]. 中国远程教育,2015年第2期,第31页。

[5] Potter W J. Argument for the Need for a Cognitive Theory of Media Literature[J]. American Behavioral cientist,2004,48:266-272.

[6] 骆郁廷. 论思想政治教育主体、客体及其相互关系[J]. 思想理论教育导刊,2002年第4期,34-38,48页。

(文/第一临床医学院　盛文楷)

提高在校大学生对学校归属感的思考

学校是学生学习、生活以及成长成才的重要场所,归属感是学生对学校生活质量最真实的反映,拥有积极的归属感是学校健康生活的基本,如若学校不能让学生产生归属感,那则会导致学校失去了吸引力,从而给学校的学生管理工作带来种种问题。有研究表明,大学生学校归属感水平不高,且基本上处于中等水平。[1]对于归属感的研究是近年来一个较为热门的话题,并且越来越受到重视,影响学生对学校归属感的因素也一直为广大学生工作者所关注。

一、归属感简述

归属感是指个体认同了某一特定共同体的目标和价值观,有以把实现和捍卫该共同体的利益和目标置于个人或所在小群体的直接利益之上来行事的意愿,并希望维持其成员身份以促进共同体目标的实现。[2]学校归属感是指学生对自己所就读的学校在思想上、感情上和心理上的认同和投入,愿意承担作为学校一员的各项责任和义务,及乐于参与学校活动。[3]

学校归属感体现的是学生与学校中的人和事之间产生的情感维系和价值认同,不仅仅反映了学生校园生活的质量,也反映了学校生态系统对学生影响的结果。

二、归属感对高校学生的影响

大学生为社会的接班人,是校园的重要组成部分,大学生的心理素质发展与其个人的发展与学校文化的健康发展密不可分。学校归属感作为大学生情感心理的重要组成部分,学生对学校归属感的感知和体验,有利于促进学生身心健康的发展。学校归属感的缺乏会影响学生的学习、生活,例如对所攻读的专业缺乏激情,对其所负责的任务以及工作缺少动力,责任感不强,更会导致其社交圈子狭窄,在其学业之余的生活单调,缺乏兴趣爱好等等,这一切都将不利于大学生的成长成才。

三、影响高校学生对学校归属感因素

(一)个人因素

1.个人对学校对专业认同感

在当今的教育制度下,学生通过高考进入他们心目中的高校,但学生往往缺乏对所选取学校的充分了解,常常盲从,去追求别人人口中的名校。有些同学是追求这个学校的某个专业,有些同学是追求学校的环境,有些同学则是跟着其他同学一起选择。很多同学都并不了解自己是否真正喜欢这个学校、这个专业,是否适合这个学校、这个专业,等最后来到学校之后发现不是自己喜欢的学校和专业的时候,就显得特别迷茫,感觉特别没有归属感。特别是对于高考补录或者专业调剂的同学,他们对于学校对于专业都不是自己首选的学校和专业,内心首先产生了抵触的情绪,导致了厌学,这也就更不用说对学校对专业有归属感了。这种现象大多出现在大一、大二的学生身上,很直接的就导致了学生的挂科、留级,甚至退学。

2. 个人交际

个人交际指的是学生的朋友圈,在中学阶段,学生们一般都有自己稳定的朋友圈。但是到了大学之后,同学们来自五湖四海,在新生入学的时候彼此陌生,加上学生青春期心理"闭锁性"的特点,自我保护意识比较强,同学之间交往较谨慎。不少学生社会阅历浅,交往范围较窄,同学之间很难开诚布公地交流思想。由于不愿意主动与人交流,思想情感得不到及时沟通和表达,导致了学生人际关系不协调,产生了压抑、孤寂和烦闷的抑郁心理。从而在校园里找不到认同感和归属感。

3. 学习、生活环境的改变

在上大学以前,学生们基本上每天过着就是宿舍、饭堂、课室"三点一线"的生活,习惯了父母一手包办的生活方式以及老师填鸭式的教学方式。但是来到大学这个独立性要求很高的环境之后,发现一切都不一样了。生活中多了很多的学生活动,除了要应对生活习惯的改变,还来自必须要独立面对和处理琐事,不免产生孤独感;学习上也再没有老师看着,除了接受知识外,还要求培养研究探索的能力,更值得一提的是,在强手如林的大学,大部分学生没有了原来高中的学习中心地位,产生了强烈的边缘化感觉;加之目前学生多为独生子女,生活自理能力较差,多少显得有些手足无措,导致了归属感的缺失。

(二)学校因素

1. 学校的声誉

重点学校学生的学校归属感显著高于普通学校和职业学校的学生。[3]学校的社会声誉高低代表着该学校办学质量好坏,一个社会声誉有较高的学校,能得到了社会的普遍认可,那么就能使学生产生自豪感和骄傲感,从而间接地促进学生对学校产生归属感。简单地说,如果学校的声誉很高,学生在进入学校之前就会对之有不错的印象并且还会为自己成为学校的一员而感到骄傲,也能很快地去适应校园生活,很快地建立起学校归属感。相反,如果这个学校知名度不高,那么学生会为自己进入该学校而感到很受挫,这种负面的情绪势必会影响学生对学校的归属感。

2. 学校的环境

学校是学生主要的学习、生活场所,学校的住宿、饮食以及教学环境的好坏是最易被率先感受到的。宿舍里的基本设施(如床铺、桌椅、网络等),若不能满足学生最基本的需求,必然会引起学生对学校的不满,更不用说对学校的好感和归属感。同样的,学校的伙食不能基本使学生满意,那么也会影响学生对学校的归属感。教学环境主要包括教室、图书馆、媒体资源等,教学环境的好坏也直接影响着学生的学习动力,就比如说图书馆,对于学生而言,课堂上面学不到的东西都在图书馆,学校必须为学生提供条件优越的图书馆,使得学生在知识需求方面得到相应的满足,否则,学生的求知欲望就会受到挫败,对学校也就不会有很强的归属感。

3. 学校的规章制度

学校的各项规章制度(如行为规范、守则、奖惩制度等)会直接影响到学生对学校的认知和看法。合理的学校规章制度能取得学生的理解和认同,反之则引起学生的抵触,导致不利于学生学校归属感的培养。

4. 师资力量

师资队伍是学校综合实力的体现,是学校特色和优势的根本。有学者经研究提出,学校的师资力量的大小直接作用于学生对学校的归属感.[4]如果学校对于教师水平的不认可,以及对于教学质量的不满意,谈何归属感呢。

5. 课程设置

课程设置是学校培养理念和目标的体现,存在课程的设置一定要与学生的发展需要相吻合。在部分高校中,其课程的设置可能会与培养目标之间不匹配的情况,这往往会让学生产生困惑甚至是抵触,进而影响学生学习的积极性,影响了学生学业的完成。学业方面的困惑自然就影响到学生对学校归属感的形成

四、增强高校学生对学校归属感的方法

(一)完善制度,提高管理水平

学校的规章制度要坚持以"一切为了学生,为了一切学生,为了学生一切"为原则,尊重学生的权利,管理条例要符合学生的现状以及发展需求,通过规范学生的行为来促进学生的身心发展。建立一支强有力的学生管理队伍,对学生的管理要真正做到合理化、需求花、民主化,甚至可以给予学生管理参与权,促使其产生主人翁意识,提高学生的集体意识和归属感。

(二)加强基础设施建设,提高服务水平

学校的基础设施对归属感的建立有着直接的影响。学校应提供条件良好的学习、生活条件,尽力满足学生发展在各方面的需求。对于学生管理队伍,作为辅

导员,应该多关心学生,一切从学生的成长成才出发,为学生提供优质的服务,与之保持良好的情感沟通,以建立良好的师生关系从而使学生对学校产生好感和认同感。

(三)强化师资力量,提高教学水平

师资力量和教学水平最能反映高校的实力,也是最吸引学生的条件之一。较高的师资力量会使得学生对学校的老师产生认同感,较好的教学水平会使学生对学校的教学感到肯定,这都能促进学生形成集体自尊,从而使得学生能获得较好的学校归属感。在学校层面可以引进一些学科带头人、专家等来完善学校的教师结构;在教师个人层面必须要注重自身知识量的积累,强化自身教学水平,让学生深切地感受到在学校里能够学有所得、学有所成,从而产生自豪感和认同感。

(四)完善课程设置,提高课程合理化程度

根据社会发展以及学生的需求适时调整教学计划,减少部分与专业不相关的课程,提高专业设置与课程设置的合理性,提高学生对于课程的认同感,以及对于专业的认同感,从而提高学生对学校对专业的认同感。

(五)加强学生党团建设,提高第二课堂育人水平

以党建带团建,加强学生社团的建设,组织活动增强学生的参与意识,提高学生主人翁精神。组织各种有意义的活动,增进学生们感情,加强学生人际关系。此外,还应注重发挥学校各社团和学生会的作用。以学生兴趣为导向,以学生的需求为主,开展能够贴近学生生活实际的活动,让学生在社团活动中更能找到乐趣,让他们觉得自己是集体中的一员,从而让他们从中找到归属感。

五、结语

高校,在学生成长发展中肩负着重要的责任,通过对学校归属感的研究对促进学生成长成才具有重要意义。学校以及每一位教职员工都要本着"一切为了学生"的原则出发,给学生营造出一个充满归属感的校园,为学生们的发展奠定重要的基础,也为学校的可持续发展提供重要保障。

参考文献:

[1]杜好强. 大学生学校归属感及其影响因素研究[D]. 西南大学. 2010

[2]张大均. 教育心理学[M]. 北京:人民教育出版社,1999.242.

[3]包克冰,徐琴美. 学校归属感与学生发展的探索研究. 心理学探新,26(2),51-54.

[4]Crocker J, Major B(1989). Social stigma and self-esteem: The self-Protective Properties of stigma. Psychological Review,96:608—630

(文/护理学院 郑小鑫)

关于大学生绿色教育的思考

十八届五中全会明确指出:"实现'十三五'时期发展目标,破解发展难题,厚植发展优势,必须牢固树立并切实贯彻创新、协调、绿色、开放、共享的发展理念。"[1]"绿色"一词被明确表达为"十三五"期间的发展理念。绿色向来就是大自然旺盛生命力的象征,生机盎然的大自然与熙熙攘攘的人类生命活动休戚相关,崇尚自然、回归自然一直是人类孜孜不倦的追求。在我国正式提出建设"美丽中国"的今天,绿色早已超出其原初的狭隘意义,逐渐发展成为绿色文明和绿色发展理念的代名词。自清华大学在1998年发出了"绿色大学"建设的号召后,越来越多的大学将"绿色大学"建设纳入其发展规划。将近二十年的建设实践表明,将"绿色"融入大学校园自然环境只是表象,将"绿色"融入在校大学生日常的思维习惯、生活方式、知识技能之中才是"绿色大学"建设的根本,因此,建设"绿色大学"的核心内容就是对大学生进行系统的绿色教育。

一、绿色教育的内涵

清华大学原校长王大中院士指出:"绿色教育就是全方位的环境保护和可持续发展意识教育,即将这种教育渗入自然科学、技术科学、人文和社会科学等综合性教学和实践环节中,使其成为全校学生的基础知识结构以及综合素质培养要求的重要组成部分。"[2]可以看出,绿色教育既具有科学属性,又有人文属性,在教育方式上是将关涉到环保和可持续发展的教育融入人际关系教育和人的综合素质教育等方面。就大学生绿色教育而言,其教育对象不局限在某些学科或专业的学生而面向全体在校大学生,具有普及性;绿色教育贯穿于课堂教学、课外活动和学校管理之中,既涉及自然科学领域,又涉及社会科学领域,具有系统性;绿色教育的目标主要是培养大学生具备一定的绿色素质,并在日常生活实践中自觉践行绿色行为,具有实践性。综上所述,大学生绿色教育是对大学生开展的资源、环境方面的普及教育,通过向全体大学生普及绿色环保知识,提高其绿色行为意识,增进其绿色环保技能,提高其绿色行为能力,从而促进大学生身体力行地参与可持续发展。

具体地说,大学生绿色教育的具体内容主要包括绿色知识、绿色价值观、绿色行为能力等几个方面的教育。首先是绿色知识体系的教育。既包括自然科学基础上的科学知识,又包括与资源、环境等相关的社会科学知识。掌握了一定的绿色知识,才能够让学生对自然环境拥有一定的观察能力、辨别能力和执行能力,完备的绿色知识传授是大学生绿色教育的基础工作。其次是包含了绿色意识和绿色道德的绿色价值观层面的教育。培育较强的绿色意识是进行大学生绿色教育的主要目标之一,其内容主要是大学生在日常学习和生活过程中逐渐形成的人、环境保护、资源节约、人与自然之间相互关系的伦理意识、知觉情感、观念形态、思想理论等方面的内容,绿色意识是对现代化进程出现的环境问题的一种反思,是人们摈弃人类中心主义之后而形成的自然价值与文化价值相结合的新的价值观念。绿色价值观的另一个层面是绿色道德意识,道德起初仅致力于协调人与人之间的关系,但随着人征服自然的无限度,环境问题成为人类社会发展的一大问题,中共中央于2001年颁发的《公民道德建设实施纲要》中指出:社会公德是全体公民在社会交往和公共生活中应该遵守的行为准则,涵盖了人与人、人与社会、人与自然之间的关系。将道德从人与人之间的关系扩展至人与生态环境的关系领域后的道德行为规范即被称为绿色道德。第三是绿色行为能力层面的教育。绿色行为能力是指人们对保护身边资源和环境的反应能力,这是衡量人们绿色知识和绿色价值观高低的外在表现,因此我们在进行绿色知识传授和绿色行为规范培训的同时自然也应该进行绿色行为习惯的培养。高校应积极为大学生创造良好的实践平台,例如集合各种公益活动和团日活动,开展一系列保护环境和节约资源绿色实践等,通过实践来引导大学生采取积极的态度改造和美化自然,使大学生尽可能多地融入节约资源、保护环境的系列绿色实践中来。绿色知识、绿色价值观和绿色行为能力三者互相依赖、相互促进,绿色知识是基础,绿色价值观是灵魂,绿色行为是目的,通过这三个层面的教育和培训,才能完成较为全面的绿色教育。

二、开展大学生绿色教育的重要意义

(一)建设"美丽中国"的需要

自工业革命以来,人们长期以牺牲环境为代价而盲目追求物质产品的极大丰富,人类赖以生存的绿色地球渐渐地在人类的盲目发展的驱使下变得环境污染、生态恶化、资源匮乏、气候异常、灾害频发,甚至一度严重威胁人类生存,生态环境危机逐渐成为全球共同关注的问题。我国虽然疆域辽阔,资源总量在世界排名前列,但相比世界其他国家的资源人均占有量,我国的人均资源占有量明显不足,资源短缺、环境污染已成为影响我国经济健康发展的主要因素,然而,在这样的背景下,我国的绿色和生态教育并未得到应有的重视,明显滞后很多。面对危机,人们纷纷提出了实行低污染、低消耗、稳步发展、适度消费的可持续性的绿色发展模式。及至中共十八大的召开,我国明确提出了"把生态文明建设放在突出地位,融入经济建设、政治建设、文化建设、社会建设各方面和全过程,努力建设美丽中国,实现中华民族永续发展。"[3]"美丽中国"战略用蕴涵诗意的语言把我国的绿色生态发展被放置于前所未有的重要地位。当代大学生是"美丽中国"建设的主要责任人和担当者,大学生的绿色知识、绿色道德规范、绿色行为水平的高低,直接关系到"美丽中国"建设的进程和结果。党的十八届五中全会明确提出了绿色发展理念为未来五大发展理念之一,对于大学生进行专门的绿色教育显得更加必要。通过加强大学生的绿色教育,补充其充足的绿色知识、培养其自觉的绿色道德、塑造其合格的绿色行为,让大学生自觉追求人与自然的和谐统一,帮助大学生认清自己在我国生态文明建设中的历史使命,对于实现"美丽中国"的宏伟蓝图无疑具有不可替代的意义。

(二)健全大学生综合素质

在当今的时代背景下,人们在面对自然的时候,存在着利己主义、实用主义观念,而且在实践中存在短期行为,一部分大学生纵容自己的消费行为,比较贪图物质享乐,挥霍无度,一味追求名牌时尚,在人际交往中铺张浪费,存在攀比、虚荣、放任等不健康的消费心理,忽视自然生态的价值而一味追逐短期利益,这些因素成为大学生绿色习惯养成教育长期、有效开展的组织因素。并且,当前大学生参与绿色实践的有效途径少,绿色教育与其他学科的教学没有相互融合,高校绿色环保教育的方式较为落后,我们很有必要通过对大学生进行专项的绿色教育来扭转这些不足之处。由此可见,当前对大学生进行绿色教育也是大学生素质教育内涵在新时期的更新和充实。首先,大学生绿色教育是新时期进行素质教育的恰当切入点。大学生绿色教育不等于,也不能代替素质教育,但通过对大学生的绿色教育,能够使学生从不同角度去认识自然和社会,促进学生观察、实验、分析、推理能力等文化素质的提高,帮助形成自己的看法和价值观念,并积极地去探寻解决问题的办法。其次,大学生绿色教育涉及生物学、环境学、伦理学、社会学等广泛的学科群,体现了当今教育文理相互交叉、相互渗透的发展趋势,具有极其明显的综合性特征,极大地丰富了学生们的综合知识储备。

(三)帮助大学生融入当今社会的需要

在"绿色"发展成为我们国家未来重要发展理念的新时期,对于大学生的绿色教育随之成为学生道德素质教育的重要内容。并且,绿色教育中的系列活动注重培养学生的社会责任和参与意识,将人对自然的信念、态度和行为纳入道德评判,力促社会形成绿色道德舆论。另一方面,大学生绿色教育有利于培育大学生健全人格,帮助其融入当今社会。马克思主义认为,人的发展应该是身心、品德等方面的自由、全面、均衡的发展。虽然健全的人格总是相对的,因为人类总是处于从低级到高级的不同发展阶段,但无论在哪个发展阶段,人都应该具有符合时代发展需要的相对健全的人格。当前,异常突出的资源、环境之间的矛盾促使人类认识到了自身的生存危机,提倡节约资源,保护环境,发展低碳经济,这不仅是一种行为方式的转变,更深层次是人们绿色道德观念的树立,因此,当今社会的健康发展需要拥有良好绿色道德素质的大学生作为坚强后盾。

三、开展大学生绿色教育的措施

(一)更新课程设置,实现绿色课程体系设置

包括了显性课程和隐性课程两个部分的绿色教育才是完整的绿色教育,完整的绿色教育课程体系的设置是进行系统的大学生绿色教育的基本条件和重要保障。显性课程是指以绿色教育为主题的而单独开设的必修课程、指定选修课程以及任意选修课程,在显性课程体系建设过程中,学校应该充分调动学校的选修课程体系和专业课程体系来打造丰富的绿色环保教学资源,专业性较为强的课程有自然资源学、环境保护与可持续发展为主题的系列课程,与绿色教育密切相关的选修课程有环境法学、环境经济学、环境伦理学、环境美学等,通过这些课程的开展,逐渐形成较为成熟、健全的绿色教育课程模块,同时激励相关专业教师定期为学生举办与绿色教育相关的专题报告。隐性课程是指在其他非以绿色教育为主题的课程中渗透了绿色教育的相关课程。

(二)打造隐性育人环境,建设绿色校园文化

在隐性绿色课程的建设方面,可以通过两种途径进行绿色教育,一是通过改革、调整、充实全校性的公共课(例如思想政治理论课、英语课)相关课程教学内容,在这些课程中渗透绿色教育。另一方面,通过将绿色教育融入绿色校园文化

建设建设,使大学生在润物细无声的过程中接受绿色教育。如果说通过课堂进行大学生绿色教育是直接性的教育手段,校园文化具有丰富性、生动性、开放性等特点,是一所大学物质文化与精神文化的集中表现形式。一个布局得当、清洁优美、环境宜人的绿色校园环境,可以在无声的过程中对校园中的大学师生的生活、工作与学习起到约束和陶冶作用,因此,大学应该充分发挥绿色校园文化的熏陶和育人作用,把营造浓郁的绿色校园文化氛围当成大学生绿色教育的重要组成部分,从校园景观和校园人文两方面入手营造校园文化校园绿色文化氛围。一方面,在校园绿色景观方面认真布局校园绿化带,教室、宿舍、食堂干净卫生、美化程度高,做好节能环保设备的购置,及时回收、处理废弃物品。让大学生置身于绿色教室、绿色宿舍、绿色食堂,充分体会绿色之美;另一方面,通过绿色文明主题活动和校园的网络报刊、宣传栏等媒介,持久地进行绿色教育宣传活动如此才能激发大学生积极践行绿色行为的强烈愿望。

(三)拓宽实践育人平台,引导大学积极参加形式多样的绿色实践活动

大学生要形成绿色文明观,就要增加自身的体验,促进绿色环保由知到行的转化,以实际行动积极建设绿色文明,以课外活动的方式进行绿色教育是开展大学生绿色教育的重要途径。笔者认为,需要激发大学生的主体性,组建大学生绿色社团组织,积极引导大学生参加绿色教学实践活动、绿色科研实践活动、绿色社团实践活动以及绿色公益活动,培养他们自觉践行绿色消费行为等。具体地说,绿色社团实践活动主要有是指大学生参与由学校学生会、共青团以及各类社团协会所组织的以绿色为主题的一系列活动。学生处、团委鼓励学生积极参与学校和社会的环境保护行动,指导学生组织举办相关主题的活动月或活动周,开展绿色主题相关的科技设计与创新活动、社会调查类活动以及绿色文艺作品比赛等活动。学生工作相关部分要联合科研管理部重视与绿色环境有关研究课题的立项工作,保障绿色项目在所有的立项课题中占有相当的比例。绿色公益行动是指大学生通过义务性地响应绿色公益号召、关注社会绿色发展、履行绿色公民义务、参与绿色公益活动所表现出来的绿色环保行动,通过引导当代大学生以实际行动从身边的小事做起,积极承担社会责任,培养大学生适度、节俭、循环、健康的绿色消费行为。通过开展野外生存体验、自然生态旅游等使大学生亲近自然、敬畏自然,自觉营造人与自然和谐相处的美好环境。

(四)自律与他律相结合,重点培育大学生较强的自律意识

大学生绿色教育需要改变单一的灌输教育的方式,应当同时发挥外在限制和大学生意识觉醒的双重作用。就外在因素而言,主要是充分发挥大学生绿色教育

的制度保障的作用来实现的。学校的教育教学工作应该紧紧围绕绿色人才培养目标,以可持续发展的教育理念为引导,建立一套科学有效的激励制度和管理规范。例如学校应成立专门负责绿色决策、协调与监管的绿色大学建设管理小组,负责绿色大学建设的宏观指导,出台完善的节能环保的规划指标与管理条例等等;学生工作部门(学生处、团委)要制定学生环境道德的行为规范和奖惩机制,把对学生绿色行为的考评纳入学生综合素质测评考评体系,并赋予一定权重,充分发挥大学生综合测评对大学生绿色教育的引导和激励作用。外在的教育通过大学生的自我教育才能最大限度地发挥作用,绿色管理制度要充分发挥其应有的作用,最终还是需要教师、基层管理人员、广大学子积极主动地将绿色理念转化为各自的绿色行为。可见,应该引导和鼓励大学生自己去领悟绿色知识、贯彻绿色制度、践行绿色行为行动。

(五)创新教育载体,以信息化技术促进绿色教育

传统的教育手段主要是通过课堂教学、课外实践活动或调查研究培养传递知识,如今,信息技术的发展,可以通过广播视频、网络通信等向广大学生传播信息,毫无疑问,这些方式今后仍然是实施大学生绿色教育的重要途径。当前"90后"的大学生自从出生就面临着一个无处不在的数字化网络世界,这一代年轻人将微博、微信、博客、即时通讯等新兴通信传播方式运用得娴熟。对于大学生的绿色教育,高校也不应忽视多媒体和网络化等最新媒体新技术的重要作用,该充分利用新媒体迅即和互动性强的特点,将绿色理念蕴含于博客、微博、网络动漫、虚拟社区、网络游戏等网络新媒体之中,使之成为传统教育方式的重要补充。

参考文献:

[1]新华社.中国共产党第十八届中央委员会第五次全体会议公报[N].人民日报,2015年10月30日第1版。

[2]王大中.创建"绿色大学"示范工程,为我国环境保护事业和实施可持续发展战略做出更大贡献.世界经济与政治,1999(2):78~79.

[3]胡锦涛.坚定不移沿着中国特色社会主义道路前进为全面建成小康社会而奋斗[J].求是,2012.(22):3-25.

(文/第一临床医学院 盛文楷)

第二部分 02

全人发展语境下高校学工实践探索

第四章

综合素养提升

公民生态素养培育的困境及其破解对策
——以湛江市为例

素养即人的素质与教养,它不仅包括人内在的理性知识和道德情感,也包括外化的言行举止,是内涵了一个人综合素质体系的概念。人的素养的高低一般体现于知、情、行三个层面,同理,生态素养主要包括人们的生态知识储备、生态道德情感和生态言行举止三个方面。我们对人们生态素养高低的考察以及对人们生态素养的培育,无疑要从这三个方面着力。

一、公民生态素养存在的主要问题

2014年7月至12月,课题组以调查问卷和走访的形式,分别对湛江市赤坎区、霞山区、坡头区和麻章区进行了随机调查,调查发放问卷2000份,收回问卷1917份,其中有效问卷1885份。调查中发现湛江市民其实已经具备一定水平的生态素养,但尚存在如下问题:

(一)生态知识有待补充

生态知识主要包括生态的内涵、外延、规律及其与经济、法律、制度、政策的关系等方面的知识,是人们对生态环境环保相关知识的基本认识和把握。调查显示,湛江市民对生态环保的基本问题、法律法规、政策制度有一定程度的掌握,但掌握得尚不够细致和全面。例如,99.7%的受访对象都听说过温室效应、酸雨、清洁能源,但对温室效应的基本原理、酸雨的形成和预防、清洁能源的利用等方面了解得却不够准确和全面;96.9%的受访对象都了解国家当前的可持续发展战略、科学发展理论、生态文明和美丽中国建设等大政方针出台的历史背景和基本内涵,但对于国家为实现这些发展战略所制定出的相关法律、政策却了解的不多。

(二)生态生态道德意识有待加强

在关注生态建设的主动性方面不够,例如在对湛江市创卫和生态保护的一些政策和做法等信息的了解方面的调查显示,有23.2%的市民选择通过互联网、报纸等渠道主动关注和了解有关内容,有68.3%的市民是在浏览网页、阅读报纸或观看电视的时候了解的,其余的市民选择的是不了解或很少去关注。生态环保的自觉意识有待加强,其中一项调查显示,假如你看到有捕杀青蛙、海鸟、过渡捕捞的行为,你如何应对,仅有30.2%的市民选择会想办法去制止。

(三)生态行为能力需要进一步提升

其中的一项调查能够说明这一问题:公共场合如何处理垃圾的调查结果让人喜忧参半。例如:有一项调查是,在公共场合,您是否会把垃圾丢到垃圾桶里,有99%的市民选择会丢到垃圾桶里。然而,在丢垃圾时是否自觉分类方面,只有39%的市民选择每次丢垃圾都是严格按照分类进行的,有51%的市民选择没仔细看,反正丢到垃圾桶里即可,有10%的市民选择自己分不清哪些是可以回收的,哪些是不可回收的,所以每次都是随手丢到垃圾桶里即可。在是否能做到随手关灯、关水的调查中,经常能做到随手关灯的公民占到90.7%,而对于购物自带购物袋的比例只有18.1%。

二、公民生态素养存在问题的原因简析

(一)社会自组织参与度不够

调查发现,湛江同目前国内其他城市一样,存在的一个普遍现象是,从事生态活动的社会组织太少。无论在公民生态素养培育方面的投入还是生态建设的开展,都属于公益性非常强的事业,公益性事业"功在当代,利在千秋",其建设的周期长、见效慢、非营利等特征很难吸引以营利为目标的公司、企业去承担和开展。因此,当市场难以作用得到的地方,就需要政府鼓励社会组织去引领风气、开展活动。政府及其主导下的公民自发组织的志愿者组织在公益性活动中扮演着不同的角色,政府承担着宏观方面的引导、协调和组织的任务;社会自组织在政府鼓励和引导下发动民众自我管理、自我服务,去依靠自身实现有利于自身的公益性事业,在许多领域往往能够弥补政府的不足,成为政府服务于民众、同民众进行沟通

的桥梁。因此,在公民生态素养培育方面,政府与社会自组织两者是互补促进、缺一不可的,政府及其主导下的社会自组织只有良性互动才能产生出最大的合力。

(二)对市民生态教育、引导不足

一方面,在全国范围内,政府工作的核心和首要任务仍是发展经济,这种发展甚至以破坏生态为代价,对于市民们的生态素养培育更是被忽视了。另一方面,有关生态教育的内容体系和开展机制尚不健全,缺乏科学合理的内容安排导致生态素养培育无从教、无从学,没有合理的开展机制,导致生态素养的培育难以高效运转,生态教育自然很难奏效。另外,政府在各个城区生态建设的投入不均匀,例如霞山区垃圾桶的密度远高于坡头区,而坡头区整体的绿化程度明显好过霞山区。

(三)公民提升自身生态素养的能力不足

首先,公民尚缺乏自觉提升生态素养的自觉性,对生态危机认识不足,没有学习的紧迫感和使命感。另外,由于公民一直受到传统被动接受知识和教育的固有模式的左右,即便是他们认识到了学习提升的必要性之后,也很难积极主动地去提升自己。并且生态素养的培育包含一定的专业性知识体系,对之学习掌握也需要一定的基础知识和学习能力才可以达成,例如一些专门的生态环保法律知识体系,需要一定的法学基础,一些基本的生态基础理论,需要一定的生物学基础,当前,公民知识水平参差不齐,难以一下子把相关基础性知识给补充到位。

三、公民生态素养培育的对策

(一)全面实施公民态素养教育计划

通过专门的生态教育可以提升公民的生态知识水平和认知能力,使公民全面认识到环境问题的严重性,促使公民生态意识的形成,自觉遵守环境保护的法律、法规与政策,在生活践行生态环保行为。对于公民的生态素养培育,需要从学校和社会两个层面入手。培育公民生态素养最基本的开展方式是学校教育,其中最基础的组成部分是面向小学生和中学生的生态素养教育。小学生的教育对各种观念和意识的形成起着基础性作用,小学阶段是实施生态教育事半功倍的重要时期。在教育目标方面,加强对小学生生态习惯的养成的培育;在教育方式上,针对小学生的特点,淡化抽象的理论教育,增加生动、多样的教育形式;在教育内容方面,可以变枯燥乏味的环境保护知识为直观形象的图片、音频,或者将教育的内容以热播动画片的形式表现出来。对于中学生(包括初、高中生和中专生)而言,在教育目标方面,使他们在生态建设的知识方面有更全面深入的理解,在生态情感方面有更深切的体验,在生态实践方面有更自觉的行为。在教育内容方面,引导他们到人类命运和自然生态之间的密切关联、人与自然和谐相处最基本的理念和常识。在教育形式方面,应该将生态理念融入有关课程(如政治、生物、地理、历史等)的讲解,同时可以结合时事政治、经济和社会热点问题、校内外的实践活动进行生态教育。在大学,学科较为健全,学生参与较为积极,生态素养的培育更为丰富多彩,可以将课堂教育和实践教育、他人教育和自我教育、单个教育和社团引领结合起来,甚至可以发挥大学生志愿服务的辐射引领作用,带动市民生态素养的提高。对于面向社会层面的市民生态素养培育,需要用政府制定的相应规章制度进行引领和指导,街道、社区进行参与和规导,让生态行为成为市民们的习惯。

(二)鼓励驻城高校的青年大学生带动市民们积极参与各种生态实践活动

湛江拥有广东海洋大学、广东医科大学湛江校区、岭南师范学院三所公办本科院校和寸金学院一所民办的独立学院。这四所高校拥有医学、理工、农林、水产、航海、人文、经管、艺术等专业的全日制本专科生、研究生共计7.8万余人(其中广东海洋大学2.9万人,广东医科大学7000余人,岭南师范学院22000人,寸金学院20523人)。湛江四所院校专业体系全,青年大学生较多,加之青年大学拥有较高的文化素养和较强的可塑性,实施湛江市民生态素养培训计划,可以充分激发青年大学生的热情和专业素养,实施一系列由湛江市青年大学生广泛参与的生态实践活动,用大学生的热情和专业素养辐射广大市民自觉提升自身的文化素养。首先,面向广大在校大学生招募生态素养培育宣讲团。由团市委向驻湛各高校下达生态素养培育宣讲团青年志愿者招募指标、流程,可以充分考虑不同专业的特点和学生数量,制定不同的招募指标。例如,医学类专业在日常卫生健康方面有绝对优势,可以面向广东医科大学7000余名医学生招募医学类志愿者。广东海洋大学的海洋气象、生物工程、水产类专业在市区周边海洋环境保护方面有绝对优势,可以面向这类专业招募市区周边海洋环境维护方面的志愿者。鼓励所招募的青年志愿者深入到不同社区和街道,面向广大城市居民开展形式多样的宣传教育工作。其次,实施大学生青年志愿者分区、分片维护湛江生态环境计划,将湛江市区各个角落都分配至相应的志愿者团体负责进行生态建设。根据各个大学所在地理位置和大学生人数的不同,将各个大学积极参与生态实践的青年志愿者分配至市区各个区或街道,这些志愿者自身或通过发动市民积极参与生态培育的实践活动。

（三）以生态旅游业的发展促进公民生态素养提升

拥有生态美丽的自然景观、内涵丰富的人文景观以及素养较高的市民才能够吸进更多的游客来湛江观光旅游，因此，发展生态环保的旅游产业不仅是经济增长的动力，而且是促进湛江市容市貌和市民生态素养提高的一个重要举措。当前，湛江在自然景观、人文景观和市民素质方面有一定的优势：在自然景观方面，湛江三面环海，1556 公里岸线长度约占广东省的五分之二，约占全国的十分之一，148.7 万亩的海洋滩涂约占全省的 48%；岛屿数量众多，海洋资源极其丰富，为发展滨海旅游提供得天独厚的条件。湛江有大小岛屿 30 多个，分布在市区附近的有 7 个，其中较为大型的东海岛、硇洲岛、南三岛、特呈岛等；长达 1556 公里的海岸线上有 150 多公里的优质沙滩可供旅游开发，王村港-吉兆湾、南三岛东岸和东海岛东岸均是长度超过 20 公里的特大型沙滩；湛江有丰富的经济鱼类有 520 余种，贝类则有 547 种，虾类 28 种，藻类 10 多种，湛江的水产品全国闻名。湛江也拥有这珍贵的珊瑚资源：硇洲岛斗龙角、徐闻灯楼角、乌石东土角和康港盐庭角等有 5~10 平方公里未受破坏的热带珊瑚礁；湛江有各类港湾 100 多处，湛江港岸线全长 460 多公里，仅内港岸线长达 241 公里，为目前世界第一港荷兰鹿特丹港的 3 倍，凭着这些优势资源，湛江港每年都吸引一些国际豪华邮轮的到访，为湛江带来可观的经济收益。湛江也拥有内涵丰富的人文景观：众多的历史建筑，和海洋有联系的首推硇洲灯塔。硇洲灯塔为广东省重点文物保护单位，它与伦敦和好望角灯塔一样饮誉世界，南三岛灯塔和徐闻灯楼角的灯塔也同样具有悠久的历史，具有旅游开发的价值。湛江拥有独特的民俗文化，在海岛上生活的居民，受独特的自然环境影响，形成与众不同的民俗文化。在东海岛浓郁红土风情文化特色的"人龙舞"，湛江的雄鹰舞、"飘色"等民间艺术也颇具特色；位于广东海洋大学的海洋生物博物馆，馆内有水生生物标本 3000 多种，标本按类别系统陈列，涵盖了鱼类、贝类和藻类，集科学性、知识性、趣味性、娱乐性和观赏性于一体。

（四）政府主导下的国家卫生城市创建工作和市民生态素养培育相结合

生态环境素养的培育和国家卫生城市的创建一样都是公益性很强的事业，其非盈利性、投入的长久性都决定了政府需要在这个过程中发挥应有的主导作用。强调政府的主导，主要就是指强调政府通过发展战略的制定、对思想的宏观引领、对资源的配置调控，做好规划引导、组织协调、服务供给等工作，充分激发公民参与国家卫生城市创建和生态素养培育的积极性。当前，湛江市政府主持下的国家卫生城市创建工作取得了胜利，国家卫生城市的创建以及创建成功后的维护工作与湛江市民生态素养培育工作皆高度的相互融合与促进。首先,政府应将市民生态素养培育纳入国家卫生城市创建及创建后的维护工作的日程。城市公民生态素养培育和国家卫生城市创建在内容、目的、方式等方面都有高度的一致性,政府应当充分认识到二者的关联以及二者协调开展的重要性、长期性和紧迫性,制定正确的政策法规,运用行政手段加强宏观调控和监督管理,为公民生态素养的培育提供正确的导向。政府在这些方面的主导作用是否可以有效发挥,在于政府部门的决策者是否具有很好的生态素养,领导是市民利益的代表者和执行者,他们自身的生态素养具有很强的辐射和榜样作用。政府决策者在制定政策的时候,必须将环境卫生、生态保护考虑进去,不能急功近利以牺牲环境为代价来实现发展。另外,政府应充分利用所掌握的官方报纸、广播、电视、新媒体平台等强大的宣传机器,向公民开展一系列的生态方面的常识、法规、政策等的宣传教育,激发公民的环境责任感和环境意识,营造一种有利于环境保护的舆论氛围。

(文/第一临床医学院　盛文楷)

高校学生参与第二课堂活动的现状与对策

——以广东某医科院校为例

中共中央、国务院《关于深化教育改革全面推进素质教育的决定》指出,高等教育要重视培养大学生的创新能力、实践能力和创业精神,普遍提高大学生的人文素质与科学素养。因此,当今各大院校在抓好智力教育的同时,还应积极开展美育、德育和社会实践等教育,开辟第二课堂,鼓励学生在学好专业知识的同时,培养广博的兴趣爱好,培育时代创新精神和实践能力,全面提高综合素质。

第二课堂是相对课堂教学而言的,指高校在规定的教学时间内进行的课堂教学外,还让学生通过组织或参加有序的课余活动以达到获取知识、陶冶情操、培养能力为目的的一种教育教学形式。第二课堂教育作为第一课堂教育的延伸,不仅能够弥补第一课堂的不足,还能够为提高大学生综合素质和社会技能提供渠道和平台。高校积极主动地开展第二课堂活动对于丰富健康向上的校园文化、促进学生个性发展和培养全面发展的人才等方面都具有十分重要的意义。

本次调研中,笔者所在高校通过发放问卷的形式深入了解在校本科生对第二课堂活动开展情况的意见和成效反馈,旨在更好地了解高校开展第二课堂的相关情况,真实地反映第二课堂育人模式的教育意义,梳理存在的问题,增强第二课堂活动的针对性和育人功能,促进教学相长。

一、调查的基本情况

本次调查问卷采取不记名形式,发放问卷2800份,回收2749份,有效问卷2485份,参加调查的对象是来自广东某医科院校各专业大一到大三的学生。有效问卷中男生1389人,女生1096人;大一学生1136人,占45.71%,大二学生732人,占29.46%,大三学生617人,占24.83%。

二、调查结果及分析

(一)学生对趣味性强和社会实践类的活动兴趣浓厚

虽然第二课堂活动种类丰富,学生相对参与程度却有很大差异。调查数据显示(见图1),大部分学生对趣味性强和社会实践类的活动兴趣浓厚,而对文化讲座、创新科技展类活动热衷程度较低,根据后续补充的访谈情况来看,学生对第二课堂活动的参与更侧重于选择自己喜欢和符合切身利益的活动,对于形式单一活动和实践性不强、趣味性不高的文化讲座兴趣较低。而对于社团活动和艺术表演活动参与程度较高,在这类活动中,学生不仅仅是旁观和辅助者,还能主动参与到活动中去,因此总体认可度较高。

由此可见,第二课堂活动具有自愿性和灵活性等特点。在第二课堂活动开展时,必须尊重学生的主导意识,切合学生的需求,对活动进行设计和改善。并且应该注重文化类讲座方式的改进,才能符合现代社会的需求,以提高学生的身心素养。

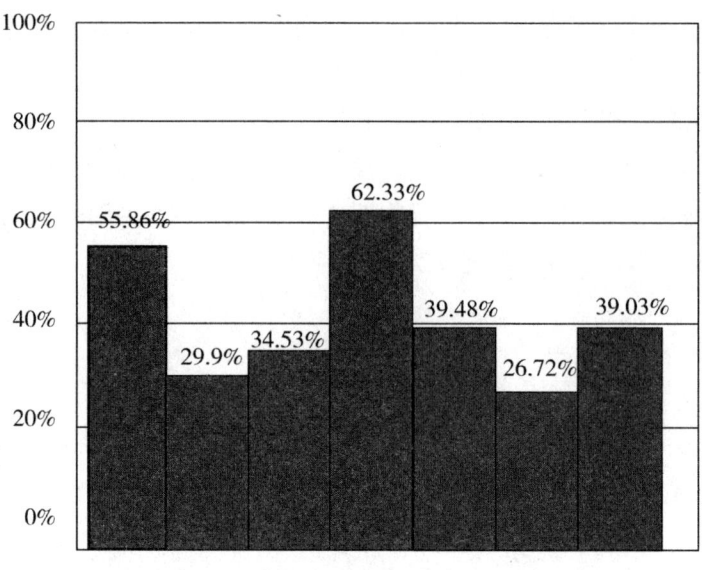

图1 不同性质活动的参与度

(二)学生主导的活动更受欢迎

由数据可知(见图2),在第二课堂活动的开展形式上,学生认为活动在教师的建议下由学生主导更有利于活动的进行。学生普遍不赞同由教师指导,学生在从旁协助的形式。这些数据说明了新型教育有别于传统的教育,学生不再喜欢自己从旁协助的角色,更多是喜欢自己参与其中,从而在课外活动得到锻炼和提高。

同时也可以看出,该校在引导学生参与第二课堂活动方面的成果明显,学生积极自主参与到活动中,这对于培养学生的动手能力和发挥学生的实际能力具有很大的意义。但是学生们自己开展活动的意愿少,产生这种现象的原因可能包括学生存在依赖心理、害怕自身经验不足、缺乏尝试和挑战精神。

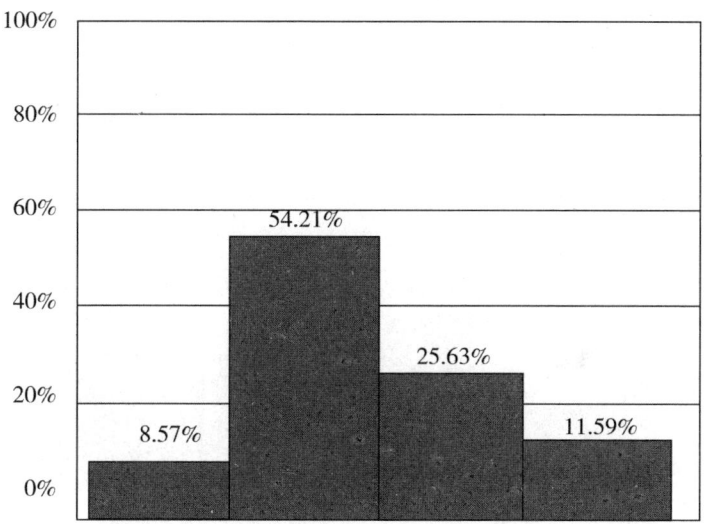

图2 第二课堂活动组织形式的统计

(三)第二课堂活动开展氛围较为沉闷

根据调查数据显示(见图3),虽然一部分学生认为第二课堂活动的开展有教育意义,并且能够引起他们的兴趣,但大部分学生认为第二课堂活动开展氛围沉闷。而第二课堂活动是为了弥补第一课堂活动的局限性所进行开展的相关系列活动,应该激发参与者更多的兴趣,使参与者从中得到更多课本没有的知识。虽然参与者认为第二课堂活动是有意义的,但是课堂氛围却缺乏趣味性,久而久之会使参与者失去兴趣,这将不利于第二课堂活动长期高效的进行。

据上分析,学校在注重第二课堂活动的文化氛围的同时,还应充分考虑学生的需求,注重课堂氛围的趣味性,通过相关调研改善活动形式,真正调动学生的积极性,完善第二课堂育人模式,全面提高学生的素质,避免出现高分低能的现象。

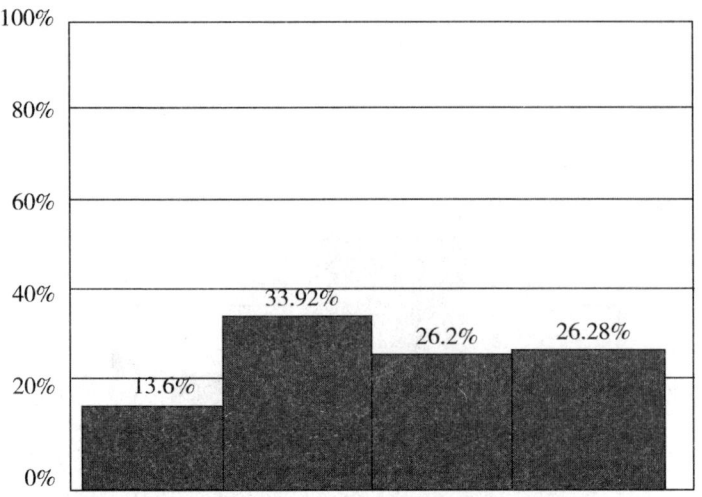

图3 第二课堂活动开展效果统计

(四)第二课堂活动质量相对不高

从调查数据可知(图4),学生对于第二课堂活动的意见客观上揭示了该校的第二课堂活动亟须改进之处。数据显示,大部分学生认为在活动的质量和形式内容上可以进一步提高,并且在组织安排和宣传方面仍有很大的提高空间。

该高校活动虽然很多,但普遍给学生带来活动形式单一、质量不高和可行性不强的印象。说明很大一部分活动在举办的过程中并没有综合考虑到全面的因素,不能很好地与该高校学生的情况契合起来,不利于活动效果的发挥。产生活动质量普遍不高的原因可能包括:第一,现担任团委、学生会干部的多为大一、大二的学生,相对缺乏组织能力和经验,而大三、大四学生由于课业繁重或参与实习,导致较少在团学组织中担任职务;第二,学校老师在指导活动组织过程中没有到位,没有充分开展调研,了解学生所需而有针对性指导活动开展。

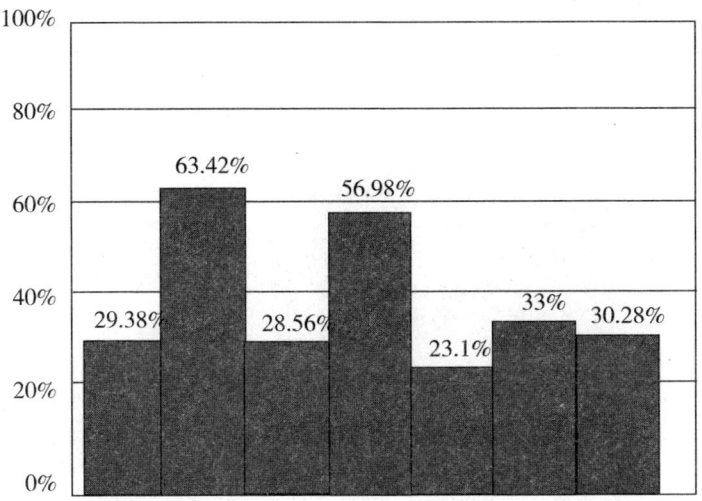

图4 学生认为第二课堂活动存在的问题

(五)大部分学生肯定第二课堂活动价值

数据显示(见图5),学生认为能在第二课堂活动中提高综合素质,促进自身的全面发展,并且大多数学生认为第二课堂活动能够开阔自己的视野和激发学习兴趣。也有部分没意识到第二课堂活动能给他们带来锻炼的机会,缺乏主动性,不能很好地进行角色转换,真正融入活动中。产生这种情况的原因可能包括学生个人因素和学校在第二课堂活动方面引导不足。

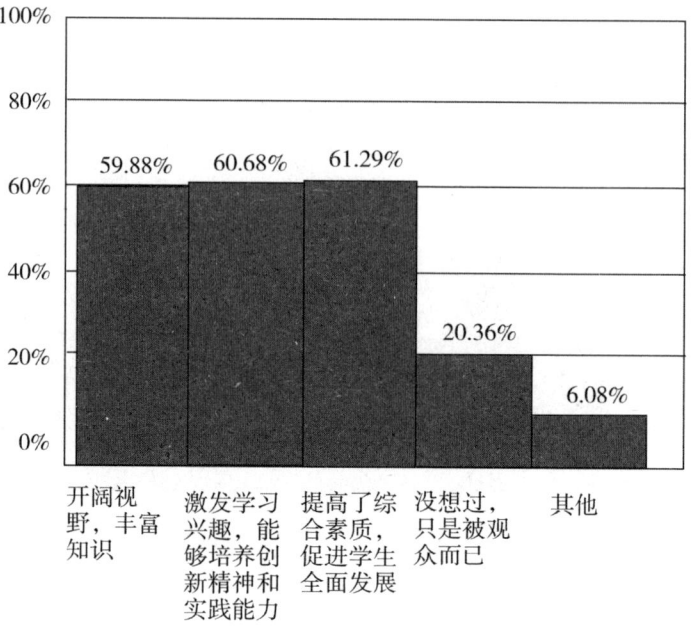

图5 学生对第二课堂活动作用的认识

（六）与专业和教学相关的第二课堂活动有助于提高学生的职业技能

第二课堂活动对于大学生职业技能提高的效果是十分显著的。由数据可知（见图6），大部分学生认为改善教学环境与条件、开展以专业为主题的第二课堂活动将对学生职业技能的提高有很大的帮助。部分学生希望通过加强第二课堂活动与专业之间的联系来提高自身职业技能。但这仅是一部分人的意见，该高校第二课堂的开展对学生第一课堂理论知识辅助巩固作用不够突出。产生这一现象的原因可能是：一、活动数量多,形式内容比较单一；二、活动针对性不强。

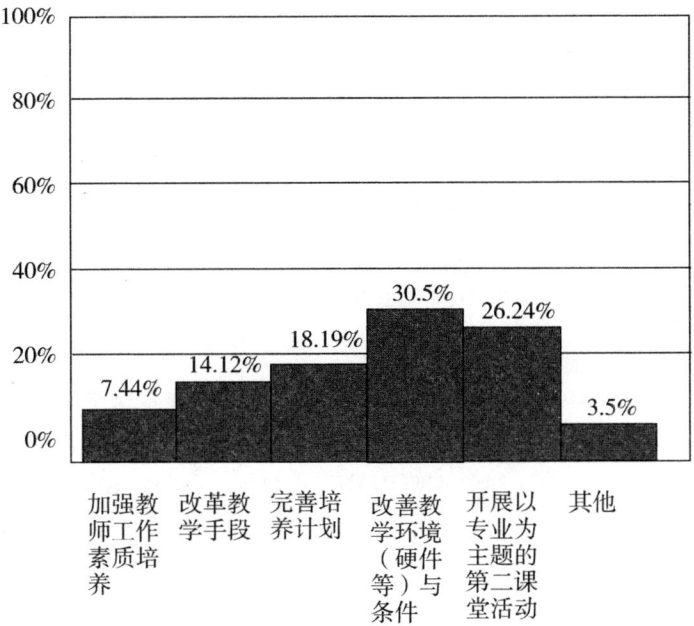

图6 学生认为提高大学生职业技能的方法

三、对策与建议

(一)突显学生主体,提高参与热情

学生参与是第二课堂活动开展和存在的意义,而学生是否参与,与其对第二课堂活动的目的、意义的认识密切相关,因此,开展第二课堂时应该充分考虑学生的需求,提高学生对第二课堂的认识,避免为了活动而活动,充分调动学生的积极性,主动参与第二课堂,使得学生真正地成为第二课堂的主体,在愉快的学习氛围中得到收获。

学校在开展第二课堂时应该坚持以学生自我教育为主的原则,教师在其中主要是起引导作用,引导学生如何参与到第二课堂,提高教学效果,达到培养和发展学生的能力的教学目标。为了开展学生乐于参加的第二课堂活动,该校可以在开展前在学生中进行民意小调查,了解学生所感兴趣内容和形式,充分体现学生在第二课堂的主体地位。

(二)第一、二课堂有效结合,提高互补作用

第一课堂可以为第二课堂的开展奠定基础,第二课堂是对第一课堂的延伸和补充,所以说高校应当重视第一课堂与第二课堂的互补作用,不能弱化任何一个

方面。

高校应当引导学生将从第一课堂中学习到的知识运用到第二课堂中去,这样既能巩固第一课堂所学的知识,也能够强化第二课堂的作用。同时可以根据学生对第一课堂知识的掌握程度来开展第二课堂活动,提高学生对知识的应用能力。

(三)丰富活动形式,紧贴时代文化

第二课堂开展的主题也应紧跟时代的潮流,从实际出发,思考时代将赋予青年的使命。

在文学类讲座的活动中,第二课堂的主题可以从当代的价值观出发,深度地思考时代的潮流与自己的关系。在体育类、艺术类、趣味性游戏类、社团活动等活动中,第二课堂选择大众喜闻乐见的方式进行,使学生积极参与其中,丰富学生的课外活动,并且此类活动往往能够吸引着一大批的参与者,真正地做到了人人参与的现象;社会实践类以及科技创新等活动也都深受广大学生的喜爱,在这些实际操作强的活动中,学生积极肯干,耐心解决问题,从而使自身在第二课堂活动中得到锻炼和提高;而对于知识竞赛等传统的第二课堂活动,学校应当不断创新,在运用理论的同时兼备临场发挥的技能,使学生在紧张刺激的比赛中真正得到了提高和成长。形式多样的第二课堂活动能够使得在校的师生人人参与其中,人人在活动中学到知识、技能,人人在活动里得到锻炼与提高。

第二课堂培养学生的综合素质必然是和时代、社会紧密联系的,是与社会需求和国家政策的导向是一致的。因此第二课堂的载体并不局限于社团活动、文化讲座以及专业知识竞赛等,还可以开展各类社会实践活动,与社会实际相结合,让学生通过第二课堂活动走进社会从而认识社会。例如:社区服务、三下乡、志愿活动等,这都能够帮助学生更好地了解社会,提升各种社会技能。

(四)加大宣传力度,全面促就育人

加强对第二课堂活动的宣传力度,让更多的学生认识和了解第二课堂,同时也让教师们重视第二课堂的教育。

第二课堂的活动不要仅仅局限于专业领域和学习考试,而是要全面提升学生的素质修养。以往学生们更多的是单纯地追求高分数,而忽视了其他能力的培养,因此造成高分低能的现象。素质的全面发展要求学生们在道德品质、政治思想、专业技能、社会能力等方面协调发展,具有较强的综合能力来应对竞争激烈的社会人才市场。高校在开展第二课堂时应该考虑对学生各个方面能力的锻炼,全面提升学生的综合素养,提高学生的竞争力。

作为第二课堂参与主体的大学生首先应该正确评价自己,然后根据自身发展的需要来选择性地参加第二课堂,不能盲目地参加各项活动,要有针对性地锻炼自己某方面的不足,这样才能不断地完善自己、促使自己成长为全能型人才。

综上所述,第二课堂活动是补充课堂教学的有效形式。各高校应该结合本校的教学特色来制定相应的第二课堂的教育计划,不断提高教师队伍的水平,鼓励和发动学生们参与到第二课堂的活动,从而提高第二课堂的整体水平。高校领导和教师需要不断总结和积累以往开展第二课堂的经验,根据社会的发展和学生的成长来实施第二课堂教育计划,在最大程度上使学生能通过第二课堂的各类活动获得高于专业知识的学问和能力。因此只有不断地完善第二课堂育人模式,才能真正地发挥第二课堂对教育的积极意义。

参考文献:

[1]刘雨龙,姚静仪,刘子豪. 本科生参与第二课堂活动的调查研究——以北京大学为例[J]. 北京教育·德育,2014(676):7-9.

[2]丁丹,王芝华. 高校第二课堂育人模式探析[J]. 湖南科技学院学报,2008(02):103-105.

[3]魏培徼,马化祥,马莉萍. 高校第二课堂与大学生创新素质培养的关系研究[J]. 思想教育研究,2011(199).

[4]柯羽. 第二课堂与大学生就业能力研究[J]. 中国青年研究,2009(08).

[5]令狐文生,金一鸣,李纯清. 高校第二课堂活动状况的调查分析与思考[J]. 高教论坛,2010(3):21-23.

(文/团委 许崇泰 林贤桂 徐畅)

微信在高校德育中的影响与应用

——从对大学生微信"朋友圈"的分析谈起

腾讯发布2015微信用户数据报告指出:截至2015年第一季度末,微信每月活跃用户已达到5.49亿。此外,各种微信公众账号总数已经超过800万个,移动应用对接数量超过85000个,微信支付用户则达到了4亿左右。微信用户平均年龄只有 26 岁,97.7% 的用户在 50 岁以下,86.2% 的用户在 18－36 岁之间。由此可看出,使用微信的用户多是青年人,其中涵括绝大多数的青年大学生。微信到底是什么呢？为什么如此多的青年人热衷于使用微信,微信给他们的学习与生活带来了什么？

微信(英文名:wechat)是腾讯公司于 2011 年 1 月 21 日推出的一个为智能终端提供即时通讯服务的免费应用程序。微信不仅仅是一个充满创新功能的手机应用,它已渐渐成为中国电子革命的代表。依附于智能手机,在电脑网页上亦可使用,成为人们生活中不可或缺的日常使用工具。微信支持语音聊天、实时对讲、即时视频、图片文字及群聊等功能,打破了运营商的界限,开辟了网络通讯新视野,在满足人们沟通互动的同时,显现了微信强大的功能和良好的保密性。

因此,微信是继 Email、BBS、QQ 和博客之后的第五大网络沟通工具,它正以其独特的交流、共享、自由等特征吸引着越来越多的人加入使用行列,而大学生这一站在时代前沿的社会群体也以其独特的视角审视着、并微信着。

一、对大学生微信朋友圈的分析研究

微信作为一种最新的网络交际工具从开始推出便受到热烈欢迎,其群聊、语音对讲、摇一摇等功能深受大学生喜爱,笔者对自身微信朋友圈中 100 位在校大学生的微信朋友圈进行了分析调查,其中男大学生 39 位,女大学生 61 位,这 100 位大学生使用微信的时间从 2 年到 6 个月不等。分析结果如下：

(一)大学生使用微信的目的

1. 表达感情的需要

大学生使用微信首先是以情感的表达、情绪的宣泄为主要目的,当代大学生们,由于学习压力大、竞争激烈等多种因素,使得他们紧张的情绪无法得到排解,压抑的心情无法得到释放,而在微信朋友圈中撰写自己的心情和日志,能在适当的时候为他们带来了一份心灵的慰藉。

2. 便捷的人际交流

大学生使用微信,在很大程度上是由于微信软件具有灵活的交流模式。微信支持字、音、图等不同格式的信息,比传统的短信、电话沟通方式增加了许多灵活性,这些方式使得大学生之间的交流变得丰富多用,而且方便快捷。

3. 追逐时尚潮流

大学生是站在时代前沿的社会群体,他们对新生事物往往有着超强的敏感性,因此他们接受新鲜事物快,并乐于、敢于追逐时尚潮流。由于大学生的心理发展尚未成熟,以及日常交际范围相对狭小等特点,使得他们更容易产生从众心理。一旦大学生中间有一个人或是几个人尝试了某种新生事物,就会引来大批的效仿者。因此微信在大学生中的流行也在一定程度上源于这种从众心理。"宿舍里几个同学都有了自己的微信,所以我也申请了一个,其实在朋友圈里要表达什么思想自己没有思考过,但起码我有了自己的窝",一个大学生这样描述自己使用微信的原因。

(二)大学生微信的特点

1. 语言表达诙谐幽默且直接

有些大学生的微信语言生动幽默,充分反映了他们乐观向上的精神状态及作为"90后"所独有的风格。一些大学生的微信朋友圈发布的信息,语言相对简单,并不刻意追求华丽的辞藻,他们的表达方式往往是坦率的、直白的。例如一位大学生这样来发泄他对朋友的不满,"我拿真心和你交,你却利用完就跑,就算自命很清高,不该回头摆一刀,每天你都对我笑,其实我内心如刀绞,还以为为你奉献很重要,一定是你吃错了药。"

2. 内容多为情感表达

大学生在微信朋友圈中写说说,主要目的就是为了表达自己的感情,在他们看来,微信与以往的日记并没有本质上的区别,日记是一个人心声的表露,微信也有相同的作用。微信与日记唯一的不同,就是日记是写给自己看,而微信说说则是自己的心情能与别人产生共鸣。所以大学生的微信说说,无论男女,都是对亲情、友情、爱情的一种表达。有事没事都要记上几笔,高兴时,愉快的心情能与大家分享,不开心时,微信也就成了他们宣泄的一种方式。

3. 社会参与度较高

当代大学生虽然身处象牙塔之内,但是他们无时无刻不关注着社会,关注着社会上所发生的一切,大到国际争端,小到寻常百姓的生活,任何风吹草动都能成为他们关注的对象。因而大学生们在自己的微信朋友圈中对时事进行着评论,对社会百态发表着自己的看法。

(三)从微信内容看当代大学生的价值观

当代大学生通过微信抒发着他们的感情,阐述着自己对亲情、友情和爱情的理念,他们也通过微信表达着自己对社会的关注,因此透过微信内容,我们可以看到隐藏在文字背后的当代大学生的价值观和人生观。

1. 爱情观

如今的大学生认为,爱情是神圣的,需要两个人认真对待。爱情不是游戏,不是今天还在相爱的两个人,明天就变为陌路,也不是今天还深爱的一对情侣,明天就各分东西。所以当个别大学生抛出"对待爱情,要一颗红心两手准备"时,立刻引来无数持相反观点男女学生的反驳。在他们看来,"一颗红心两手准备"的人是以一种游戏的心态来看待爱情,是以一种不负责任的姿态来对待今天的恋人,而这种游戏的心态与不负责任的姿态又正是一个人道德品质的外部表现。所以面对当下流行的"速食恋爱"观,更多的大学生却在思考着如何使爱情更长久的保鲜。

当代大学生的爱情观很现实,和他们的父辈不同,他们既看重爱情,也注重经济基础,他们追求的往往"面包"与"爱情"的结合。在他们看来,"没有面包的爱情,是瞬间幻灭的乌托邦,炽热但没有未来;没有爱情的面包,外表诱人却干涩难以下咽"。所以他们相信,爱情是要以一定的物质条件为基础的,只有经过共同的努力才能拥有幸福的爱情。而他们在共同打拼的过程中享受着这种幸福,在成长的过程中体味着这种感动。

但是对于爱情,仍然有不少的大学生表现出迷茫的一面。爱情往往让他们琢磨不透,"爱情是糖甜茶苦,今天晴明天雨后天是大雾",他们期望爱情的甜蜜能长久一些,因此一旦危机出现大学生们就会不知所措,而当他们面对爱情中出现的挫折或是遭遇失恋的时候,承受能力也往往偏低。

2. 家庭观

从大多数学生的微信朋友圈里,我们都能看到他们对亲情的渴望,以及他们对父母对亲人的热爱。一位大学生在微信上这样写她回到家的感觉,"我感觉来到家,就算再累的路程也是值得的,只要爸爸妈妈在我身边,不用别的就足够了"。但是大学生们在享受着父母对他们的呵护与关爱的同时,却都表现得非常内疚,他们对于自己不能给父母带来舒适的生活、不能在父母身边尽孝而耿耿于怀。一位大学生在看到村里邻居都盖起了自家的小楼,唯独他家还住在很小的瓦房里时,感慨道"为什么没钱盖楼房,还不是因为自己,这么多年读书花了家里不少钱,老爸老妈平时起早摸黑,不都是为了我们这些子女吗?"然而这种内疚感在一定程度上激发了大学生更强的社会责任感。

3. 强烈的社会责任感

在大学生的微信中,有近一半的内容体现了他们对社会现象的关注。笔者发现,大学生们对于目前社会上存在的一些假、恶、丑现象,并不是一味地指责、抨击,而是能以一种理性的态度来等待这个社会,表现出了极强的社会责任感。例如,一位大学生在目睹了某些警察的不作为之后,在微信上写道,我们经常能看到

"警察为民除害的身影,警察这个词在我儿时的心中就留下了正义、威武的化身",但今天的经历,使"警察在我心目中的形象扭曲了。应该说目前我们国家机构中是存在着一些这样低素质的执法人员的,因此要建设和谐社会,就必须建立、健全法制法规,提高执法人员的素质,实行依法行政,而广大人民群众也要增强法律意识,用法律武器来维护自己的权益。"

(四)大学生微信中存在的问题

通过对100位大学生微信朋友圈的信息分析,笔者发现,尽管绝大多数大学生能以一种平静的、客观的心态看待微信这一新生事物,但是在个别大学生的微信中存在着的一些问题,仍应引起社会及广大教育工作者的关注。如一些大学生在朋友圈中发布的信息或者撰写的内容,语言华而不实,言之无物,甚至为了美化自己的微信,刻意地追求华丽的辞藻,赚取他人的掌声。

另外,多数大学生在自己的微信朋友圈里,都会写下自己的心路历程,对生活的向往或是对理想大学生活的期待;然而他们对于现实中的大学生活的描述却是"空虚、无聊、单调、乏味"。每天他们都穿梭于宿舍、教室、饭堂和图书馆,四点一线的生活让他们失望,理想与现实的差距也令大学们迷茫、不知所措。笔者发现,大一学生有着较强的失落感,他们在微信中发泄着自己的不满与无奈;二、三年级的大学生们则已经习惯了这种单调的生活,但是对于自己浪费时间、虚度青春的日子,他们也表现出了强烈的内疚感,并且面对未来,他们也往往找不到方向;大四的学生在回忆自己的大学生活时,虽然也感觉并不那么尽如人意,但对于未来社会生活的期待也是一件令人高兴的事情,但伴随之的却又是对职业生涯的困惑和迷茫。

二、微信的德育价值

通过对大学生微信的分析,微信作为一种新型的网络沟通工具,正以其创新的沟通模式和全新的免费体验潜移默化地影响着大学生的生活方式、思维方式以及他们的价值观念,因而德育工作者应重视微信本身所具有的德育价值,充分发挥微信的德育功能。

(一)微信的广泛性有利于提高高校德育的影响力

微信受众资源丰富,不仅包括大规模信息传播中的群体,也包括小范围的信息交流中个体,微信中的信息发布者和受众可以相互转化,使其受众群体进一步地扩大。微信受众的广泛性,在微信中对大学生开展德育,使受教育者在数量和质量上都有所提高。由于微信为网络传输,没有时间和地域的限制,德育的实施可随时随地进行，大大增强了高校德育的时效性和影响力。较强的互动性使思想政治教育内容得到良好的传播，增强思想政治教育的影响力。

（二）微信的自媒体性有利于大学生道德主体的养成

网络自产生以来，就以其虚拟性、开放性、自主性等特点吸引着大量的青年学生，但也因此产生了一系列的网络伦理道德问题。因而在微信产生之初，不少学者对此持悲观态度，他们认为微信将带来更进一步的网络道德滑坡。但是在对大学生微信朋友圈分析之后，笔者发现，微信并没有引起大学生的放荡与堕落，相反却在一定程度上培养了大学生的道德主体，即他们能够在自主与开放的网络中进行道德自决，能够在道德上把持自己。

（三）微信的匿名化有利于和谐平等的德育环境的创建

人格是在一定的环境影响下形成的。近年来，有专家统计，大学生人际交往存在着自卑、孤僻、不善于言谈、对他人冷淡、不喜欢参加社交活动等障碍。而这些人际交往障碍的形成，在很大程度上是因为大多数学生在上大学之前没有经历过集体宿舍生活，进入大学后由于环境发生了改变，加之同学之间的生活方式、思想观念等各方面存在着差异，喜欢把责任推给别人，而不是从自身找原因，人际关系也长期僵化。而微信的匿名化使用，用户可以隐藏自身的真实身份，因此当大学生因为孤僻而通过微信来发泄自己情绪的时候，他们发现微信上竟然有与自己处境相同的人，这种生活中的共同之处让他们在微信的交流中实现无障碍互动，点赞处处可见。在和谐自由的德育环境中，有利于大学生阐释自己真实的观点，能够减少德育受众的排斥和不满，为高校德育工作的实施起到促进作用。

三、微信在高校德育中的应用

微信已经成为大学生交往的最主要的方式之一，微信新媒体改变了大学生的生活方式和学习途径，在这种情况下，作为德育工作者必须立足现实，充分认识到微信的现实意义，充分利用微信平台和学生有效互动交流，正确地利用微信，引导学生学会辨别各种有效的信息，养成良好的阅读习惯，更好地满足学习和生活需求。同时结合学生的专业发展和人生规划，吸收储备有效知识信息，不断丰富学生的精神世界，最大限度地挖掘学生的个人潜力，引导学生积极参与各种校园公益活动，不断增强学生的社会责任意识。德育工作者可以申请自己的微信，添加学生为朋友圈好友，及时了解和掌握学生的生活和思想动态。同时学校可以针对学生实际，建立专门的微信公众号，建立高校微信平台，组织专门人员进行管理，及时与学生互动。

微信为高校德育开辟了一片新天地,尽管微信中还存在着一些诸如暴力色情等不和谐的因素,但是微信因其自身所具有的德育功能,使得它能够而且也应该成为高校德育的新载体。

参考文献:

[1]刘建萍.加强微信在高校思想政治教育中的作用[J].黑龙江高教研究,2014(7).

[2]赵昕.微信对大学生思想政治教育的影响及对策研究[D].武汉:武汉工程大学.2013.

[3]杨敏.微信对大学生思想政治教育的挑战及应对策略研究[J].思想理论教育.2012(11)

(文/护理学院 张素琼)

第五章

就业创业指导

"卓越计划"培养下的大学生就业竞争优势分析
——以广东医科大学为例

"卓越工程师教育培养计划"(简称"卓越计划")是国家教育部贯彻落实《国家中长期教育改革和发展规划纲要(2010－2020年)》和《国家中长期人才发展规划纲要(2010－2020年)》的重大改革项目,也是促进我国由工程教育大国迈向工程教育强国的重大举措旨在培养造就一大批创新能力强、适应经济社会发展需要的高质量各类型工程技术人才,为国家走新型工业化发展道路、建设创新型国家和人才强国战略服务,对促进高等教育面向社会需求培养人才,全面提高工程教育人才培养质量具有十分重要的示范和引导作用。

广东医科大学于2014年在信息工程学院2011级信息管理与信息系统专业率先实施"卓越计划",其主要培养目标是:培养适应我国社会发展、医院现代化和信息化建设需要的、实用型工程技术人才和复合型创新人才。以推进高素质、创新型工程科技人才培养模式为改革目标,以培养具有创新思维、复合背景、领导潜质、远大抱负和求是创新精神,能够在未来医疗信息产业发挥一定作用的领导人才和具有相当竞争力的创新人才为使命,为广东、甚至全国培养出一批基础宽厚、富于创新、勇于实践、擅长管理,人格、知识、能力与素质俱佳,富有创新精神和创新能力的卓越人才,致力于成为培养未来医疗信息产业领导人和卓越工程师的摇篮。如今第一届卓越班已经顺利毕业,检验该计划取得成功与否一个很重要的指标是参与该培养计划下的大学生就业质量状况。

一、培养模式

采用"校、企、院"三方联合培养的"3+1"模式,即在学校完成 3 年基础及专业基础教学工作,在企业或医院完成 1 年专业课程、课程设计、实践课程、毕业设计和毕业论文答辩等学习任务。

(一)校内培养阶段

信息管理与信息系统专业学生从大一到大三期间按照教学计划在校内进行培养,将全部基础课程、医学课程、专业基础课程以及绝大多数专业课程集中在 3 年内完成。在校期间,课程设置较多实践课程,其中重要的专业课程(数据库原理与应用、数据结构、数据库开发技术等)开设课程设计,采用工程驱动或项目驱动教学方式,培养学生的兴趣,充分调动学生的主观能动性,积极引导学生尽早从事设计、研究活动。

(二)企业、医院培养阶段

在企业和医院培养阶段,主要完成专业课程、课程设计、实践课程、毕业设计和毕业论文答辩等。由企业和医院选派富有实践经验的工程师对学生讲授高级软件开发、医院信息系统、软件工程(含软件测试)、医院信息系统新技术与应用四门课程。课程设计、实践课程、毕业设计和毕业论文答辩,由学校、企业和医院三方人员共同完成,由三方导师共同指导学生在企业培养阶段的学习与实践,并由三方导师共同为学生确定课程设计或毕业设计课题,指导学生的课程设计或毕业设计,每个联合培养单位由 1 位学校导师、3 名医院导师和 5 名企业导师负责。培养过程中,企业负责相关医院工作流程和信息系统的开发,并联合医院讲解医院信息系统的实际使用情况、实施与维护的相关内容。医院企业必须按照企业-医院配对方式,按照教学计划安排学生到医院相关科室轮转,以深入了解医院的相关工作流程和信息系统的实施情况,让学生充分了解企业和医院信息系统设计、开发、实施及维护各个环节的技术及应用情况。

二、就业竞争优势

当今社会是一个以市场经济为主体的竞争型社会,大学生毕业时将面临巨大就业压力,在就业求职过程中关注毕业生就业竞争力开发,缩短就业竞争力品质与社会要求之间的距离显得尤为重要。"卓越计划"的实施意在提升学生的工程实践能力、创新能力和就业竞争力,增强学生的发展弹性,拓宽未来就业范围,推进我国高等工程教育的发展。广东医科大学 2011 级信息管理与信息系统专业共有188名学生,其中62名同学参加了卓越班,126名同学未参与卓越计划。通过就业率与专业对口率、单位对毕业生的认可度、学生的满意度,毕业生待遇以及毕业生就业职位五个角度来分析"卓越计划"培养下的大学生就业竞争优势,笔者作为2011级信息管理与信息系统专业辅导员,全程参与了"卓越计划"的实施,能确保就业数据的真实可靠性。

(一)就业率与专业对口率

截至2015年9月1日,初次就业率显示,卓越班就业率100%,非卓越班就业率98.5%。卓越班与非卓越班相比并没有明显变化,之间相差1.5个百分点;其次,在就业率相对稳定的前提下,卓越班的就业专业对口率是100%,非卓越班的专业对口率是88%,相差12个百分点。由数据得知,经过一年的"卓越计划",卓越班与非卓越班的学生就业率没有产生明显的变化,但专业认同度有所提高,专业对口率就业人数增加。

(二)用人单位认可度

在对15家用人单位的问卷调查发现,对卓越班同学的认可度是98%,对非卓越班的认可度是82%,两者相差16%。主要体现在毕业生的责任心、解决问题的能力、创新能力、团队合作能力、沟通能力等方面,因此"卓越计划"不仅对学生的专业水平有促进作用,对学生的综合素质发展、解决问题能力的提高都有益处。

(三)学生满意度

92%的卓越班的学生认为进入企业实习有利于专业能力的掌握和锻炼;80%的认为经过卓越计划后就业机会确实增加,而且会考虑选择与行业项目相关的职业;40%的学生承认今后不管工作如何变动,其职业总是与在校期间获得的工作经历密切相关;35%的学生通过计划实施获得了专业性技术性很强的工作。由此可见"卓越计划"对学生的行业认同度,行业适应能力以及专业水平的提高具有极大的提升作用。

(四)待遇

卓越班毕业生的平均薪酬为5200元每月,非卓越班的平均月薪为3600元,相差44.44%。由此可见,经过"卓越计划"培养下的学生更能够赢得更高薪的职位,拥有比非卓越班更先发制人的优势。

(五)就业职位

从就业职位来看,卓越班有60%做开发工程师,40%是实施工程师;而非卓越班只有20%做开发工程师,80%做实施工程师。开发工程师需要毕业生拥有更高的专业能力,这反映出"卓越计划"对大学生专业水平的提高有一个巨大的促进作用,卓越班学生比非卓越班学生拥有更强的开发能力,能胜任更高一级职位。

三、"卓越计划"培养下的大学生高质量就业原因分析

通过以上数据分析,我们可以看到卓越班在用人单位认可度、学生自己的满意度、待遇以及就职岗位等方面都比非卓越班具有明显的竞争优势,其原因有三个方面:

(一)培养模式迎合社会需求

传统的教育培养模式,在一定程度上脱离了企业的实际需要,学生理论知识较为丰富,但是动手能力弱,理论联系实际的水平较低,纸上谈兵的现象较多。然而好多企业在人才招聘的过程中,将有工作经验排在招聘的首位,大学毕业生刚毕业哪有较多工作经验可谈,出现了企业招不到合适的人,毕业的学生找不到工作的不良现象。卓越工程师的培养方式很好地解决了这样问题,根据企业和行业的要求,有针对性地为企业和行业,培养真正有用之才。卓越工程师在培养计划制定之前,就充分考虑到社会和市场对某一方面工程人才的需要,并围绕这一目标开展一系列的人才培养工作,培养出的工程师必将受到企业和社会欢迎与认可,这样的毕业生在就业的时候就占有较大的优势,在该行业里找一份比较理想的工作就比较容易,专业对口,实践经验丰富,创新能力强,为高质量就业增加了较重的筹码。只有符合社会需求的就业,才是实现高质量就业的前提。

(二)注重能力培养是高质量就业的保障

当代大学生应该注重学习能力、掌握信息的能力、创新能力培养的能力。学习能力是学会如何学习,掌握有关技巧,培养各种学习的方法和能力。随着技术发展的速度越来越快,知识爆炸时代的到来,知识更新的周期在不断缩短,因此,除了学校传统教授的学习方法之外,必须注重学习能力的培养,学会主动学习,以点带面快速吸收和消化所需的各种知识。卓越工程师在培养的过程中,通过实践发现问题,思考问题,解决问题,有利学生将被动的学习,转化为主动地思考和研究。比如,在实践的过程,遇到解决不了的问题,必须进行主动思考和分析问题出现的原因,找到问题之所在,才能实践中问题,这一过程有利于培养学生的学习能力。掌握信息能力就是能够通过眼花缭乱的各种现象,以最快地捕捉对自己有用的知识。处处留心皆学问,拥有大量信息,并对纷繁复杂的信息进行细致处理,大处思考,细处着手,细节决定成败,谁就会在从事的行业占据优势。卓越工程师在实践的过程中,可以充分利用实践中出现的小问题,引出大思考,引导学生要及时

主动获取专业内的大量信息，为自身的发展和行业提供创新的"火花"。创新是科学发展的动力，也是行业生存和前行的源泉。培养大学生创新能力，是大学教育的首要任务。因此在培养学生的过程中要鼓励其在学习和继承现有成果的基础上，勇于打破常规，对现有的知识存有质疑，要敢于思考、敢于实践，独辟蹊径，不断发现和创新知识，推动自身技能的不断提升。卓越工程培养的过程就是实践的过程、思考的过程和创新的过程，卓越工程师的培养模式有力激发学生的创新能力。具备学习能力、掌握信息的能力和创新能力的高素质、高技能的工程人才，必将是社会所需，行业所盼，企业所聘之人。实现学生高质量就业就是水到渠成的事情。

（三）校企合作完成了高质量就业的无缝对接

卓越工程师培养，是在校企合作的基础上，是学校参照行业标准制定人才培养方案，目标是为了学生的培养与企业的发展需求相适应。校企合作对学生的高质量就业主要表现在以下方面：校企合作，是学生就业的铺垫。校企合作能够使大学生在培养的过程锻炼出"半社会人"，在校企合作的过程中了解企业，在生产第一线，逐渐了解和熟悉相关的生产工艺和技术，了解和认知社会。在校企合作的过程中理论与实践相结合了，在动手能力、实践能力和创新能力提高的同时，也为以后就业打下坚实的基础。企业是为了解决企业需要的人才，为企业的发展提供人才保障，学校是为了实现学生有效地高质量就业，校企合作就搭建了双向平台。因此，学生在毕业后即可立即参加企业工作，实现了就业的无缝对接。校企互动，这种以社会需求、市场需求、企业需求为导向的人才培养模式，必将促进学生的高质量就业。

（文/信息工程学院　温晓年）

大学新生职业规划意识培养方法

大学新生刚刚经历过紧张的高考，在高中阶段，学习目标明确且单一，都是为了考上理想的大学。而进入大学后，一切发生了改变，他们当中有些庆幸自己考上了心仪的大学，而有些还沉浸在高考没能如愿的失落当中。在这种情境下，新生的思想较不稳定，大多处于迷茫当中，不知道自己该往哪儿走，久而久之就容易失去方向。大学是相对自由、开放的地方,它的诱人之处也就在这,大学生离开家庭,开始了真正的住宿生活,追逐梦想。但是,由于他们长期处于一种应试的教育和环境中,所以在做选择的决定时,表现出不知所措,甚至不清楚自己可以做什么,该怎么做。而职业生涯规划正是解决这一难题的。

大学生职业生涯规划是指大学生在进行自我认知和对客观环境认知的基础上,进行自我定位,确立职业目标,选择职业路径,制定相应计划并采取积极行动以达成职业生涯目标的过程。大学新生时期是大学生从中学到大学身份过渡和角色转变的重要阶段,也是职业生涯的早期准备阶段,因此,在大一新生中进行职业生涯规划教育尤为重要,特别是增强其职业规划意识,引导学生准确地进行自我认识和对职业环境进行探索,并初步确立职业目标,成为该时期的重要学习和实践活动之一。

一、大学生新生职业规划意识培养的必要性

凡事预则立,不预则废。大学是人生重要的阶段,也是容易迷失自我的阶段,对于新生而言,有了奋斗目标才会更加坚定地去迎接挑战。

观念决定意识,意识决定行动,行动决定效果。正确的职业观是职业生涯规划过程中的开始,在大一新生中,我们从一开始,就要灌输和引导正确的、积极的、正向的职业价值观。根据马斯洛需求层次,我们可以对职业价值观进行全面的分析。职业,从生理的需求上来分析,它可以给予我们生存的物质条件,通过从事某一职业的工作,获得一定的报酬,从而去获得生理的需求;同时,职业给予我们一定的安全感,让我们感知,通过劳动去获取安全的需求;再次,在从事某一职业的过程中,我们会与人们发生一定的社会关系和交往,从而满足我们对社交的需求;在职业发展的过程中,我们的地位和荣誉不断提升,获得社会的认可,满足尊重的需要;最后,在追逐职业生涯目标的过程中,逐渐满足了自我实现的需求。职业生涯规划意识的培养,能让学生在进行自我认知和对环境认知的基础上,做到知己知彼,逐渐提升自我,扬长避短,塑造趋于完美的人格;同时,更是为大学新生在大学入学适应期拨开迷雾,逐渐明了发展方向,牢固专业思想,从而知道如何去努力。

二、新生职业规划意识培养的方法及内容

新生职业生涯规划意识的培养过程中,教师需要结合大学新生的特点,结合本专业特色,比如,在药学专业中,根据药学的专业特色,药学专业五个发展方向——医药研发、药剂学、临床药学、医药贸易及医药管理等,根据全人教育的理念对学生采取有针对性的培养。离开专业或者行业的职业规划都是危险的,不可取的。

新生职业生涯规划意识的培养可以分步骤,分段进行,如下图所示:

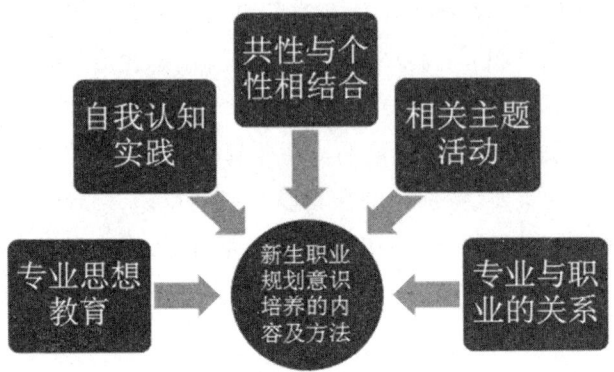

大学新生职业规划意识的培养,主要从专业思想教育、自我认知实践引导、共性与个性培养相结合、开展相关主题活动四个方面入手,在培养的过程中,注意引导学生处理好专业与职业的关系。下面,就这几个方面进行阐述。

(一)了解专业,牢固专业思想

大学新生进行职业生涯规划意识的培养,首先要解决新生对大学里"学什么"、"为什么学"的疑问,也就是开展专业思想教育。新生进入到某一个专业,可能是在报考志愿的时候了解到该专业的发展前景好,但至于"好在哪里"尚不清楚;或者是因为分数问题,只是想读大学,不得已而来到该专业。第一种情况的新生是认可专业的,至少是接受的;而第二种情况的新生处于"什么都不知道"、"什么都不了解"的情况。因此,我们必须在开学初,就让他们了解本专业究竟学习什么,毕业后能做什么,通过深入了解专业的学习和专业走向来消除他们的疑虑。

首先,通过专业情况及专业发展历程的介绍,使学生了解所学专业的历史渊源、基本情况、发展现状和未来趋势,清楚本专业的课程安排和具体要求,方便学生在选择职业路径的时候清晰地把握方向。也可以安排专业名师面对面活动,通过专业教师、教授与新生的亲切座谈,让新生对专业有更加深刻的认识。

其次,通过对近年来本专业毕业生的就业形势,优秀毕业生的发展状况的介绍,激发学生对本专业的兴趣,明确学习目标,促使新生更好更快投入到专业学习中去。也可以邀请校友或者高年级学生与新生进行面对面的交流,或者通过新老生联谊的方式,进行一对一的深入交流,让新生在短时间内了解专业,走进专业。

这对于职业生涯规划的目标确立具有直接的促进作用。

（二）共性与个性培养相结合，设立年级愿景进行目标管理

在新生中，如何从整体上去培养学生的共性，同时又让学生充分发挥个性呢？我们借用了愿景的目标管理方法。愿景，指所向往的前景（《现代汉语大词典》（第5版）），是人们永远为之奋斗希望达到的图景，它是一种意愿的表达，愿景概括了未来目标、使命及核心价值，是最终希望实现的图景。它广泛应用于企业管理中，在激励员工和提升组织荣誉感方面起着重大的作用。新生的管理也需要寻找一种能够有效激励其自觉成长，并为年级荣誉感而努力的有力工具，愿景恰好符合这一点。笔者在新生报到前就将新生都拉进QQ群，引导新生进行讨论，集思广益，让新生自己来思考他们读完大学后希望成为什么样的人，最终确定年级的愿景为——"勤思、乐学、能言、善和"，涉及思想、学习、生活和行为各个方面。并不断为学生提供目标实践的项目，比如推出了能言计划、盲打计划、年级通讯机制等一系列的实践活动，鼓励学生从年级愿景出发，设立个人目标，采用目标管理的方式，每周、每月、每学期对照自身目标完成了哪些步骤。年级愿景的提出，与职业规划中的目标设立与计划实施、反馈修正是相吻合的。新生在实践和体验年级愿景追求和实践的过程中也渐渐增强了职业规划意识，同时能够进一步思考自己的职业规划方向和计划。

（三）自我认知，提高独立思考能力

自我认知是大学生职业生涯规划的前提和基础，大学新生只有清楚地认识自己，知道"我是谁""我能做什么？""我适合做什么"，全面评估和分析自己，了解自己的兴趣爱好、职业性格、职业能力起点以及自己的优势与劣势，才能够根据职业环境所存在的机会与挑战去确立自己的目标和职业路径。在中学，往往是教师告诉学生该做什么，可以做什么，而大学里，大学新生需要进行角色转换，变被动为主动，积极去探索自己可以做什么，适合做什么，然后为这个目标需要付出怎样的努力。

在自我认知中，常用的方法有橱窗分析法、自我测试法和计算机测试法，可以引导学生利用科学的表格来测试自己的职业性格、职业兴趣、气质、价值取向等，但也要让学生清楚，测试并不能百分百准确，有时候因为工具使用过程产生的误差，可能会出现跟事实有偏差的地方，还要根据自身的观察和个人成长过程进行客观的分析，去验证测试的结果。

（四）通过主题活动，逐步培养职业规划意识

意识的培养不是一蹴而就的，需要一个相对漫长的过程。要提高新生的职业

规划意识,可以从新生教育活动,到职业规划大赛,再到主题年级大会,层层递进。在新生期,开设《大学生职业生涯规划》课程,并借助课程的平台,开展职业生涯规划大赛,让学生体验职业规划的全过程,并以职业规划书作为成果展示。在大赛的宣传阶段,是提高新生职业规划意识的最佳时机,弱化比赛的结果,着重全员的参与,为每位学生配备指导老师,进行个性化的指导。而在主题年级大会中,可以设置一些诸如:《五年或十年后的我》、《礼仪面对面》等,不断地强化职业规划意识,使新生在尽量短的时间内进入职业规划的角色。

(五)正确处理好专业与职业的关系

在我们引导学生做职业规划的时候,很可能会出现学生通过自我认知探索出来的职业与其目前所学的专业不相符合的情况。这个问题如果引导不好,会直接导致学生对本专业厌学,甚至盲目追求理想而辍学或者没法顺利毕业。因此,职业指导师在引导的时候必须把握住原则和方向,正确引导。比如,在药学行业中,也有完整的职业体系,如果学生的规划路线不是技术类的,也不是销售类的,而是管理类的,那我们可以鼓励学生往药学类单位的管理岗位靠近,而且要指明,职业规划不等于一步到位就业,而是设立一个职业目标,然后一步步靠近。灌输"兴趣+行业=成功"的理念,也就是说,鼓励学生在目前所学专业的行业领域里,找到与自身职业性格、职业价值观等相关联的职业,建立在一定专业背景下的职业发展之路会更加平坦。

提高大学新生职业生涯规划意识最终的目的是希望大学生能够根据个人的职业目标,制定切实可行的职业规划和职业路线,并不断进行探索和计划实施,在行动实施的过程中对计划进行反馈修正。职业规划意识的培养重在引导新生更好更快地适应大学生活,同时也从全人教育的角度去最大化地实现个性化教育和促进学生全面发展。

参考文献:

[1]李吉庆. 浅谈大学新生职业生涯规划教育的必要性及内容[J]. 吉林工程技术师范学院学报. 2010年3月:55-56

[2]马骏. 大学新生职业生涯规划意识培养研究[J]. 时代教育. 2015年1月:100

[3]常雪梅,陈靓慧. 大学新生职业生涯规划存在的问题及对策研究[J]. 中国电力教育. 2009年9月上:167-169

(文/药学院 林丽霞 丁喜生)

高校创新创业教育存在的问题与建议

教育部在《关于大力推进高等学校创新创业教育和大学生自主创业工作的意见》中,提出了"创新创业教育"的概念及要求,这是高校开展创新创业教育的指导性文件。在大众创业、万众创新的新形势下,开拓高校教育新理念、推进创新创业教育已成为高等教育改革的重要内容。探索大学生创新创业的方式和途径将成为解决高校毕业生就业问题的有效措施。

一、高校开展创新创业教育的必要性

(一)缓解就业压力

高等教育大众化是高等教育发展的大趋势,也是经济、社会发展的必然结果。随着高校招生的逐步增长,每年的毕业生人数也渐渐上升,而用人单位的需求有限,毕业生就业环境严峻,就业形势不容乐观。面对竞争激烈的人力资源市场,大学生要不断夯实理论基础,熟练掌握操作技能,深化拓展未来的职业发展空间。为更好地适应就业环境,高校应帮助学生挖掘自己的创业欲望与创业热情,培养创新精神,具备一定的创业能力,毕业后不仅能解决自己的就业问题,还能为社会创造更多的就业机会,在竞争与发展中立于不败之地。

(二)人才培养模式改革大势所趋

离开校园、初涉社会的大学毕业生,普遍创新意识不强、创业技能培训较少,创新创业能力有待提高。高等教育承担着培养高级的专门人才、促进科技文化发展的重大任务,为提高办学质量,创造更多的就业机会,就要促进学生全面发展,培养适应新时期的各类人才。开展创新创业教育能让大学生学习基本的创业知识,掌握一定的创业技能,培养创新意识,增强创业能力,通过学习与实践,大学生可具备更强的竞争力和生存力。因此,积极推动大学生创新创业教育,培养创新型高素质人才,推进高校人才培养模式改革,是顺应时代潮流、响应国家号召的必然举措。

(三)大学生成长成才的内在需求

随着时代的进步和社会的发展,高校文化也在逐步形成多元化发展趋势,在中西方文化、思想的交流和碰撞过程中,大学生们更注重个人意愿的表达、自我价值的实现。在电商、微商迅速崛起的背景下,越来越多的毕业生倾向于通过创业来完成自己的梦想,他们不仅仅是求职者,也是工作岗位的创造者。显然,在校期间单纯的专业知识技能教学已经无法满足大学生的实际需要,创新创业教育已经成为大学生成长成才的必然需求。

二、高校开展创新创业教育存在的问题

(一)创新创业教育定位模糊

我国高等院校一直致力于培养综合化的研究型人才,高等教育普遍注重专业教育,缺乏对学生综合素质的培养,多数高校没有创新创业教育的理念,没有对学生开展创新创业教育。为了缓解就业压力,解决大学生就业难的问题,我国高校被动的开展创业教育,注重形式、忽视内涵,高校创新创业教育的学科定位模糊、地位边缘化,并未成为主流教育体系中的组成部分。一方面,部分高校存在功利性创新创业教育观念,将创新创业教育当成"企业家速成班",教育管理者也大都认为创新创业教育只需指导小部分致力于创业实践的大学生,没有真正理解在教学层面实施创新创业教育的内涵及其价值。另一方面,对于"创新"的研究,仅仅局限于科学技术方面,并不注重创意型创业与社会生活的创新。其实,在实际生活当中,社会意识的创新、思想观念的创新、生活方式的创新更为重要。

(二)创新教育与专业教育脱节

目前,创新创业教育仅仅是政府下达给各高校的政策要求,高校的创新创业教育大都走形式主义,并未将创新创业教育纳入专业教育的人才培养体系之中,创新创业教育与专业教育脱节,独立开设的创新创业类课程与专业学习连接不紧密,偏重创业技能训练。我国的创新创业教育起步较晚,课程设置随意性大,与专业教育体系结合不够,学校的学科建设规划、人才培养目标、师生激励导向、质量评价体系也均未将创新创业教育纳入。然而,创新创业教育并不可以孤立进行,它是以专业教育为载体的一种多层次教育形式,通过在专业教育中渗透创新创业教育的理念,根据创新创业教育的目标设置专业课程的内容,形成系统化的课程体系,培养大学生的创新意识、创新精神,学习创业知识,提高创业能力。

(三)创新创业教育的资源缺失

高校开展创新创业教育的资源缺失主要表现在师资、教材、资金、教学用地、教学方式等方面。其中,师资是开展创新创业教育的核心要素,是开展教学、开发

课程、教学改革的关键所在。创新创业教育的特殊性要求从业教师既要有牢固的理论基础,又要有一定的社会阅历及创业实践经验。目前,我国高校的创新创业教师队伍数量严重不足,师资资源缺乏整合与协调。教材的使用方面,以国际劳工组织编印的 SIYB 培训课程为主,基本是翻译和借鉴国外的教材,缺乏本土化的优质教材,已经开展的创新创业教育课程对于教材的选用比较受限,缺乏系统性和科学性。从支持力度上看,创新创业教育课程的开发缺乏专项资金、没有专用场地,只能针对少数学生,教学效果不佳,难以达到教学目的。

三、对高校开展创新创业教育的建议

(一)转变高校教育理念

跟随时代的脚步,高校应该认识到创新创业教育对于缓解毕业生的就业压力、培养大学生的创新精神、提高创业实践能力有重要的作用。此外,创新创业教育对于学校的发展、社会经济的发展也有重要的意义。可以说,创新创业教育有利于培养具有学校特色的人才,有利于拓宽毕业生的发展前景,是新时期多元化发展的必然要求。转变高等教育理念,积极开展创新创业教育,要贯穿高校人才培养的全过程,培养大学生的创新精神和创业意识,鼓励大学生敢于创新、敢于开拓、敢于实践,借助政府、企业等力量,整合资源,营造良好的市场氛围,将外力支持内化为实践动力,培养创新型人才。

(二)与专业教育有机融合

科学规范的课程体系是保证教学效果的前提和基础。因此,教育主管部门应明确创新创业教育的学科地位,促进创新创业教育与专业教育体系的有机融合,将创新创业教育纳入学校主流教学体系,贯穿人才培养全过程,从培养目标、教学计划、课程安排、师资配备、实践活动等方面统筹安排,使高校开展创新创业教育有据可依,将全体大学生纳入创新创业教育的对象,系统地向学生传输创新创业的理念和知识,注重实践,让学生在实际操作过程中领会创新创业教育的意义。同时,树立终身教育和素质教育的理念,避免教学内容偏窄、偏专,文理融合,重视通识教育,结合学科优势,提倡在研究中学习、在开发中学习、在网络中学习,引导学生建构适应社会发展的知识体系,不断提高学习能力。

(三)打造高素质教师团队

教师是创新创业教育的一线执行者,打造一支理论知识扎实、实践经验丰富的高素质教师团队,是高校开展创新创业教育的关键要素。一方面,可以让在校

教师深入企业调研学习,通过产、学、研一体化实践体验创业过程,交流分析案例,提高教育能力。另一方面,可鼓励有合适项目的教师带领其他教师、学生一起积极创业,培养一批"创业型教师"。也可以聘请优秀校友、成功企业家担任高校的兼职教师,配合在校专职教师的教学工作。高校应从教学考核、职称评定、经费场地等方面大力支持,鼓励教师参加创新创业相关课程的学习和研讨会,积极开展理论及实践研究,有计划地组织教师团队外出考察,搭建师资交流平台,形成多元化创新创业教育师资团队。

(四)搭建创新创业服务平台

实践性是创新创业教育的最大特点,大学生只有经过创业实践训练,才会更加明确自己的目标,创业信念也会更加坚定,更有利于创业精神的培养。因此,高校应该加强创业实践基地的建设,成立创新创业服务中心,以实践活动为载体,为学生的创新创业实践提供实战演习场地、实时监督指导、场地资金扶持,充分发挥高校的教学、指导和服务作用。另外,还要整合校内外资源,与政府、企业、中介机构合作,为大学生提供人力资源、金融会计、管理咨询、评估策划等增值服务,搭建融资平台,与风投机构建立合作关系,在政策的扶持下,为大学生创业提供信用担保、招商引资等服务,逐步形成完整的创业孵化支撑服务体系。

参考文献:

[1]李家华,卢旭东.把创新创业教育融入高校人才培养体系[J].中国高等教育,2010(12):9-11.

[2]王占仁.高校创新创业教育观念变革的整体构想[J].中国高等教育,2015(7):75-78.

[3]王占仁."广谱式"创新创业教育的体系架构与理论价值[J].教育研究,2015(5):56-62.

(文/学生工作部　匡思蕾)

广东省医学生职业生涯规划现状分析

大学生职业规划已经成为当代大学生必须面对的人生职业设计。我国职业生涯规划教育与指导刚刚起步,教育工作者、大学生对于生涯规划的理论和应用还不十分了解。国外在这方面的研究工作已经有几十年的积累,而且很多国家的生涯规划教育是从小时抓起的。我国对这个问题的认识首先是从教育体制改革、大众化教育普及以及高校扩招后大学生就业工作市场化带来的一系列问题开始的。因此,大学生成为国内目前进行生涯规划教育最迫切需要的对象,大学生对于自我认知的渴求和自我发展的强烈愿望也使这一问题成为其自我发展的愿望。

一、研究内容和方法

（一）研究内容

本文以广东省普通高校学生为调查研究对象,通过研究探讨广东高校医学专业大学生的职业生涯规划现状,为广东省医学专业大学生的生涯发展、生涯设计、生涯指导提供理论依据。

（二）研究方法

1. 文献资料法。通过阅读大量国内外有关职业生涯规划和发展的理论和应用研究的文献,吸取和利用前人研究成果,依据对已有研究资料的理解,分析和推理,确定研究的必要性和可行性,明确本课题的内容和方向。

2. 问卷调查法。本文针对研究目的,在查阅了大量职业生涯规划相关文献的基础上,通过走访生涯规划方面的专家、教授,征求专家意见,确定问卷测试指标。

3. 访谈法。根据研究的需要,采用了面谈、电话访谈等形式对广东省各高校的专家共12人进行调查和咨询,全面了解广东高校医学生职业生涯发展规划问题。

4. 数理统计法。问卷调查所有数据通过 Excel、Spss12.0 等应用软件进行处理和统计分析。

二、大学生职业生涯规划概述

（一）大学生职业生涯规划的定义

大学生职业生涯规划是指大学生通过自我评估和环境因素的分析，结合职业理想与职业生涯的预期，在学校相关部门和人员的帮助下，规划大学学习、生活、工作，提高综合素质与就业竞争力，为未来的就业奠定良好的基础。实现大学教育与市场需求的无缝对接，实现个体全面的人职和谐。大学生职业生涯规划的实施主体是学生本人，学校应当在学生实施过程中给予全面的辅导与条件保障。

（二）大学生职业规划的方法

作为一名大学生，在每个人的心里，可能都不同程度地勾画自己的未来职业蓝图，由于缺乏系统的规划，缺乏努力发展的目标、方向和动力，进入社会以后觉得更加迷茫，导致自己的生涯道路越走越茫然，为了避免这种情况，他们需要了解和掌握科学的职业生涯规划方法。

1. 便捷式生涯规划法

便捷式规划法是伍德在1990年提出的。便捷式职业生涯规划法是对一般人常用的规划法，通常有七种，分别是：

1. 自然发生法：就是按时间的延续，就着自然环境，顺其自然地发展。
2. 目前趋势法：随大流，盲目投入新兴的热门行业。
3. 最少努力法：选择最容易的活法，但却希望最好的结果。
4. 拜金主义法：选择待遇最好的行业，报酬最高的职位，钱多事少离家近。
5. 刻版印象法：以性别、年龄、社会地位等刻板印象来选择工作。
6. 橱窗游走法：走马观花浏览一番各种工作场所，在选择最顺眼的工作。
7. 假手他人法：把未来交给他人来决定。

以上的便捷式生涯规划法通常被称为知识导向、配合导向、人群导向，优点在于省时省力，不用花费太多的精力和心思，在短时间内的效率较好。但无法根据个人的能力、特征做出长远的规划，在将来的生涯中面临的风险较大。

2."三角模式"规划法

三角模式的职业生涯规划法是美国伊利诺大学的斯威恩教授为了帮助大学生对自己的职业做出良好的规划提出的。斯威恩认为，职业生涯目标的决策来自"自我"、"环境"、"教育与职业"三个方面的依据。他认为，职业生涯规划的过程，就是通过价值观、个人兴趣、个人风格的自我评估，结合对来自家庭和所在环境等社会背景的帮助和阻力的分析，再根据自己教育与职业的实践、考察中树立起来的榜样,逐渐发展对自己职业生涯的认同,最终建立起自己的职业生涯目标。

(三)大学生职业生涯规划的步骤

1. 认识自我

职业生涯规划的目的不仅仅是为了找到一份理想的工作,更为重要的是帮助个人真正了解自己,为自己制定生涯发展的计划,是为了筹划未来,拟定一生的发展方向。了解自己个性、智力、各方面工作能力,如沟通能力、表达能力、领导能力、管理能力等等;还要进一步了解自己的价值观,设计一个目标,符合自己的特点,同时符合所在的组织、公司、学校的目标,达到个人与企业(组织)目标的双赢。正确地认识自我加上合适的成长机会,就会实现个人的成长目标。

2. 确定职业发展的目标

在认识自我、了解社会的基础上,要从自身的实际情况和社会的需要出发,确立职业生涯发展的方向和目标,明确达到职业目标需要具备的素质和实现目标的优势和困难,职业方向与目标的确定,这是生涯发展的核心与前提。

3. 对生涯规划实施行动

没有行动就不能达到目标,更谈不上事业的成功。实施行动是对已经规划了职业发展目标进行落实所采取的具体措施。在个人职业生涯发展体系中,实施行动是最关键的环节。不论你说得多好,发展目标确定的如何完美,计划定得多么详细,假如你不去实践,不对所定目标付诸实际行动的话,计划还是计划,目标永远还是目标,是绝对不会实现的。即使你做出了努力,向你的目标前进的时候,也要不断的提高学习能力,提高自身能力水平,你的生涯发展目标才可能最终实现。

三、广东高校医学专业大学生职业生涯规划现状

(一)医学专业大学生对职业生涯规划的认识

在查阅文献的过程中发现,没有发现医学专业大学生职业生涯规划方面的文献。出现这种现象首先可能与高校职业规划教育的缺失有关,再者就是医学生职生涯发展的轨迹比较单一,与认为有无规划无所谓的态度有关。表1是广东高校医学生关于对职业生涯规划的认识与态度问题的调查结果。

表1 职业生涯规划的认识与态度调查表

年级	人数	非常重要(%)	重要(%)	不重要(%)
2006	197	34/17.25%	70/35.53	93/47.20
2007	195	27/13.84	64/32.82	104/53.33
2008	188	22/11.70	51/27.12	115/61.17
2009	174	8/4.59	22/12.64	144/82.75
总计	754	91/12.06	207/27.45	456/60.47

表1的调查数据显示,广东高校医学大学生对职业生涯规划的认识不够重视,总体表现不容乐观。超过六成的同学认为职业生涯规划不重要,对职业生涯规划不重视。从各年级来看,2006级毕业班和大三的同学重视程度相对较高,认为职业生涯规划对自己未来职业生涯的发展有帮助,2009级新生和大二的同学的重视程度在四个年级中最低。说明随着大学生活经历的不断增加,同学们对职业生涯规划的认识度在不断提高。也从另一个方面说明,随着年级的提高,学生的就业压力在不断增加,就业思想观念在不断加强,为自己的未来做打算的愿望在不断增加。

(二)医学生职业发展目标确定状况

职业生涯规划通常是在设定发展目标的过程中产生的。职业生涯目标是一个人渴望获得的与职业相关的结果。我们在制定职业生涯发展目标时要把发展目标和行动计划糅合成一个持续不断的过程,如果你的生涯规划遇到了障碍,那么可能是因为你的没有确定生涯发展的目标和行动计划。个人在通过自我评估、环境评估以后,结合自己的职业理想就可以确定自己未来的职业发展目标。通过职业生涯发展目标可以影响个人的行为和表现,它可以确定个人努力的方向和刺激个人的努力程度,最终为实现职业生涯发展确定行动的目标。通过对广东省高校医学生职业生涯发展目标确定状况进行调查显示:广东省高校医学专业大学生职业生涯发展目标确定状况不太理想。医学生总体确定职业生涯发展目标的只占45.09%,其中毕业生和大三同学的状况相对较好。超过70%毕业生和近50%的大三同学确定了职业生涯发展目标。2009级新生状况迷茫,没有确定生涯发展目标的新生超过了80%之多。

(三)对医学专业的了解

每一个人都有一个大学梦,走进大学之前,面对诸多专业,许多学生不免会眼花缭乱,望文生义。进入大学,站在自己人生新的起跑线上,曾经对大学的美好憧憬如一幅画卷展现在你的面前。此时此刻,你对自己的专业了解多少,只能从专业和院系的名称上大概的猜想。而自己对专业的了解包括,专业性质、专业的社会需求、专业培养的目标、课程设置、教学模式、教学方法,自己对专业的兴趣和潜能优势等,都会直接影响自己未来的发展。

通过调查数据显示,广东省高校医学生对专业了解情况较好,超过75%的同学对医学专业相对了解、熟悉,不了解的同学只占总数的20%左右。说明无论是刚进校的新生还是大二、大三、毕业班的学生,对自己所学的医学专业有了较为深刻的认识,也说明近年来大学生更多关注自己未来的发展。

(四)医学专业毕业生职业生涯规划的实施现状

成功就业是毕业班学生最为关注的头等大事。在就业形势日益严峻的今天,大学生及早关注就业,正确分析本专业的就业现状和就业形势,了解国家相关的就业政策、关注就业市场情况,及时调整和完善自己的就业思想,掌握就业主动权是毕业生完成职业探索和职业准备阶段的主要任务。

1. 就业目标确立状况

有了明确的目标,人能激励人们进行努力奋斗。事实证明不少人事业失败,不是他们缺乏足够的知识和才能,而是没有规划好适合自己成长与发展的职业生涯,缺乏明确的人生奋斗目标。确立就业目标是维护良好就业心理的第一步,也是关键的一步。确立就业目标,首先要正确地认识自我,进行自我评估,其次要正确的认识就业形势,对就业环境进行正确评估和认识。综合考虑自身因素和就业环境的状况,确立正确的就业目标,避免过高的心理预期是大学生顺利就业的关键环节。

通过调查数据显示,广东高校2006届医学毕业生近75%的同学确立了自己的就业目标。表明学生对自己未来从事的职业有了明确的定位,初步确立了人生的发展目标,说明大学生主观意识提高了,在自己未来的职业发展方面自主独立性在不断的提高。

2. 毕业生的就业现状

中国社会科学院2009年发布的《经济蓝皮书》指出:2008年底,我国大学生有100万未能就业,2009年有592万名大学生毕业面临找工作,大学生就业问题非常严峻。通过对表16-17的调查数据的统计显示,广东省高校2009届医学生就业率不高,只有40%的同学签订了工作合同,有就业意向的占22%,40%左右的同学没有就业意向。从"对就业单位满意度"的调查数据来看,持满意态度的占44%,32%的同学吃不满意态度,有近24%的同学对就业持为所谓态度,反映了学生就业的急切心理与择业的盲目性,也反映了医学生面临的就业压力较大,先就业,再择业的就业心理状态。

表2 广东高校医学生就业状况调查表 n=197

类别	签约	有就业意向	没有就业意向
人数	79	44	79
百分比	40	22.33	40

表3 广东高校医学生就业满意度调查表 n=34

类别	满意	不满意	无所谓
人数	15	11	8
百分比	44.11	32.35	23.52

四、广东省医学专业大学生职业生涯规划中存在的问题

(一)规划意识不强

大学生职业生涯规划是生涯发展的基础,也是生涯发展的重要步骤。目前,广东省高校医学专业大学生普遍缺乏职业生涯发展规划意识,规划意识不强。调查数据显示,有超过60%的同学人数职业生涯规划不重要,没有进行职业生涯规划的同学占调查总数的50%,既使做了职业规划的,大多数也是短期规划,三年以上长期规划的只占11%。毕业生就业目标的确定,就业信息的获得以网络为主要途径,这种缺乏实践的间接途径在一定程度了影响和制约学生的职业规划的实施,自然也影响了他们的成功就业。

(二)自我评估与环境评估不足

一个正确有效的职业生涯规划,必须是在充分认识自身和正确评估相关环境的基础上进行的。只有充分的自我评估和正确环境评估,才能做好切合自己的生涯设计。从以上调查统计来看,学生进行自我评估和环境评估的状况一般,有67%的医学生没有进行自我发展的职业测评,没有从自己的兴趣、爱好、性格、情感,心理等方面进行适合自己发展的职业测评。有48%的医学生不清楚未来自己将要从事的从业,60%的同学没有关注过未来职业的发展趋势。反映了医学生的职业生涯规划意识的淡漠,对从业环境的职业评估不足的现状。

(三）高校职业指导缺失

高校职业生涯规划辅导，对帮助学生充分认识自我和正确的环境评估，制定个人生涯发展目标，确定正确的职业理性，帮助学生制定合理的学业规划和就业，为学生的职业生涯规划提供系统的指导、咨询和服务具有教育和实施的责任和功能。从对广东高校医学生的调查统计来看，广东省高校对于医学生职业生涯辅导工作开展不够详细、充分，学生对学校辅导工作的认可度不高，有近53%的同学对学校的辅导工作持不满意态度，超过85%的学生认为学校没有为学生的职业生涯规划提供必要的指导。

五、结论

（一）广东省高校医学生职业生涯规划现状不容乐观

规划现状主要存在如下几个问题：1. 规划意识不强；2. 自我认识和环境知识不足；3. 职业生涯发展目标不明确；4. 社会实践活动一般；5. 高校提供的规划辅导不够。

（二）大学生职业生涯规划是学生在主观上充分认识自我

客观上根据自己的专业特长、知识结构、结合就业环境和社会发展的需要，对自己未来从事的职业和所要达到的职业理想所做的设计。它是一个复杂系统的过程，需要学生、学校和社会的共同努力才能完成。本文根据广东省高校医学生的职业生涯规划现状提出有了相应的改进措施，希望为学生生涯发展提供一定的理论指导。

（三）解决广东省高校医学生职业生涯规划现状的对策

本文主要提出了四条改进措施：1. 加强职业生涯规划理念建设，不断提高学生规划意识；2. 不断提高医学生自我认知与环境认知水平；3. 帮助学生设定生涯发展目标；4. 建立职业生涯指导体系，加强规划指导的专业化建设。

参考文献：

[1] 许玫. 大学生如何进行生涯规划[M]. 北京：清华大学出版社. 2006, 3

[2] 徐凌霄、赵金秀. 开展职业锚的研究构筑大学生职业生涯规划[J]. 中国高教研究. 2004(3):42-43.

[3] 戴良铁, 刘颖. 职业生涯管理历史简析[J]. 中国劳动, 2001.

[4] 张冬梅. 大学生生涯规划的现状调查分析与对策[J]. 常州信息职业技

术学院学报.2007(12):95-97.

[5]伊忠泽.大学生涯规划教程[M].吉林大学出版社,2007.

[6]吴薇.就业指导[M].华东师范大学出版社,2005.

[7]汪明春.大学生职业生涯发展与规划辅导的实践探索[J].教书育人,2006,(6).

[8]汪明春.大学生职业生涯发展与规划辅导的实践探索[J].教书育人,2006,(6).

[9]贺淑曼.成功心理与人才发展[M].北京:世界图书出版公司,2001.

[10]http://www.whyrjz.com/jlwz/200912/166.html.

(文/医学检验学院　张晓华)

高校创业型勤工助学模式的实施路径

一、传统勤工助学模式

(一)定义

勤工助学是指学生利用课余时间,在学校规定允许的范围内,参加学校组织的各类体力或脑力等合法劳动,并从中获取相应的经济报酬的实践活动。

(二)传统勤工助学模式的局限性

1. 提供岗位种类和数量有限,工作层次相对较低。目前各高校有限的勤工助学岗位只能为小部分贫困学生提供资助活动,而岗位类型主要以服务型和劳务型为主,缺乏发挥学生的智力和创造力,参加学生热情不高并且容易产生自卑感,工作层次相对较低。

2. 组织和功能尚不健全。勤工助学的构建只依靠学校建设,无法调动学生的积极主动性和能动性,相关机构和制度不健全,缺乏活力和竞争力。

3. 监管人员不足,管理难度大。按相关规定,原则上高校应按师生规模比例为1:18来配备专职工作人员,由于高校编制和学生扩招等问题,大部分高校无法满足这一标准,导致勤工助学工作大多处于疲劳应付状态,造成对学生勤工助学的监督与管理不到位。

4.校外岗位的安全性无法保障。现今社会存在许多诈骗甚至是违法的岗位,由于学校难以监管校外的勤工助学岗位,因此校外岗位存在较大的安全隐患。

二、创业型勤工助学模式

(一)定义

高校创业型勤工助学是指学校在财力、物质上给予支持,指导学生创建的勤工助学实体,由学生负责经营管理,同时进行创业实践的一种较为新型的学生勤工助学活动。它可以包括在校内创建勤工助学实体,由学生自主经营管理,获取一定的报酬。还可以以实体化的勤工助学中心或创业实践基地为载体,通过市场化的手段,以现代企业制度为组织原则,将高校贫困生的人力资源和智力资本投放到市场以产生积极效益、达到贫困生的自立自强、自力更生和自我实现的公益性、商业化的勤工助学运作机制。

(二)创业型勤工助学资助模式的特点

1.实施目标上实现济困和育人相结合。坚持勤工助学与引导学生自我教育、自我管理、自我服务,达到贫困生的自立自强、自力更生和自我实现的育人成效。在消除学生的经济贫困的同时也消除了学生的精神贫困,有效地将高校的勤工助学工作与济困育人目标结合。

2.岗位类型上体现智力型和开拓型的优点。创业型勤工助学通过创建新的实体来创造勤工助学岗位,较高知识含量的岗位设置能充分发挥学生的智力因素和开拓精神,克服传统勤工助学学生的自卑心态,变"输血"为"造血",变"供给型"补助为"经营性"帮助的资助模式。

3.实施主体上全程由学生参与和管理,充分发挥学生的主体性和调动学生的积极性。学校在实施环节中提供一定财务支持、把握方向和给予适当指导。

4.建设形式上参照企业运营模式,学校负责初期投入,在管理和经营过程中学生能得到全方位的创业学习和锻炼。

(三)创业型勤工助学资助模式构建的必要性

1.增加岗位数量,提升助学层次

随着高校的扩展,贫困大学生的比例逐年增长。由于传统的勤工助学岗位数量有限且固定,难以满足增长的岗位需求。创业型勤工助学模式拓建了勤工助学经济实体,将以往的学校"给予"转变为"创造"模式,提供更多的助学平台,满足高校贫困学生不断增长的勤工助学的岗位需求。此外,较传统勤工助学岗位而言,创业型勤工助学岗位是相对稳定的,有一定的周期性、连续性,于此同时提升了勤工助学的层次。

2. 有效缓解贫困学子的心理压力

传统的勤工助学可以起到缓解学生家庭经济困难作用,但是由于岗位知识含量较低,以卫生清洁类型的体力劳动岗位居多,容易使参加岗位工作的学生产生自卑心理。创业型勤工助学主要提供智力、开拓和管理型岗位,知识含量高、富有挑战性,能有效缓解贫困学生的心理和精神压力。

3. 提高报酬,发挥学生积极能动性

传统勤工助学月收入约在200-350元之间,只能勉强补充贫困学生每月生活费需求。面对每年高昂的学杂费和生活费,传统勤工助学微薄的待遇不能完全缓解贫困学生的经济压力。创业型勤工助学岗位的收入与学生的努力与投入息息相关,掌握权在学生手中,经营得好则获利多,而且岗位具有连续性和继承性,能够充分调动学生的积极主动性,在此基础上为学生提供更多的经济报酬。

4. 济困与育人有机结合

勤工助学是实践教学的重要载体,传统的以劳务型为主的勤工助学岗位对于具有专业素质的大学生来说已经缺乏吸引力和挑战性。大学生通过创业型勤工助学活动,能够把专业知识运用到实践当中,锻炼实际工作能力和解决能力,真正做到学以致用。于此同时,在辛苦的创业过程中,学生能够领悟到获得劳动果实的艰辛与不易,更懂得珍惜劳动成果,从中学会尊重他人,培养正确三观,用坦然的心态面对压力与得失,真正实现综合能力的提高。

三、高校创业型勤工助学模式的实践——以广东某医科院校为例

广东某医学院校在开展校内创业型勤工助学工作方面进行了实践,在学生的积极探索下和学校的支持下,开创了创业型勤工助学的雏形。自2014年5月由学校摄影协会运行的印象园以来,学校勤工助学工作初步实现了由"供给型"补助到"经营性"帮助的转变。2015年5月创立了班服设计站、毕业花店、毕业小铺、纸箱供应站等都取得较好的收益,已成为校内勤工助学和育人工作重要的一部分。

(一)岗位设置:开发适合学校特色的创业型勤工助学项目

1. 外语家教服务中心:通过学校外国语学院多语种人才、教育人才对外提供语言和其他学科培训,既锻炼了学生的学术实践能力也丰富了他们的项目管理经历。

2. 印象园:通过发挥学生的艺术才能将学校的美景、校训、重要场景、恩师寄语等制成明信片、戒指等形式加以发行出售,开拓了学校新的宣传方式的同时,也提高了学生对于实际技能的应用。

3. 数字媒体服务中心:提供图像设计、照片冲印、打印等服务,既发挥了学生的特长,也为校园提供了多样化公共服务。

4. 毕业花店/毕业小铺:每年毕业季特别是拍毕业照前后一周,拍摄毕业照现场鲜花的需求量大,饮用水和纸巾的需求量也会增大,为了方便毕业生的需求,同时为贫困生提供自我创业和经营的机会,锻炼销售能力和沟通能力的同时,也能通过自己的努力获得相应的报酬。

5. 纸箱供应站:提供学生下点实习纸箱订购,不仅为下点实习学生提供方便,而且锻炼了勤工助学学生的应对能力和沟通能力。

6. 班服设计站:提供设计班服、球队队服、"三下乡"等社会实践活动队服等,并联系厂家生产。既发挥了学生的设计特长,也为校园提供公共服务,锻炼学生创新能力、沟通能力的同时,也能持续的获得收益。

7. 网店:可以利用网络资源,鼓励学生开设网店,开展网络创业的新模式。例如广东省电商创业大赛,学生团队利用现有的 app 管理网络店铺,无成本、纯收益开展自主经营,大赛还将经营效益排名靠前的队伍给予高额奖金作为奖励。赛后,学生团队依旧可以继续经营自己创办的网店获取收益。

(二)创业过程:学校资助,学生全程参与

组建贫困生自主创业小组,创业项目可由学校提出指定项目或由学生自主筹划项目。筹备工作由学生创业小组进行市场调研、对口实习,经过可行性论证、市场分析以及市场定位,完成调查报告,撰写成创业计划书;在随后的创业项目建设中,从创业设计、计划实施、货源采购、内部管理到销售服务全过程都是由学生自主参与,学生可邀请学校教师作为指导,学校审核预算和项目可行性后给予投资。

(三)项目管理和财务管理

学校对审核通过的项目进行资助投资。若是长期性经营项目,例如班服设计站、印象园等,每月盈利的20%要上交学校,其余为学生盈利,直到学校回收成本后,每月盈利无需再上交学校,全部归学生所有。若是短期经营项目,例如毕业花店/毕业小铺、纸箱供应站等,则获利后要将学校投资的全部本金返回学校,其余的获利为创业小组所有,如果出现亏损,则风险由学校承担。对于盈亏项目要求做调研报告,并开展项目重新申报。

(四) 形成品牌项目

对可行性、适用性高,经营效益好的项目形成学校创业勤工助学品牌。因创业项目具有持续的盈利性,可以填充学校贫困资助体系,为贫困学子提供帮助、学习和锻炼的机会。

参考文献:

[1] 柴江. 高校自主创业型勤工助学资助模式探讨[J]. 农技服务,2014,31(10):160

[2] 陈洋. 通过开展品牌创业型勤工助学项目探索我校贫困生发展性资助新模式[J]. 课程教育研究,2014,(13):22-23

[3] 姚圣梅,肖莉. 创业型勤工助学资助模式研究的回顾与展望[J]. 青年探索,2010,(4):93-96

[4] 张立民,李恩广,李宏宇. 高校创业型勤工助学模式研究[J]. 科教导刊,2013:228-230

[5] 许国彬,杨敏生. 高校创业型勤工助学模式与其济困育人功能的研究与实践[J]. 广东外语外贸大学学报,2009,20(4):228-230

(文/第二临床医学院 林贤桂)

基于校企合作模式的大学生创新创业实践探索

2015年3月5日,李克强总理在政府工作报告中提出,要营造大众创业、万众创新的新局面。通过创业和创新,为中国经济提质增效打造不熄引擎,顺利过渡到经济新常态。大学生自主创业,既可减轻就业压力,又可促进经济繁荣和保持经济活力。各地方政府和高校也陆续出台政策鼓励和支持大学生创新创业,希望以创业带动就业,缓解当前巨大的就业压力。在此过程中,大学生自主创业也存在众多的瓶颈需要突破[1]。

一、高校开展创新创业实践的意义

(一)适应新时代培养人才的要求

随着时代和社会形势的发展,原来陈旧的教育模式已经逐渐不能适应社会和国家的需要,高等教育培养人才的理念和教育模式要不断地进行更新和优化。尤其随着知识经济和全球经济一体化的到来,各国之间的竞争也愈加激烈。各国之间的竞争归根到底是人才的竞争,如何培养出一批有知识有文化同时又具备很强创新创业能力的人才是当前高校人才培养需要重点关注的问题。因此各高校需要尽快转变观念,积极进行创新创业改革,修订人才培养计划和方案,加强对学生创新能力和创业能力的培养,为国家和社会的发展培养适用的人才。

(二)缓解就业压力

2013全国高校大学毕业生人数将近700万,2014年毕业生人数为727万,2015年毕业生人数为749万,大学高校毕业人数创历史最高,堪称"史上最难就业季"。大学生就业人数屡创新高,社会经济下行压力较大,国际经济形势欠佳,公招性岗位招聘数量大量缩减等原因,今后很长一段时间高校毕业生的就业形势将依然十分严峻。为缓解当今高校毕业生的就业压力,鼓励大学毕业生进行自主创业,教育部在《关于大力推进高等学校创新创业教育和大学生自主创业工作的意见》中指出:"在高等学校开展创新创业教育,积极鼓励高校学生自主创业,是教育系统深入学习实践科学发展观,服务于创新型国家建设的重大战略举措;是深化高等教育教学改革,培养学生创新精神和实践能力的重要途径;是落实以创业带动就业,促进高校毕业生充分就业的重要措施"。

(三)激发国家和民族新活力

一个国家和民族失去创新,那么这个国家和民族就会固步不前,失去生机活力。新中国的历史证明,创新是一个国家和民族经济实现跨越式发展的动力。但是,目前我国仍然是一个发展中国家,无论是技术创新能力还是创业能力同发达国家还有很大差距。在一些领域我们的科技水平与发达国家相比,至少要落后二三十年。现阶段,李克强总理提出的"大众创业、万众创新"就是顺应世界潮流,抓住发展机遇,激发国家和民族新活力,实现跨越式发展,缩小与发达国家的差距,提升我国在新世纪国际地位的重要举措。

二、高校开展创新创业实践的现状

（一）对创新创业教育认识不足

创业教育在我国起步较晚，相比于美国、德国、日本等发达国家还处于探索阶段，随着时代和社会的发展，政府主管部门和高校领导对于创新创业教育的认识有所提升，但仍有部分高校并没有把创新创业教育融入到学校的整体教育目标之中，也没有把创新创业教育当做高等教育的重要组成部分，对于创新创业教育在人才培养过程中的定位过低。一方面，创业教育实践在我国的推进，最初的根本目的是为了以创业带动就业，解决大学生就业难的问题，在推动时难免功利性过强，重创业技能而缺创业素质培养、重成功典型而轻普及教育、重结果而轻过程。创业教育定位的功利化使得创业教育的开展缺少了人文精神的培养，忽视了育人功能的实现，这一定位既影响了创业教育在高校的开展和推广，也降低了高校创业教育的质量[2]。同时，由于受传统择业观念影响，家庭以及学生自身对大学生自主创业行为的认可程度较低，尤其是绝大部分的家长都认为子女大学毕业了找到一份体面的工作就算是成功了，甚至会出现认为自主创业是学习失败，没出息的表现，极力反对自主创业的情况。此外，目前高校对创新创业教育的认识还有这样的一个误区，就认为只需要对学生进行创新创业教育即可，但极少关注对高校教师的创新创业教育。据了解，高校绝大部分的教师是没有接受过系统的创新创业教育的培训，更缺乏创新创业的实践和经验。而学生的教育由教师去承担，如果连授课的教师都没有相关的知识和经验，教育的效果可想而知，更别谈开展创新创业的实践。

（二）缺乏创新创业实践平台

想法再好，如果没有付诸实践，那也只是空谈。作为一名辅导员，工作中也曾发现有小部分的同学曾萌生过自主创业的想法，而且有一些切实可行，操作性强的计划，但迫于缺乏相关的实践平台和制度的支持，最后也只能被迫放弃了。缺乏有效的创新创业实践平台目前是制约高校大学生进行创新创业实践的重要因素之一，就算有部分高校积极为学生创造平台，那仅限于诸如举办创业大赛、创业计划书、模拟创业活动等，并未有实战性的创业平台让学生进行创新创业实践，开展真实的创新创业活动。

（三）缺乏完善的创新创业保障机制

虽然我国目前正在大力提倡和鼓励大学生进行创新创业实践，从国家、地方到高校都出台了一系列相关的政策、措施、实施办法为大学生的创新创业实践保驾护航,但在具体的实施过程中仍存在很多障碍,如创业启动资金问题,大学生的创业资金几乎为自筹,得到社会创业资金支持的微乎其微。虽然国家也为大学生的自主创业出台相关的贷款优惠政策,但一些地方在实际操作的过程中门栏较高,设限太多,真正享受优惠政策的大学生是极少的。此外,对于在校的大学生,一旦决定并且开始创业,那么需要花费的时间和经历都是难以估量的。但作为学生,承担着很重的学习任务,如何在学习与创业实践中找到一个平衡点,既不影响学业,又能很好地进行实践,这是困扰着想要进行自主创业学生的关键问题。

(四)创新创业配套服务措施不到位

为促进大学生自主创业有效缓解就业压力,2009年1月国务院发布《关于加强普通高校毕业生就业工作的通知》(以下简称为通知),鼓励和支持毕业生自主创业。通知规定,要强化高校毕业生创业指导服务,提供政策咨询、项目开发、创业培训、创业孵化、小额贷款、开业指导、跟踪辅导的一条龙服务政府出台的政策虽然很好,也是创业大学生所急需的,但它仅仅是指导性的而不是强制性的具体实行与否,执行的程度如何,还要看地方各级政府的意愿。而现实中,为创业者提供指导咨询和服务的机构,无论从数量上还是在质量上都远不能满足需求。该《通知》还强调,有创业意愿的高校毕业生参加创业培训的,按规定给予职业培训补贴年以来,除了一些政策上的优惠外,政府也开始注意为大学生创业提供相应的培训,但是实际上这些培训往往缺乏针对性和实用性,很多培训沦为走过场。还有一些针对大学生创业的配套措施还没有引起各级政府的关注,如很多有意创业的大学生担忧其户口、人事档案、技术职称等问题。如果政府能够提供相应的服务,解决这些大学生创业者所面临的具体问题,则能在一定程度上化解他们的创业压力,增加大学生创业的比率和成功率[3]。

三、基于校企合作的大学生创新创业实践模式的提出

针对目前高校大学生进行创新创业实践的现状及存在问题,同时结合笔者工作所在的广东医科大学信息工程学院正在摸索实行的校企合作模式,借鉴国外针对大学生自主创业的先进理念和做法,因此提出大学生创新创业实践的新范式——校企合作。基于校企合作的大学生创新创业实践模式,即学校与企业共同搭建平台,大学生创新创业者在校企共建的创业平台上,发挥学校、企业资源优势,运用个人知识、技能、经验等,选择创业机会,实现创业交易行为过程。笔者认为,校企合作的模式可以在很大程度上解决大学生进行创新创业的瓶颈问题——创业启动资金问题,

此外，在大学生进行创业实践过程中，企业能为大学生提供有效的创业咨询和创业指导，而这些恰恰是目前在高校比较难解决的问题。因此如何在校企合作模式上达到一个共赢的局面，既充分利用企业的资源解决大学生在创业实践过程中的问题，又能为企业带来发展，这需要学校与企业在长期的合作中不断的摸索与改进。

四、基于校企合作的大学生创新创业实践模式的路径

在"校企合作"环境下开展大学生创新创业，依据大学生创业过程分析，创业活动实施侧重创业环境完善、创业人才培养、创业活动管理三个方面内容。

（一）完善创业环境

创业环境包括创业软环境和硬环境两个方面。软环境指学校创业教育的观念、大学生创业精神、创业认知等内容，是对创业教育的思想认识。学校可以邀请企业人员来校为大学生进行创业教育，或者安排教师到企业接受相关的培训或参与实际的创业，这样可以保证在为学生开展创新创业咨询和指导时的实际效果。硬环境指建立创业者实验室、创业场地等场所，帮助创业者实现创业想法的基本设施、设备等。完善创业环境最核心的是树立正确、积极的创业观念、并制定有利的创业扶持政策。

1. 校企树立"双赢"的创业合作观念。校企双方领导意识到培养大学生创业能力的重要性，并有意识主动地开展创业教育。将学校现有的校企合作内容延伸到"大学生创业方面"，丰富校企合作的内容，并保障双方合作的利益。

2. 制定创业扶持政策。首先，要建立与当地政府相关部门的密切合作机制，将国家现有扶持大学生创业的政策深入宣传到学校，为创业者运用好政策服务；其次学校在校企合作的平台上，深化校企合作内容，校企共同开发大学生创业合作项目，将学生的知识、创新等运用的校企合作中，为大学生创业搭建一个稳定的平台；最后，在教学管理方面，可以借鉴美国的做法，制定灵活的管理制度，实行"学分制"，使创业者学得专业知识的同时能灵活把握自己的时间、有更多精力放在创业方面。

（二）创业人才培养

1. 培养大学生创业精神。创业精神是一个人不以当前的资源为基础，而追求商机的精神，它代表着突破资源限制，通过创新来创造机会创造资源的行为，通过教育引导，使创业大学生具备整合资源的能力，具备吃苦创新冒险踏实的创业精神。这种精神的培养，一方面可以通过企业的实习实践过程来实现，将学生放入企业环境中强化其吃苦耐压踏实的精神；另一方面结合当前的大学生创业竞赛项目，通过竞赛培养其创新能力和整合各种资源的能力。

2. 引导创业认知及动机。大学生创业要有正确的认知和动机,挖掘学生群体中创业成功的案例,树立榜样,影响在校生思考、反省、重新认识创业活动,使学生建立创业的正确认识,调整创业动机。同时,搜集国内外创业成功人士的创业过程,通过网络、纸媒等多种媒体形式将信息宣传、将正确的创业认知、观念、动机等潜移默化地传递给在校大学生。

3. 制订创业培养知识体系。使创业的培养对象、培养内容及培养形式进行规范化,并根据学生的实际情况,开展创业理论与实践相结合的创业教育活动。理论方面,根据创业流程梳理创业必备知识,开展多种形式的创业教育活动,尤其是引导学生自学,学生之间相互学的方式,使学生具备学习的能动性。

(三)创业活动管理

1. 签订合作办学协议、规范企业实践教学活动。校企双方签定合作办学协议,学校根据创业创新型专业人才培养目标,以及学生在校期间的学习状态,与企业共同研讨并根据专业设置专门训练模块,由企业实施训练计划,校企双方明确各自的职责,确保合作任务顺利、友好完成。

2. 学校制定管理制度。学校针对校企合作大学生创业模式,专门制定相应的管理办法,如校企合作创业基地管理办法、校企合作创业实践管理办法、校企合作经费使用办法、校企合作创业考核管理办法等制度。从学校内部规范校企合作下的大学生创业管理,确保大学生创业教育的成效。

3. 企业制定管理制度。企业根据学校与自身管理的要求,制定创业学生管理条例、创业学生学习成绩考核办法、创业学生资金扶持制度等,促进学生在校企合作的平台上创新创业活动开展[4]。

参考文献:

[1] 董丽娜,杨洋. 浅析"互联网+"时代下的大学生自主创业的瓶颈及思考[J]. 轻工科技,2015,8(201):156,168。

[2] 王翔. 大学生创业教育的现状与对策研究[J]. 扬州大学学报,2014,18(6):86-89。

[3] 郭德侠,楚江亭. 我国大学生创业政策评析[J]. 教育发展研究 2013,(7):65-69。

(文/信息工程学院 罗易)

第六章

资助帮扶工作

全面收费背景下研究生奖助激励的问题与对策

21世纪,国与国之间的竞争在很大程度上决定于高端人才的竞争,谁培养了、抢占了更多优秀拔尖的人才谁就更具竞争力。研究生作为科学技术创新的生力军,无疑是这支队伍的主力,高校作为高端人才的主要培养基地,如何更好地激励他们努力从事科研活动以达到成才的目的,充分发挥奖助体系的激励机制是关键。随着我国研究生教育规模的扩张,国家财政已经不足以承担所有研究生的教育费用。对研究生收费制度进行改革,实施全面收费,有助于缓解研究生教育经费投入不足,缓解日益增长的研究生教育需求与教育经费短缺之间的矛盾。在研究生培养机制改革实施的新背景下,取消研究生收费双轨制,实施新型的培养机制和奖助机制,不仅保障了研究生的学习和生活水平,一定程度上也引入了竞争机制,激发了研究生的科研热情,促进了研究生培养质量的提高和我国研究生教育的发展。因此,研究生教育收费制度改革有着重大的现实意义,也已经取得了相应的成果。但是由于经验的欠缺和现实能力的有限,在我国研究生教育试点实施全面收费的过程中,还存在着各种各样的问题。基于这样的背景,研究在实行全面收费后如何完善研究生奖助体系,更好地发挥奖学助学激励功能,意义重大。

一、目前奖助学金管理工作存在的主要问题

随着现代社会对高等人才培养要求的不断提高,现有的奖学金制度和工作体系已无法有效满足社会发展对于人才培养多元化、职业化、规范化的要求。目前,

我校研究生奖助学金制度存在的主要问题如下:

(一)社会来源紧缺

目前,我校研究生奖学金有:国家奖学金、国家学业奖学金、优秀研究生奖学金(学院出资)、董子钢奖学金,其中只有董子钢奖学金来自社会资助,每年奖金共1万,助学金主要来源国家助学金和校发生活补贴,社会来源助学金没有。如此可见,表面上看起来奖学金奖项不少,但主要是靠国家财政拨款和学校出资,来源社会渠道的非常紧缺,奖金额度仍有待提高。这种单一来源造成了社会资源流向与高校教育需求错位,使高校无法充分汲取并利用社会资源解决奖助学金紧缺问题。

(二)评价标准欠科学

在各种奖学金的评比中,包括国家奖学金和学业奖学金,即使教育部、财政部联合印发了《普通高等学校研究生国家奖学金评审办法》和《研究生学业奖学金管理暂行办法》,但制定的都是高大上的原则,没有细化标准,学校虽然根据文件精神综合了考试成绩、发表论文、科研水平和竞赛获奖等各方面表现,基本达到了评奖的目的,但评价标准还不够细化,仍欠科学,尤其今年开始实行住院医师规范化培训"四证合一"后,特别是对专业学位规培学生的评价标准,要有别于科学学位学生,要加大对专业学位学生临床技能考核力度,但不同医院不同老师不同要求,如何做到最大化的公正公平,仍是一大难题。

(三)管理手段单一

据了解,国内不少高校现行的奖学金评审和发放完全由校方或院方主导,极大限制了学生自主参与奖学金评定的空间,我校也不例外。在这一模式下,学生往往只在乎获得奖金的多少,而对于评奖的整个过程,包括设奖的意义、评审标准制定的宗旨以及奖金的科学合理支配等等完全一概不知。形成这样的局面主要原因在于学校缺乏正确的教育引导,缺乏有效的激励机制。

二、关于完善奖助学体系激励机制的思考

(一)加强校地校企合作,多渠道引入奖助学金项目

要打破传统定位与格局,将奖学金工作与社会对于人才的需求和预培养连接起来,以奖助工作改革带动其他教育环节的革新,实现奖助工作与教育培养工作的可持续发展。针对目前奖助学金社会来源相对紧缺的状况,成立专门的工作小组,通过社会合作处、学校关工委和校友会等部门机构加强与地方政府和企业联

系，争取引入更多奖助学金项目。1. 国家层面要结合中华优秀传统文化教育和社会主义核心价值观的培育，出台政策鼓励、甚至奖励企业老板、成功人士捐资助学，或投资奖助学，尤其是高端人才的培养；2. 社会层面通过各种渠道广泛宣传，扩大以爱国爱校、热心助学成功人士名字命名奖助学金的社会影响力，让捐资助学成为弘扬中华传统美德的社会风气和潮流时尚；3. 学校要把奖助工作纳入创新创业工作范畴，主动与医院、企业沟通，达成预培养意向协议，以达到更大范围更大程度激励学生成长成才。教育学生树立正确的人生观、价值观和世界观，努力学习文化知识和做人道理，学会知恩图报，踏踏实实工作，真情服务人民，回馈社会。形成良性循环，争取更多资金来源。

（二）创新奖助体系运作机制，促使其从"资助型"向"发展型"转变

目前，各高校虽然已经建立起了比较完整的"奖、助、贷、勤、减、免"等资助体系。但由于主客观条件的限制，在具体实施过程中，传统的"资助型"奖助体系往往重视的是经济资助，忽视了学生的心理需求和能力提升，存在着一些不利于大学生素质提升的因素。在资助方式上，没有给予贫困生充分的人格尊重，很少考虑他们的感受，让贫困生感觉接受的是"嗟来之食"。在资助内容上，只重视物质救助，很少注意贫困生的思想、心理及自身发展期望等精神方面的需求，甚至将之搞成"面子工程"，导致部分贫困生产生理想信念迷茫、道德行为失范、公德意识淡薄等负性心理和行为。此外，在资助实施过程中，忽视学生的主体参与。由于没有亲身经历和实践，部分学生在接受"奖、助、补、减"等无偿的资助后，发现"读研究生有不少钱拿"，整天就关心啥时候发钱，一个年级 QQ 群里整天讨论的就是学校啥时候发补助，获得资助后即购买奢侈品，或者相互吃请、攀比等，将资助金肆意挥霍、铺张浪费。另外，从勤工助学的实施来看，学校岗位数量少，不能满足所有学生需求，而且提供的岗位大多是"体力型"、"劳务型"岗位，缺少"智力型"岗位，不但报酬较少，而且脱离学生的专业学习，不利于学生综合素质的提升。总之，传统的"资助型"奖助体系重评选结果、轻过程监控，重奖金发放、轻教育引导，容易让学生产生"等、要、靠"的依赖和被动心理，难以发挥其创新力和主观能动性。

基于传统资助奖助形式的弊端，笔者认为，可以从奖学金工作的运作模式入手加以改革，采用"奖学金项目化"的运作方法，对现行的奖学金制度和工作体系作出重新建构和调整。项目化运作模式是指由学生结合自身专业自主设计发展目标和成才计划，在导师的指导下完成目标任务，学校根据学生设计的项目计划给予相应的经费支持，即每位学生为达到提升个人综合能力的目标可以自行设计

申请获得资助的体系。所谓的"发展型"资助体系是指运用项目化的管理理念和运作模式,建立针对性强、高效可行的奖助体系运行机制。"发展型"奖助体系注重在奖励资助的过程中充分发挥学生的创新意识和主观能动性,提升其动手能力和综合素质。以实践带动创新,以评奖促进就业,注重大学生就业竞争力的提升,"发展型"奖助体系还注重育人的全过程。近年来,国内有些高校已经开始尝试推行"奖学金项目化",并依托"学生创新创业孵化基地"建设的契机,做出了探索式的实践,也积累了一定的经验,值得我们学习借鉴。

(三)进一步完善评价体系,提升研究生创业就业竞争力

目前,大多数高校的评定形式虽然在一定程度上可以激励少部分优秀学生努力学习、积极从事科研工作(这部分学生本来积极性就很高),但是由于它主要依据学习成绩和科研成果进行评定而忽视过程评价,从本质上未能起到激发大部分学习成绩中下等学生的潜能和积极性,不利于培养学生的创新意识和就业竞争力。同时,过多考察的是学生的学业成绩和科研成果,学业与就业联系得不够紧密,与创新创业联系得更少,不利于大学生提前适应今后的创业就业环境。为此,提出如下设想:

1. 改革创新现有的评价体系,量身定制,因奖而异,因才而异。具体就是在现有的评价体系基础上,根据不同的奖项,在不违反原则的情况下,制定不同的评价标准,在这方面,我们今年已经做出了改革,就是把科学学位和专业学位学生分类评比,目的就是要保证大家在更加公平公正的大环境下评比,得到大家的支持和认可。比如,国家奖学金,学术学位生就要侧重学术论文、科研成果,对专业学位生就要加大临床技能操作考核;下大力气鼓励学生大胆创新发明,对于有重大发明者,符合基本条件,允许靠发明专利单项成绩获国家奖学金,除了国家奖励2万元,学校和二级学院还应加以配套资金。又比如,学业奖学金,就要保证科研能力强,发表论文多的学生获得奖励。再比如,优秀研究生奖学金,就要重在学生综合素质表现评比,除了考虑学业成绩以外,与就业相关的素质能力要考虑,医德医风学风表现要加大比重。总之,要达到奖励的面更广,让优秀的学生拿的奖金更高,鼓励有创新发明的、有突出贡献的学生获奖,以奖促进学生提升就业竞争力。

2. 将奖助体系纳入招生宣传、新生教育内容,让学生尽早更多的了解奖助体系,从而更好的做好研究生三年规划。

3. 创建奖助体系微信公众群,搭建学生创新创业大平台

以前,我们过于重视对学生的经济资助,而忽视了学生能力的提升和健康人格的培养,致使贫困生和优秀生在就业的时候仍然缺乏自信,难以达到真正地脱

贫和提升创新创业竞争力。通过搭建奖助体系微信公众平台,一方面可以宣传优秀学生先进事迹,通过树立典型、以点带面,让贫困生和内向学生自信起来,另一方面主要用于传达国家有关奖助政策精神,特别是国家当前大力倡导的创新创业,加强与社会接轨,鼓励学生通过奖助体系创新创业。

参考文献:

[1] 杨晓雷,《高校奖学金工作"项目化"的设想》,2010.1.

[2] 邓云涛、何瑾,《构建以提升大学生就业力为核心的高校"发展型"奖助体系的若干思考》,学校党建与思想教育第82期,2012.5.

[3] 刘世勇、王林清、马彦周,《学生激励的新视角:发展性资助》,湖北社会科学,2010.11.

(文/研究生学院　陈晓光)

大学生校外兼职过程中的权益保障措施探讨
——基于湛江市三所高校的调研

大学生利用课余时间在校外兼职成为一种非常普遍的现象,通过兼职或锻炼个人能力,或减轻家庭负担,是有利于大学生成长的社会实践过程。然而在实践中,大学生在校外兼职过程中的权益受到侵害的现象屡有发生。如何为大学生营造一个安全、有保障的兼职环境成为亟待解决的现实问题。

一、湛江市三所高校的大学生在校外兼职过程的现状

2015年暑假,课题组在地处湛江市广东海洋大学、广东医学院、岭南师范学院三所高校发放大学生兼职权益维护方面的调查问卷800份,回收有效问卷781份。我们通过调查显示,有38.1%的在校大学生都通过校园代理或个人去求职而做一份校外兼职工作,在做校外兼职的大学生中,有25.2%的大学生遭遇过侵权事件,在遭遇侵权的大学生中,有33.2%选择逃避或默默接受。并且,大学生兼职手续的办理非常不规范,很少有大学生与用人单位签订相关文书合同,即便是有签订合同的,其权益并没有按照合同约定得到很好的保护。具体而言,大学生在

兼职过程中存在的突出问题有以下几个方面：

（一）兼职来源渠道鱼目混珠

大学生一般是通过校园中介、校内广告、兼职网站、社会中介等途径获得兼职工作信息的。而这些获得兼职工作的信息来源渠道基本上处于鱼目混珠的状态，信息来源不可靠，有许多广告都是扬言高工资、高福利，并以此来吸引学生，而在实际操作过程中，一些没有责任心的用人部门会利用一些陷阱骗取大学生的无偿劳动、对工资进行克扣。并且，随着互联网高速发展，网络兼职以工作地点时间无限制为噱头，吸引大学生的青睐。事实上，从事网上刷单的大学生们大多数陷入"没刷回薪金，反而刷没本钱"的窘况。加之从事校外兼职的大学生社会阅历少、社会经验不足，这就造成了大学生从事兼职工作的盲目性，不进行认真的鉴别，便轻信兼职信息，导致其权益受到侵害。例如，大学生李某，在暑假期间轻信网络中介发布的用工信息，并按照网上提供的账号交纳了押金和中介费，缴费之后再也联系不上对方。

（二）大学生不注重跟用人单位签订书面协议

大多数学生没有与用人单位签订书面协议，没有对彼此之间的权利和义务进行明确。大部分从事校外兼职的大学生并不了解兼职的性质，也没有去查找相关知识，想当然地认为兼职中与用人单位的关系就是劳资关系，适合于劳动法，受劳动法的保护。在这种情况下，不负责任的用人单位可能以各种理由克扣大学生的工资甚至杜绝给大学生发放工资。在我们的调查中，有类似的案例出现：例如大学生薛某，暑假在某餐馆做服务生，由于这是他第一份工作，做的特别用心、卖力，不仅承担了餐馆的上餐、招待客人等工作，还负责餐馆的搬东西、洗刷等任务，前前后后风雨无阻干了43天。然而，将近开学结算工资的时候，老板却以饭店营业额较差为理由，仅支付了原来约定工资水准的一半，但当时的约定只是口头约定，没有证明可查，薛某无法通过正常渠道申诉自己的权利。

（三）大学生从事的兼职工作与所学专业吻合度低

据我们的调查显示，在从事校外兼职的大学生中，大约91%的大学生校外兼职主要是家教、推销、派传单、餐饮服务、校园代理等工作，大约9%的大学生选择利用寒暑假的时间进工厂打工；大学生做兼职的目的也是多种多样的，大约60%的大学生做兼职的首要目的是为了挣取生活费以减轻家里的经济负担；大约13%的大学生家境其实不差，经济问题不是其做兼职的首要目的，他们做兼职主要是为了向亲友们证明自己长大了，能够靠自己的劳动独立生活了；大约6%的大学生家庭经济情况不错,但做兼职是为了靠自己的力量给自己参加暑期旅游筹措资金,大约21%的大学生是为了在假期利用兼职参加社会实践锻炼自己。基于这样的目的,大学生急于寻找兼职,而且对兼职的内容并没有太大的要求。许多兼职岗位是文化水平不高、专业技能不强的农民工群体都可胜任的。因此,绝大部分大学生所从事校外兼职与自己所学的专业知识不匹配,所学知识没有在实践中得以有效发挥。

二、大学生兼职过程中合法权益受到侵害的原因分析

（一）相关法律、法规不健全、不完善

法律是保护大学生从事校外兼职权益的有力武器,但是当前的劳动法律法规并未将大学生的校外兼职纳入其保护的范围。《关于贯彻执行〈中华人民共和国劳动法〉若干问题的意见》的第十二条明确指出:"在校生利用业余时间勤工助学,不视为就业,未建立劳动关系,可以不签订劳动合同。"[1]可见,大学生在校外兼职过程中的权益受侵犯时,缺少国家法律层面的保护。这就导致了缺少良知的用人单位和黑中介钻了法律的空子,利用大学生的廉价劳动力来牟利,本来面对用人单位就处于弱势地位的大学生,在兼职过程中就显得更为弱势、无助。

（二）相关执法部门监督、执法不到位,且相对滞后

相关执法部门执法不及时、不作为或者处罚力度不够,造成大学生在校外兼职过程中的权利得不到及时的保护。例如:工商行政管理部门不能及时打击和取缔黑中介,以至每有黑中介的存在,总有些兼职大学生受骗,加之互联网技术被不法分子利用,针对网络兼职骗局的打击弱、侦破难、效果差。另外高校内各种兼职广告盛行,校园代理大量存在,各种小广告贴在厕所、楼道、教室桌面,不仅相关行政部门难以介入进行有效监督和管理,高校自身也难以对之进行有效的管理。在实践中,有大学生由于受到传销组织的蒙蔽甚至其人身安全受到严重的威胁时,公安机关进行了介入和干预,而不是将侵害消灭在萌芽状态,事情发生之后再对大学生合法权益的进行保护就显得十分滞后。

（三）用人单位与中介机构为利益驱使而没有履行社会责任

由于现在找兼职的大学生数量非常多,很多不负责任的用人单位和中介缺乏社会责任意识,只把兼职大学生当做降低运营成本的工具,榨取了兼职大学生的剩余价值。例如,有些变相的传销模式,要求同学必须购买一定量的货物进行销售,不准退货;还有一些用人单位,强行收取同学们的押金或抵押物;还有利用培

训班为诱饵设置陷阱以骗取消费,然后以条件欠缺为由予以拒绝。一些中介机构为了赚更多的中介费用,对用人单位不核实,并向兼职大学生收取高额的中介费,或以"莫须有"的信息为幌子骗取同学们的"报名费"、"信息费"。为了牟取利益收了大学生的中介费后,消失得无影无踪,更有甚者对学生的人生安全造成威胁。

(四)高校对大学生从事校外兼职的注意事项教育不够

目前,高校虽然普遍开设有《思想道德修养与法律基础》这一基本的法律常识课,但其中内容过于宽泛,而且课时量有限,没有对具体法律条款的讲解,自然也没有对《劳动法》的专门讲解,更没有对大学生从事校外兼职相关法律问题的阐述。并且,在学校所属的专门的就业指导中心或勤工助学管理中心,只给大学生提供少量的勤工俭学的岗位,并没有专门的机构对从事校外兼职的大学生进行指导。在学生自发成立的社团组织中,主要有体、音、美、科技等方面的协会较多,缺少专门的自我服务的法律援助者社团或协会等学生组织。

(五)大学生社会经验不足,容易轻信别人,维权意识不够

大学生不注重规范的文书协议的签订,只是相信用人单位或中介机构许以高薪的口头承诺,假如其权益受到侵犯,而没有证据去证明双方各自的权利和义务,容易上当受骗,甚至被黑中介或传销团伙利用和控制,甚至威胁人身安全。另外,处于弱势群体的大学生在遭到用人单位克扣工资等侵害权益时或是受到传统以和为贵的思想的影响,或是没有足够的财力、精力去进行维权活动,或是不知道该找哪个部门为其伸张正义,往往选择息事宁人的态度了事,不负责任的用人单位或不法的中介机构常常利用大学生的这些弱点,肆无忌惮地进行欺骗活动。

三、大学生兼职过程中权益保护机制的研究对策

(一)完善和健全大学生校外兼职的相关法律法规

如前文所述,从事兼职工作的大学生与用人单位之间没有形成劳动关系,大学生兼职过程中的权益并不在劳动法的保护范围之内。然而,在《劳动法》第一章的总则部分,第一条明确指出"为了保护劳动者的合法权益,调整劳动关系,建立和维护适应社会主义市场经济的劳动制度,促进经济发展和社会进步,根据宪法,制定本法。"[2]大学生的校外兼职只要是不参与违法犯罪的活动,其对社会的经济和进步都是有一定的积极贡献的。因此应该将大学生的兼职行为纳入《劳动法》之中,强制用人单位要与从事兼职的大学生签订合同,并在合同中明确指出双方的权利和义务。若遭到用人单位侵权,大学生可以根据合同进行维护自己应有的

权利,使得权益保护有章可循、有法可依。

(二)工商管理部门要加强监管和执法力度,真正做到执法必严

一般而言,劳动者相对于用人单位和中介而言处于下风位置,缺乏主动权。工商管理部门是政府主管市场监管和行政执法的工作部门,应该加强对两者的监管力度,执法过程中做到依法办事,绝不姑息。对侵犯劳动的权利,或违反相关法规的用人单位,应该给予相应的惩罚,特别是对于对于侵犯大学生权益的黑中介,应该吊销其执照。另外应该成立专门的网站,将所有的中介进行网上备案,凡是没有经过备案的中介均为非法,并将各中介的信誉程度公布出来,一方面使黑中介无处遁形,在无形之中给中介好好服务于民众施加了压力,另一方面是兼职大学生能够通过便捷的途径清晰地了解相关中介的可信度。

(三)高校应该加强对兼职大学生的教育、指导和管理

学校应调整相关基础法律课程,结合大学生的实际生活、工作的需要,分析相关案例,以达到加强对大学生教育的目的,提高兼职大学生的维权意识,让学生知法、懂法、学会用法。鉴于大学生校外兼职较多,学校要建立兼职大学生指导中心(或跟就业指导中心合并),专门指导参加校外兼职的大学生。第一,对参加校外兼职的大学生进行相关信息的登记,通过学生会定期与学生交流,了解否有用人单位侵权现象;同时经常与相关媒体保持联系,一旦大学生权益遭到侵犯就可以通过舆论方式对用人单位施压,以便能及时维护其权益。另外,定期开展关于大学生兼职的讲座,分享相关经验,提高学生的自我保护意识,辅助教育。再次,对于校园内的各种各样的招聘信息,大学生就业指导中心应该进行核实,及时清理虚假、错误的中介信息,优化大学生兼职信息的环境。此外,开辟专门的网站栏目,提供更多核实、可靠的用人单位信息,为兼职大学生提供稳定、安全的兼职工作岗位。并且,对校园代理实行实名登记,防止出现学生代理与不法中介同流合污欺骗兼职大学生而无法及时找到责任人。另外,应该对学生代理进行相关教育,避免其为了利益而被他人利用而违法违规。

(四)家庭要加强教育,给大学生传授社会经验

有些家长或是自身对社会一些阴暗面的了解不够,或是忽视对大学生进行基本的安全教育,导致学生也没有很强的防范意识。一般来说,大学生们的家长相对大学生而言都会有较为丰富的社会阅历、人生经验,在跟学生平时的交流、聊天中就要适当的与孩子说说自己的人生经历,并讲解自己从中学会了什么,有什么收获或吸取了什么样的教训。要教涉世不深的在校大学生辨别社会上一些信息

的是非和真假的能力,至少让大学生明白遇到自身辨别不了的问题时,应该遵循怎样合法、正确的解决路径。"害人之心不可有,防人之心不可无。"在鱼龙混杂的兼职市场中怎样拨开云雾看青天,怎样保护自己和身边同学的合法权益不受侵犯。

(五)大学生要学习相关法律知识、提高维权意识

大学生在兼职过程中要学会勇于维护自身的合法权益,首先,从事校外兼职的大学生在平时应该重视劳动法律知识的学习,做到学法、懂法、守法、用法,以便清楚自己合法权益在兼职过程中是否遭到侵犯,受到了何种侵犯,受侵犯的程度以及如何正确地使用有效的法律武器维护自身合法权益。其次,要提升自我保护意识。大学生的社会阅历浅,社会经验少,在通过中介获得兼职信息时,要时刻警醒自己,对中介和用人单位要进行尽可能大的核实。对于自己觉得可疑的、拿不准的信息,要及时请教所就读学校的辅导员老师或者学生处就业指导部门的老师。

参考文献:

[1]劳动部.关于贯彻执行《中华人民共和国劳动法》若干问题的意见[J].劳动理论与实践,1996,(5):34.

[2]中华人民共和国全国人民代表大会.中华人民共和国劳动法[J].中华人民共和国全国人民代表大会常务委员会公报,1994,(5):4.

(文/第一临床医学院 盛文楷)

关于高校留级生教育管理工作的思考

近几年随着高校的不断扩招,高校招生的生源质量有所下降,水平参差不齐,因学业成绩不合格而导致留级学生的数量呈上升趋势。广东某医科院校自2007年入学的学生班级起实行修订后的学籍管理细则,"经过正常补考(或重修),必修课不及格课程门数累计达到5门者,应予以留级"。留级生作为校内的新兴的"特殊群体",给高校的教学、管理、安全等方面都带来了新的问题。留级生的教育与管理成为学生管理的又一新挑战。

一、留级生留级的原因分析

本文以广东某医科院校为例,结合留级生管理实践,从留级生群体中随机抽取了75名留级生进行无记名的问卷调查,分析学生留级产生的原因。调查发现,留级生主要分布在大二和大三,男生比例高于女生,城市户口学生高于农村户口学生,经分析,该校留级生产生的原因有以下几个方面:

(一)专业归属感不强

根据个人兴趣填报所读专业的学生仅有18.9%,其余同学均为家长意见填报专业,调查发现学生入校后喜欢所专业的比例仅为17%,大多数同学对所学的专业的态度是不喜欢也不讨厌。由此可见,留级生的专业归属感不强,这是导致他们学习兴趣不浓的重要原因。

(二)缺乏规划,没有目标

调查发现,留级生中因无法适应大学教学模式占32%,有46.7%的留级生因为没有学习目标而缺乏学习动力。高中填鸭式的学习模式让学生养成了被动学习方式,一旦进入大学这种宽松自主的学习环境,他们就无法适应,不清楚大学生活该如何规划,无法做到主动消化新知识,导致学习压力日渐增大而不堪重负。

(三)沉迷于网络

从留级生的日常主要时间分配的调查发现,有50.6%的学生大部分时间都花在看网络视频(电影、电视剧、球赛等),网络游戏占17.7%,阅读课外占16.5%,社交活动占15.2%,由此可见,留级生对网络的迷恋程度较高,无法保证个人的学习时间,而经常逃课看视频。从留级生的学习纪律调查中发现,经常逃课的占17.4%。

(四)不善于交际,喜欢独处

大多数留级生都因考试挂科而自卑,很少与身边的同学交流占33.8%,他们筑起交流的'孤岛',就更加难融入班集体的学习活动,遇到学习上的困难更是没勇气向身边的同学请教,这样导致学习的效率大打折扣,挂科现象就成为常犯,留级也就成了必然结果。

(五)家长重视程度不够

很多学生家长以为孩子考上了大学就万事大吉了,对于孩子的大学成绩不闻不问,与老师的沟通则更少了。在调查中发现,家长关注孩子学习成绩仅有44%,这就导致留级生"钻空子",挂科也没有压力,反正家长也不关注、不重视。

（六）对学校的学籍管理规定了解不全面

学校的学籍管理规定是每个学生必须熟知的内容，而在留级生群体中，有4%的学生完全不了解学校的留级管理规定，60%的学生只了解一些，这种对于学籍管理条例的无知在一定程度上让学生无法感受到学业的压力，进而随意放纵自我。关于毕业生与学位证的授予条件，比较了解的留级生只有35.1%，余下的学生均只了解一些甚至不了解，由此可知，留级生对学校学籍管理规定的不了解，无法感知学习的"高压线"，学习就没有目标，随心所欲。

二、留级生管理存在的问题

结合留级生辅导员日常管理体会，留级生的管理工作关键是留级生的转化，但在留级生的转化工作中，除了要做好留级生的日常管理服务以外，还要与学校的相关管理部门、专业课老师、学生家长达成共识，单靠辅导员的力量，留级生的转化工作效果仍然是不明显的。就目前留级生转化工作中，主要存在以下几个方面的问题：

（一）专项管理存在制度"真空"

留级生作为高校的特殊的"群体"，在鼓励留级生积极转化的过程中，需要相应的制度支持，这样才能让留级成为提醒学生重视专业学习的警钟，发挥正面的作用，否则留级制度只是让学习后进生圈在"孤岛"上，没有发挥约束学生重视学业的作用，此外，针对因专业而厌学的留级生，学校没有提供相应的转专业途径，而让留级生继续在原专业中学习，这样留级也无法发挥警示和约束作用。

（二）留级生的积极性难以调动

留级生的积极性是留级生转化工作的重中之重，只要调动了学生学习积极性，留级生的转化就成功了一半。但是大多数留级生都是有"等、靠、要"的思想，即等老师安排，靠老师跑腿、磨嘴，要老师监督。如何让留级生由"要我学"变为"我要学"是调动留级生的积极性的关键。此外，留级生遇到学习上的问题，不主动与专业老师沟通，宁愿把问题"烂"在教科书上，也不愿意与专业老师、身边的同学交流，这样他们的遇到的学习阻力无形中就像雪球一样，越滚越大，直至对学习失去兴趣。

（三）学校的硬件不完善

留级生加入新的年级，及时融入新的班集体对于其转化有重要的积极作用，但是学校目前学生宿舍无法让所有留级生能及时调入新的班级宿舍,这样导致留级生在宿舍监督"真空",这样不利于留级生自我约束,合理分配在寝室的时间,容易在原来的生活或学习的陋习中继续发酵,重复留级前的生活模式。此外,学生宿舍的网络供应既没有时间限制也没有流量限制,学生可以自行安排断网断电时间,这样也不利于学生抵制网络的游戏的诱惑。

(四)缺少学校老师与家长沟通的平台

大学生的培养单靠学校的栽培是远远不够的,家长参与也同样重要。就现阶段而言,高校与学生家长的沟通的平台没有全面普及,学生家长无法及时了解孩子在学校的情况,特别是关于学校的相关管理制度和最新动态,这样家长与孩子在日常沟通中也无法找到共同话题,当辅导员电话家访时,都是学生已出现这样或那样的问题,这对学生的教育效果是大打折扣的。学生家长对于孩子学业的重视程度与学生的学习成绩也密切相关。

三、留级生管理的措施建议

(一)建立并完善学校的相关管理制度

留级生的教育与转化管理是一个系统工程,需要学校多个部门共同联手合作,首先是转专业制度,我校目前只针对新生年级进行专业调整,但是针对因专业不适应而留级的学生,尚未全面放开转专业申请,这样不利于因专业不适应导致留级的同学的教育管理。其次是学生宿舍网络管理制度,目前学生宿舍是自主断电断网,这样的管理模式不利于自制能力差的同学抵制网络诱惑,学校网络中心应考虑统一断网断电,以减少学生因沉迷网络而放弃学业的风险。最后是留级生的学习进步激励机制,学校学工部应针对留级生设置专项激励措施,鼓励留级生积极转化,如设置在每年综合测评中针对留级生设置学习进步奖等称号,一方面从正面肯定留级生的努力,另一方面也有利于留级生形成良性竞争,进一步推动留级生的教育转化。

(二)植入个性化帮扶机制

针对留级生学习积极性不高,学习兴趣不浓,学习目标不明确、不善于交际等问题,考虑在留级生中植入专业老师,学生干部,学生宿舍与辅导员共同发力的帮扶机制。在笔者管理的留级生成功转化的案例中,专业老师、学生干部与学生宿舍有不可替代的作用,而且效果明显。辅导员作为联系专业老师与学生的桥梁,安排好热心的学生干部或党员带留级生融入新的班级,以便留级生尽快找到归属感,认同所在的新环境;留级生的舍友监督留级生学习纪律,共享学习资料等,以便留级生加强自我管理的能力,逐渐找到成就感;专业老师在复习方面给予适度的指导,特别是需要补考的留级生,担负着沉重的考试压力,甚至是心理压力,容易发挥失常,指导留级生复习备考,不仅有助于留级生重拾学习的信心,也有助于留级生坚定克服难关的信念。辅导员在做通留级生思想工作的同时,及时帮助留级生在考试中遇到难题,及时跟踪留级生的考试成绩,让留级生感到被"重视"而不是被抛弃,在转化工作中能起到事半功倍之效。

（三）搭建学校与家长的沟通平台

学生的成长既离不开学校的全员培育,也离不开家庭的支持与有效沟通。作为高校辅导员,至少管理两百多名学生甚至三百余名,与每个学生家长通电话,这是不现实的事。但是家长必须了解孩子所在学校的管理制度和孩子的学业表现,这样才能在学生遇到困难时及时提供帮助。为此,可以搭建一个公共平台如QQ群、微信公众号等,让学生家长加入QQ群或关注微信公众号,不仅有利于加强学校与家长的沟通,更有利于家长与学生沟通。学生的健康成长,离不开家庭的大力支持,特别是精神上支持与有效的沟通。这样也可以在一定程度上减少学生害怕向家人坦白成绩的现象,有利于学生学会坦诚面对。

总而言之,留级生的教育管理与转化是一项系统工程,需要学校各部门共同合作,需要家长的积极配合,提供有针对性的、个性化的帮扶措施,才能有效地帮助留级生走出学习的困境,帮助留级生健康成长。

参考文献：

[1]楚良海,姚军.九零后留级生转化工作的思考[J].时代教育,2012(9)：67-73

[2]张艳青.高校留级学生的教育与管理[J].南方论刊,2013(6):104-105

[3]王林艳.高校留级生问题及其对策[J].教育前沿,2013(6):20-22

（文/公共卫生学院　魏丽琼）

心理咨询技术在高校辅导员谈心教育中的应用

中央16号文件《关于进一步加强和改进大学生思想政治教育的意见》中明确提出:"开展深入细致的思想政治教育和心理健康教育,要结合大学生实际、广泛开展谈心谈话活动"。目前高校主要以"90后"大学生为主力军,他们的思想、心理与行为常常标新立异,呈现多样化、复杂化等特点,这让高校教育面临前所未有的挑战。谈心教育作为高校辅导员开展思想政治教育工作的重要抓手,其实施的方式方法直接影响教育的实效,因此创新谈心教育模式成为新时期高校思政工作亟需研究的课题。

一、心理咨询技术对辅导员谈心教育工作的启迪作用

当今大学生的问题主要归结为学业、经济、家庭、恋爱、择业、人际关系六类,由此产生的思想、心理与行为问题常常错综复杂,相互制约,此时辅导员仅靠传统的教育手段和方法无法全面深入了解学生的思想与心理状态,难以实施行之有效的干预措施。将心理咨询技术引入辅导员谈心教育工作中,即在遵循大学生身心发展特点与教育规律的基础上,借鉴心理咨询技术帮助辅导员在谈心教育中明确角色身份、改进谈话态度和方法,建立重过程促成长的创新谈心教育模式,这对于提升辅导员谈心教育工作的科学性、针对性与实效性具有重要的启迪作用。

(一)创新了大学生思想政治教育工作的路径

高校思政工作主要功能在于帮助学生树立正确的世界观、价值观、人生观,以培养具备健全人格与健康心理的全人。"这与心理咨询工作中咨询师帮助来访者改变认知、调节情绪、恢复情感,以实现知、情、意、行协调统一的目标有着内在一致性和相通之处。心理咨询中不同理论流派的方法,如认知学派的ABC理论(合理情绪疗法);行为主义学派的自我管理法、系统脱敏法;人文主义学派的自我实现、同理心等理论与方法对思政工作有很大的指导作用。心理咨询中语言和非语言信息传递、共情、提问、指导等技术在谈心教育工作发挥着重要的作用。心理咨询的团体辅导对辅导员进行集体谈心有很大的启发,不仅拓宽了学生受众面,省时省力,同时感染力强,影响广泛,效果容易巩固。心理咨询技术以它独有的特点与优势融入到大学生思政工作中,突出了辅导员对学生主体地位的尊重与内在潜

能的挖掘,有效弥补了传统谈心教育方法的缺陷,创新了大学生思想政治教育工作的路径。

(二)提升了辅导员谈心教育的科学化水平

传统的谈心教育受限于辅导员自身的知识体系、专业出身与谈心水平,多以纯粹的说教、批评教育为主,容易缺乏理论的支撑与技巧的指导。这时辅导员如果懂得借鉴心理咨询中成熟有效的谈话技巧与制度,并与传统的谈心谈话教育相结合,可以敏锐地发现学生深层次的问题并进行有效的干预,从而增强谈心教育工作的实效性,提升谈心教育的科学化水平。

(三)开发了大学生自我调控、自我管理、自我成长的潜能

心理咨询式的谈话模式需要严格遵循心理学原理、技术技巧与方法步骤。首先,辅导员明确自己的角色身份只是一名帮助者与引导者,从而突出学生的主体地位,让其快速卸下心理防线,这样的方式容易被学生接受与认同;其次,咨询式谈话以尊重、真诚、共情等为基础,良好的咨询关系为学生改变认知,自我调节提供了心理基础,最后,重过程促成长的咨询式谈话模式使学生由内至外的产生感悟并实现顿悟,开发了大学生自我调控、自我管理与自我成长的潜能,利于巩固思想、心理与行为成长的成果。

二、辅导员运用心理咨询技术开展谈心教育的策略

常见的心理咨询技术可以归纳为良好咨询关系的技术、参与性技术、影响性技术、消除阻抗技术四类。这几种技术对辅导员开展谈心教育有较大的借鉴作用。

(一)良好咨询关系技术在谈心教育工作中的运用

心理咨询中良好咨访关系技术应遵循"十二字"工作方针,即"尊重、热情、真诚、共情、积极关注",对辅导员开展谈心教育工作有着重要启示。

1. 尊重——搭建人性化平台。心理咨询中强调的尊重是指咨询师对来访者无条件的接纳。尊重是辅导员进行谈心教育的首要原则,要求辅导员面对学生时要接纳学生的一切,以平等的眼光来看待学生,切忌表现出高高在上的权威感让学生望而生畏,只有尊重学生的个性,教育才能真正的入脑入心。

2. 热情——体现学生主体性。咨询中的热情指通过咨询师耐心、热情、周到的态度及友好的接待让来访者感受到咨询师的关心、温暖。辅导员在与学生谈话时如果缺乏基本的热情,相互的沟通就会产生阻隔。前来谈话的学生常常掺杂许

多情绪,如紧张、焦虑、沮丧等等,因此出现低头不语,手足失措、表达不畅等现象,这时候辅导员的热情可以让学生放松,有效地缓解他们的焦虑不安,体现出学生在谈话中的主体性。

3. 真诚——奠定信任理解基础。要求咨询师在整个咨询过程中真挚诚恳的对待来访者,不掩饰,不回避,不取悦。辅导员在与学生相处的每一个环节也要做到真诚与言行的一致,接纳学生的不完美甚至小错误,不必惧怕学生看到辅导员自身的不足,只有这样学生才能信任与接纳辅导员,从而达成相互信任、相互理解、彼此接纳、彼此支持的目标。

4. 共情——建构情感维系桥梁。指咨询师设身处地的站在来访者的立场去理解他们并将这种理解传递给来访者,这是心理咨询过程的核心技术,也是辅导员深入了解学生的经历和感受的重要手段。学生工作中尤其在学生犯错误的时候,辅导员需要站在学生的角度去思考问题,帮助他们纠正错误认知,找出问题的症结,改变不良行为,而不是一味教条式的约束与惩罚学生。当学生感觉到自己被理解,被接纳的时候,自然会打开心灵的大门,与辅导员建立起真实的情感,并以积极的情绪与行为去改变自我,达到润物细无声的作用。

5. 积极关注——促进学生可持续发展。积极关注指对来访者言行的积极面给予关注,促进他们自我发现与潜能开发,从而使来访者拥有正向价值观,达到心理健康与全面发展。对学生的积极关注是辅导员开展谈心教育的前提,它要求辅导员学会用辩证客观的看待学生尤其是那些自卑感强或者面临挫折与困难的学生,充分挖掘学生潜在的积极因素,对他们的优点和长处给予正面的肯定,帮助他们树立信心,尽快走出成长困境,实现可持续发展。

(二)参与性技术在谈心教育工作中的运用

辅导员在谈心谈话中运用参与性技术,能够准确发现学生的问题本质,从而启发、引导他们进行自我思考与分析,帮助其进一步澄清问题。有借鉴意义的参与性技术有:倾听、提问、重复与鼓励、具体化、参与性概述。

1. 倾听——成为学生忠实的聆听者。倾听是心理咨询的第一步,可以让来访者在宽松和信任的环境中与咨询师进行交流。辅导员在传统的谈心教育中,往往采用灌输式的"说教",常常忽视"听",学生工作中的倾听要求辅导员认真、耐心地倾听学生的所思所想,了解学生的困惑和需求,了解问题发生的原因,鼓励其表达宣泄,做到不打断、不厌烦、不排斥。辅导员做学生忠实的聆听者能快速捕捉到核心信息,分析出问题之所在并做出正确的判断和处理,利于谈心教育的深入开展。

2. 提问——充当学生"精神助产士"。(1) 善用开放式提问,慎用封闭式提问。心理咨询中的提问技术有"封闭式"与"开放式"两种。开放式提问指提出的问题没有预设的答案,一般有"什么样的……?""为什么……?"等,这样的提问有助于促使来访者主动、真实地表达自己的想法。谈心教育中辅导员要将学生作为谈话的主体,灵活使用开放式提问而减少"是不是"、"对不对"等封闭的提问方式,以免学生给予冷冰冰的回应,使谈话陷入僵局。如与情绪低落的学生进行谈心时可以这样提问"你看起来情绪不佳,是什么样的事情让你不开心,跟老师谈谈好吗?……"。恰当的提问方式有助于促使学生进行自主思考与自我剖析,辅导员也能从中获取更多信息使随后的谈心教育更具针对性。注意在使用提问技术时,辅导员要关注学生情绪的变化,不要连续发问,更不要质问,以免引起学生反感。(2) 借鉴"ABC 理论",当好"精神助产士"角色。提问技术中值得借鉴的一种理论是心理咨询中常用的 ABC 理论(A 指诱发性事件,B 指个体对诱发性事件产生的信念、看法和解释,C 指由此产生的情绪和行为的结果。)又称"合理情绪认知疗法",与不合理信念辩论是合理情绪疗法中经常使用且最具特色的一种方法,我们又称:苏格拉底"产婆术式"辩论技巧(先让来访者说出观点,咨询师依照来访者的观点进行推理,引出来访者观点中存在谬误的地方,最后让来访者认识到自己先前认知中不合理的地方,并主动矫正错误的认知。)例如一名大四准毕业女生因为学业不及格无法获得学位导致情绪低落、焦虑不安,向辅导员诉苦并埋怨老师与学校,希望辅导员能帮其解决问题。辅导员在建立了基本谈话关系的基础上可以运用合理情绪理论与学生进行对话:

学　生:哎,老师,我这次重修考试还是没通过,我觉得特别的沮丧……(低头不语)

辅导员:嗯,重修没通过,你一定很难过了……(安抚),你觉得是什么原因导致这次考试没通过呢?

学　生:我觉得之所以没通过考试是学校故意卡我不给我顺利毕业的,不然为何每一次出的题目那么难,让我一而再再而三的通不过?

辅导员:哦,你说学校卡你所以出难题故意让你考试不及格,按你这么说,其他重修这门课的同学都没通过吧?

学　生:呃……(沉默)有一部分同学也是通过了的。

辅导员:有部分同学通过了,那我想知道他们是如何做到的?

学　生:……(沉默)应该是他们复习的比我充分,比我努力吧。可是我没有通过考试是事实,通不过就拿不到学位证,拿不到学位证就无法找到工作呀?一想起这个我就很焦虑。

辅导员：你的意思是考试没通过的同学们就找不到工作了？

学　生：也不全是的，我听说也有一些同学拿不到学位但还是找到了工作了，我的意思是很难找到理想的工作。

辅导员：噢，原来不是拿不到学位就找不到工作，只是相比而言难度大了些对吗？

学　生：嗯……

辅导员：那你现在是如何想的？

学　生：其实我知道很多问题都是自己导致的，但我实在不知怎么办才好。

辅导员：是的，我们对事情的信念、看法、解释才是引起情绪及行为反应最直接的原因。B指的就是我们的信念、看法与解释，我们可以通过改变B从而影响结果C……（向学生解释ABC理论）

学　生：那怎么样才能改变B呢？

辅导员：我们可以通过讨论、辩论D，来达到效果E。（与学生一起分析、归类了不合理思维的3个特征：绝对化要求、糟糕化思维和过分概括化，指导与不合理信念辩论的方法）

辅导员：关于你担心的学位证的问题，我想向你解读下学校的相关文件以及就业的政策……

苏格拉底的"精神助产术"适用于各种场合，辅导员要经常深入到宿舍、课室、球场、食堂等场所与学生进行谈心，善于利用心理咨询技术对学生提问，与学生开展对话、辩论，进行思想碰撞，对学生循循善诱，帮助他们找到适合自己的学习方法及人生方向，真正成为学生的知心朋友。

3. 重复与鼓励——帮助学生真实表达自我。咨询师直接重复来访者的话或仅以某些词语如"还有吗"、"接着说说"等来强化来访者讲述的内容并鼓励其继续讲下去。与学生谈心谈话时，辅导员可以根据学生所谈的内容结合需要恰当地给予鼓励和重复，克服学生的畏惧心理，鼓励学生全面讲出自己的真实想法，引导学生的谈话朝着某一方向进一步深入。

4. 具体化技术——引导学生建立合理信念。具体化技术指咨询师协助来访者准确、清楚的表述他们的观念、情感以及经历。学生在谈心谈话中对自己的情感、经历的描述，对事情的观点、解释常常是混淆不清或自相矛盾的，这时辅导员需要通过具体化技术帮助学生进一步明确。如当学生谈"我最近很焦虑不安"、"我好难受"时，学生向辅导员表达出来的感受与体验是模糊的，不确定的。此时辅导员应该引导学生将自己这些模糊、广泛的想法具体化,如:"你说你最近很焦虑,感觉很难受,你能举例告诉我是什么事情让你焦虑不安和难受的吗?当辅导员将学生的谈话引导到具体的事件中,帮助他们进一步了解自己想法的真相后,谈话才能更有的放矢的进行。

5. 参与性概述——协助学生梳理问题。指咨询师以提纲的方式将来访者的思想、言语和非言语行为以及情感综合整理后向来访者进行概述。当谈心谈话进行到一定阶段,在辅导员对事情的现状、始末、原因有了一定的了解后可以以概述的方式进行小结,如:"我基本上了解了你目前的状况,因为重修考试不及格无法获得学位证,你担心因此会找不到工作,父母也会因此责怪你,所以你十分的焦虑不安,感觉很难过,是这样子吗? 辅导员在谈话中使用参与性概述,可以协助学生梳理问题,明确自己对学生的观察及问题的理解是否正确,同时也给与谈心教育一个缓冲的机会。

(三)影响性技术和消除阻抗技术在谈心教育中的运用

影响性技术指在咨询过程中咨询师对来访者进行干预,解决其心理问题从而促进咨询目标的实现。辅导员在谈心教育中合理使用影响性技术将较大程度的影响谈话效果,有指导意义的影响性技术有:面质、解释、指导、自我开放等。

1. 面质——激励学生直面自身矛盾。面质指咨询师指出来访者言行中存在的矛盾。咨询式谈心中辅导员可以适当运用面质技术激励学生放下自己有意无意的心理防御,学会面对真实的自己,面对现实。需要注意的是使用面质技术应以事实为依据,以良好的师生关系为基础,否则容易伤害到学生,影响谈心效果。关系没建立好时应尽量避免面质,不得不使用时,可以考虑应用尝试性的面质,例如:"我的理解不知是否正确""不知我这样说对不对?"等。

2. 解释——帮助学生明确问题所在。指咨询师运用特定的理论来描述来访者的思想、情感和行为的原因和实质,其功能在于帮助来访者理清自己认知和情感的状态,使其产生思想观念的"顿悟"。辅导员在谈心教育中应科学运用特定的理论,以简明的方式帮助学生明确问题,比如面对学生人际交往问题的时候可以跟他们讲解人际交往中黄金法则,提示他们在人际交往过程中哪些方面违反了这些原则,如何运用科学的方法解决人际交往中的矛盾,怎样促进人际关系的和谐等。

3. 指导——指引学生明确方向。是咨询师依据咨询的理念和方法对来访者进行科学引导的一种技术,影响力较为明显。辅导员使用指导技术时需要根据实际工作对学生进行具体的指导,确保学生作好接受信息和建议的准备之后再适时地引导,不能仗着自己教育者的身份以权制约学生,要善用引导的方式激励学生自愿做出决定,积极主动去做事。"如上述案例中学生因为重修不及格拿不到学位不知如何告诉父母时,辅导员可以对学生说:"我这里有个练习也许对你有帮助,你愿意试试么?……现在你把我当成你的父母,尝试对我说出你的想法……",通过指导学生进行语言练习并根据学生的表达内容给予不一样的言语反馈与指导,让学生增添信心并能在实际的情境中应用。

4. 自我开放技术(自我暴露,自我表露)——鼓励学生开放自我。自我开放指咨询师与来访者分享自己的情感、思想与经验。在谈心谈话中辅导员适度自我开放,将自己面对挫折和困难时的感受,克服过程的经验与学生分享,其坦诚的自我暴露容易获得学生的信任,有利于促进谈话的深入,促进学生进一步地自我开放,但必须注意自我暴露要掌握适度原则。

5. 阻抗——化解阻抗现象的三点原则。对于辅导员在谈心教育中遇到学生的阻抗现象,应遵循以下三点原则来进行化解:第一方面,解除戒备心理,指辅导员要通过有效的沟通方式,给予学生足够的关注和理解,达到共情,从而营造一种轻松良好的谈话氛围,让学生消除戒备和顾虑,充分信任辅导员并且开诚布公地谈自己的问题,这是良好谈话关系建立的首要条件。第二方面,辅导员必须具备一定水平的专业知识,能对学生的问题做出正确的分析和诊断,同时进行真诚的交流,获得学生的信任。第三方面,如果辅导员在谈话过程感受到阻力的存在,要如实的把这种信息反馈给学生,并以恰当的方式让学生感受到自己的真诚,减轻和消除来访者的阻抗。

三、运用心理咨询技术开展谈心教育工作应注意的问题及解决措施

(一)处理好思想政治谈心教育与心理咨询的关系

心理咨询的原理和方法为辅导员开展谈心教育工作提供了许多有利的理论支撑与方法借鉴,使其更加切合大学生的心理活动规律,提高了谈心教育的科学性、针对性和有效性,但必须注意二者在理论基础、学科体系、工作对象、内容与方法都有所不同,心理咨询技术只能作为辅导员开展谈心谈话工作的一个手段,一个有力补充,不能完全取代思想政治教育,辅导员只有明确思政工作的教育职责,正确处理好谈心教育与心理咨询的关系才能使思想政治教育既符合社会要求,又切合学生实际,既乐于被学生接受,又能起到真正的教育作用。

(二)加强心理学知识与技能的系统化培训

心理咨询技术虽然对辅导员开展学生思想政治教育工作有着重要借鉴作用,

但前提要求辅导员必须进行专业、系统的心理学知识和技能的学习与培训,配合大量的案例练习与督导后方可在实践中良好运用,运用不当,反而会使谈心教育陷入被动。辅导员应建立终身学习的理念,在工作中加强学习,总结经验,将心理咨询与思政工作的方法与技能巧妙糅合,科学运用,搭建起思想政治教育人性化平台,真正做到感知与理解学生的需要、动机、情绪、情感、意志行为,使谈心教育工作达到事半功倍的效果。

(三)构建辅导员谈心谈话工作评价指标体系

高校辅导员谈心谈话教育是一种理论、文化与实践育人模式,非医学治疗模式,针对的是心理正常的或部分处在心理恢复期的学生,而不是有心理、精神障碍的病人,目的是帮助学生消除阻碍个体发展的各种不利因素,达到"助人自助"的实效。为了建立健全重过程促成长的谈话机制,高校应当构建辅导员谈话谈心工作评价指标体系,包括学生动态信息档案、谈话记录、评价指标与报告等,将评价指标体系纳入辅导员考评工作中督促辅导员真抓实干,体制的构建与完善对促进辅导员落实深度学生工作有切实的效果,对进一步加强和改进高校辅导员思想政治教育工作有深远的意义。

总之,将心理咨询技术较好地融入高校辅导员谈心教育工作是创新大学生谈心谈话教育模式的重要途径,也是扎实做好新常态下大学生思想政治教育工作的有效方法。

参考文献:

[1]郭念锋.心理咨询师(二级)[M].北京:民族出版社,2005(7).

[2]钱铭怡.心理咨询与治疗[M].北京大学出版社,1994.

[3]丁明霞.高校辅导员谈话艺术探析[J].科技资讯,2007,(16).

[4]朱世宏.高校思想政治教育工作实效性探析[J].西南石油大学学报(社会科学版),2008(11).

[5]张超锋.心理咨询技术在辅导员谈心教育中的应用[J].改革与开放,2013(1).

[6]黄坚亮.苏格拉底哲学在辅导员工作中的运用[J].临沧师范高等专科学校学报2015(5).

(文/人文与管理学院 宋雁秋)

抑郁倾向青少年的叙事治疗个案报告

在1980年，Michael White 和 David Epston 编写的《故事、知识、权力——叙事治疗的力量》出版后，诞生了一种新的治疗方法——叙事疗法，即倾听来访者的问题故事，从中找出其"闪光事件"，以唤醒被封存的内在积极力量，重构人生故事，促使认知改变。叙事疗法要先对充满"问题"的故事叙说（串联"主线故事"），再利用问题外化和解构，将问题与人分离，使故事"由薄到厚"，同时挖掘"闪光事件"，最后重构一个积极有力量的故事。

叙事心理治疗作为后现代心理治疗的技术，目前受到广大咨询师的认可，它不再以"问题"为中心，而是聚焦于问题的解决，即从来访者的问题故事中找到被来访者忽略的闪光点，从而发掘其潜在的力量，帮助其成长。

本文通过一例因多年梦想破灭又面对高考压力的抑郁倾向高三女生的心理咨询，探索叙事疗法在实际咨询中的应用。

一、个案与方法

（一）一般资料

王某，女，18岁，高三。独生女，父母均是知识分子，自小管教较严格，来访者小时候起性格内向，害羞少话，父母为了让其变开朗，经常寻找机会让其上台跳舞表演，此后性格稍微有所向外，但与父母关系一直较疏离。王某8岁起梦想当一名模特，高中考上当地重点中学，成绩一般，高二起盘算高考要报考模特专业，但父母得知后认为这个专业不现实并多番劝阻，此后，来访者极力维护自己的梦想并与父母矛盾不断，成绩也开始下降。高三起，由于成绩不理想，而自幼又有绘画功底，父母让其转美术高考，来访者半推半就答应下来，但由于美术高考需要很早开始准备，她转美术后开始跟不上随后厌倦画画，出现情绪低落，失眠，记忆力下降，不愿跟人交往，曾有过自杀想法。由父母陪同前来本咨询室前一个多月，来访者曾先后主动寻求过医院心理科以及几个心理机构咨询，被医院诊断为"疑似抑郁症"，服用抗抑郁药无好转，而求助心理机构做咨询后收效甚微，遂对心理咨询失去信心，症状更重。父母焦急万分无计可施，到处打听心理咨询机构，希望再为其做心理辅导，于是联系到本咨询室。

（二）治疗思路

精神病学把这种处于抑郁情绪中,存在部分抑郁症状,但又不符合重性抑郁发作症状指标(具有9项中的5项以上)和病程指标(至少2周)的抑郁,称为阈下抑郁(或称为抑郁倾向)。阈下抑郁的基本特征:(1)睡眠不良(2)对身体的主观体验不良(3)食欲不振(4)丧失自尊心、自信心[1]。

本个案抑郁有明显的诱因,而且服用抗抑郁药无效,也与阈下抑郁相似,于是咨询师尝试使用以叙事疗法为主导的心理咨询。

叙事疗法认为有问题的主线故事会把记忆中没有问题的故事过滤掉,即排除掉记忆中有希望、有力量的经历而产生负性自我认识,导致心理问题的出现,而王某经历梦想破灭和现状失意后,负性认知占强势,难以正确看待自我,因此先将充满痛楚的"主线故事"串联。而咨询师引导来访者用问题外化与解构技术重整记忆经验后,"寻找例外"事件重新编排"人生故事"便可以修正自我认识。本个案治疗共进行6次,每周1次,每次45-60分钟,时间根据叙事进程和内容调整,同时使用心理测量进行治疗前、治疗后及随访时的心理状态对比。

（三）工具

症状自评量表(Self-rated Health Measure merit Scale,SCL90):共90项,得分越低健康状况越好。Beck抑郁问卷(Beck Depression Inventory,BDI):用于评价抑郁的严重程度,总分0—63,得分<4分无抑郁,5~13分轻度,14~20中度,得分>21分重度。自我和谐量表(Self Consistency and Congruence Scale,SCCS):测量个体自我与经验之间的协调程度,得分越高自我和谐度越低。

（四）治疗过程

1.第1阶段(第1次):建立叙事关系叙说故事

叙事疗法的咨询关系是绝对平等、去权威化的关系。咨询师的任务是塑造尊重,透明和好奇的环境,不设预定立场的咨询态度来营造这种叙事咨询关系。

该来访者由于求助过其他心理机构感觉得不到帮助,所以对本次被动约访有所抗拒。初次咨询刚开始的时间来访者基本沉默应对,时而握紧衣角,时而擦拭泪水。叙事疗法的咨询关系是耐心同理贴近来访者,因此需要足够的尊重理解让其感觉被接纳。

(沉默25分钟后)咨询师:很感谢你在这么困难的时候还能够准时来到,如果你只想坐着不想说话,那我就陪你好好坐着,或者你想我做什么让你舒服,你尽管告诉我,你说这样好不好?

来访者听完这话,似乎有所触动,默默地将她之前到其他心理机构时写下的当时的抑郁状况以及在医院做的各种量表结果递给咨询师。咨询师很认真的看过各种资料。

"嗯,很感谢你能跟我分享你之前的资料。我认为,有时人不是问题,问题才是问题,人是有能力解决自己问题的专家。所以,我觉得这么多的检查结果可能并不能代表你本身。不知道这样说你是否认可?有时将问题看成你身体以外的东西并且询问它对你的影响,我发现这样有助带来新观点,有时这样想也可以帮助我们找到解决问题的办法,你觉得我们也试试看好吗?"(外化引导)

来访者默默听完这番话,泪珠开始掉落,也许初次接触将人与问题分开来思考的方式,她开始有所放松,把身体后靠在沙发上,慢慢地开始叙说关于她自己的故事。咨询师用心倾听过程中,一直努力做到相信来访者是面对抑郁症的主人,并透过自己的回应将之传达给来访者,同时也倾听来访者在挣脱抑郁症的努力过程中,所展现的力量。

2. 第2阶段(第2~4次):问题外化和解构技术

叙事疗法中的问题外化,是指相信问题才是问题,人不是问题,人与问题是分开的,来访者是有能力成为自己生命的专家。当人与问题分开的时候,人会由无力感进入到有力量、有很好情绪及能量状态去面对问题、去珍惜自己的问题。

邀请来访者为问题命名,"我们已经谈了很多关于你的故事,我们可不可以为整个情况取一个名字?对于命名你有没有什么想法?"

来访者:让我想想……可以叫做"乌云密布"吧

叙事疗法中的解构技术,就是看见原本建构的有限,打破原有视框,带领前往新可能性。邀请来访者探索对问题感受,想法的来历,问题的影响力,看自己是如何被建构的,并提供从不同的观点和角度来看自己故事的机会。

1)在外化命名之后,需要再详细了解问题的长度、广度和深度以及影响等。

长度:与问题的历史相关:乌云密布是什么时候开始的?随时间恶化还是改善?

来访者:乌云密布是一年前开始的,基本一直都这样,有时好一点有时坏一点。

广度:问题的影响范围。"乌云密布这个问题影响了你生活中的哪些层面?"

深度:问题的影响强度。"乌云密布的严重性是什么?"

2) 当这个抑郁来的时候,你体会到什么呢? (体会到自己能力弱小,自己没用,没有价值)

3) 抑郁背后,自己有什么样的渴望? (嗯? 抑郁了,就不用面对这么多解决不了的困难,可以暂时逃避一下)

4) 在什么时候自己会去抑郁,那个时候抑郁会带给自己什么好处? (如果真的有好处就是可以暂时有点宁静,思考一些东西吧)

5) 从1到100分之间,你认为抑郁占据你生活比例?

来访者:85%吧,人不可能全部都被它占据的。

咨询师:还有15%是自己可以掌控的? 当你感觉不到抑郁在身边时,那时候你在做什么呢? 能谈谈什么时候什么情景下不受掌控?

来访者:前几天早上天气很好,突然想去画画,到书房里临摹一副风景画,那时感觉静下来了,看见自己窗上的影子精神很多。

咨询师:在这么艰辛情况下还有平静下来的时候,很不简单,能详细说说那天画画细节吗?

在问题例外场景描述中,来访者沉浸在难得的快乐里,随后拿起当天所画的画与我分享。在绘画分享中,咨询师引导她的画中的投射,并将积极部分的做了深入分享。此后,来访者情绪有了很大改善,咨询关系进一步加深。

此咨询阶段,来访者在咨询师的叙事引导下描述出"乌云密布"的样貌以及它随后的发展,以及它对来访者的影响,并提供多角度叙事自己的故事,其中分享绘画作品的部分使整个叙事开启了支线故事的入口。

3. 第3阶段(第5次):重构开启支线故事

当抑郁尝试夺走来访者的快乐和希望事,主线故事似乎就是很让人沮丧失望的,但另一个支线故事却道出来访者在抑郁强烈攻势下仍然存在自我保护的能力,来访者谈到来访前一个月主动到处寻医的过程,还有此前谈到还有15%的不受抑郁控制的时刻等事件,都可以成为特殊意义事件串成支线故事。叙事重构问话,探索来访者如何透过各种尝试去影响问题:

咨询师:一年多了,你仍然在面对这个乌云密布,我非常的好奇,在这么长时间里面,一直面对它,而没有被这个完全击垮,还不断努力寻找各种心理机构的帮助,你是如何做到的呢? 你看见自己难得的地方在哪里?

来访者:我是没有办法了,我只能想办法不让自己这样颓废下去……

来访者已经在重建支线故事,咨询师继续邀请来访者探索如果支线故事继续发展下去会将生活带向何处。

咨询师:你想对这个乌云密布说点什么呢?希望跟它保持怎样的关系?

来访者:我现在都这样了,最糟糕也就这样了吧?还能怎么呢?它爱干什么就干什么吧,我不跟排斥它或者跟它斗了!顺其自然吧,下周有阶段考试,我想该要准备一下了父母还是很爱我的,我体会到他们的苦心!梦想虽然破灭,但我可以做些别的跟它相关的事情。

采用故事积极力量分析、同类型故事连接以及不同类型故事迁移的技术,与来访者一起将"例外事件"进行串接成为新的支线故事,为其提供新的选择,以构建新的生活视野和积极力量。

4. 第4阶段(第6次):强化正性自我

结束治疗与追踪巩固阶段。咨询师对来访者给予正性自我给予肯定和强化,采用颁发证书强化技术提升治疗效果。

文字的力量是强大的,叙事疗法透过证书等形式让文字的力量得以发挥在正向的用途上。记录改变的信件能够强化来访者和他人眼中的重要改变。

二、结果

王某自评:心理测量结果显示,治疗后 SRHMS 的心理健康和社会健康子量表得分分别升高了 74 分和 75 分,BDI 得分降低了 26 分,SCCS 得分降低了 28 分,3个月后追踪随访结果也显示治疗效果得到了维持。而其父母在咨询后与 3 个月随访也表示来访者抑郁症状确实有所改善。

三、讨论

本研究采用叙事疗法对中国文化背景下的一例抑郁情绪进行治疗,效果较为显著。

叙事疗法用于抑郁倾向,主要工作是寻找抑郁故事的与此同时发生的"闪光故事",为生活事件提供正向意义的解释。本案例中,来访者经历了很多生活事件的不如意,并给予了"我很失败,生活没有希望了"的结论,通过挖掘"闪光故事"使封存的积极经验被意识,从而重构为"我是坚强和有力量的,我也被父母深深地爱着"。这与精神分析疗法相比,对闪光事件的关注可减少因反复回忆创伤经历而引起的重复创伤体验并使疗程减短;与焦点解决相比,对心理的修复不只停留在表面而是更深入贴近来访者本身,更可对人生经验与自我认识进行重建。

最后,笔者认为,叙事疗法强调个体的心理问题是通过语言建构的一种叙事结果,而心理治疗则是解构已固着和僵化的"叙事",挖掘"闪光故事"和重构"叙事"对话的过程,这个过程相对愉快积极向上,适合在心理咨询中整合应用,也特别适合在思维未固化个性待完善的青少年心理咨询中广泛应用。

参考文献:

[1]许碧云,陈炳为,倪宗琳,等. 青少年行为、情绪问题与生活事件典型相关分析. 中国循证医学杂志,2004,4(4):236-266.

(文/心理咨询中心 张淑红)

第三部分 03
香港中文大学全人育人的做法及启示

第七章

全人育人模式

香港高校全人教育模式及启示

"全人教育"的是一种整合以往"以社会为本"与"以人为本"的两种教育观点,形成既重视社会价值,又重视人的价值的教育新理念。其内涵是指:从内涵来石,全人教育主要关注的是"完整的人",培养人的完整发展,使人在身体、知识、技能、道德、智力、精神、灵魂、创造性等方面都得到充分发展[1]。20世纪70年代,年代末期,作为全人教育的主要提倡者,隆·米勒正式提出"全人教育"的概念,其理论阵地是在其起源地美国,延伸至北美地区和英国与澳大利亚等国。香港地区也深受影响,香港教育统筹委员会于2000年提出"终身学习、全人发展为目标,建立一个时代教学制度和教学模式。他们推广全人教育,注重全方位学习,发展多元化的学习范畴及层面,强调德智体美全面发展,培养应用型人才。通过"全人教育"使学生获得德、智、美育及有关社会、政治、文化等多方面系统知识,为大学生今后发展打下牢固的基础。

一、香港全人教育的具体做法

(一)重视通识教育

在香港许多高校系统地开设了通识教育课程,"通识教育"旨在推行均衡教育,以扩展学生的视野,协助学生拓展其心智及独立思考能力,实现学生全面的成长及发展。他们把通识教育正式列入大学整体教育的组成部分,并规定每个学生必须修满通识教育的科目和学分,方能毕业。比如香港中文大学的大学通识教育课程,由全校所有学院学系合力提供。行政方面,设有大学通识教育部,由校长委任大学通识教育主任,负责统筹以及推行大学通识教育工作。各科教师来自不同的专业领域,开设的通识科目都以专业的深度和修养为基础;学系开办通识课程时,除考虑本科教学的目标外,更要注意学科知识与其他学科的联系,以及和现代社会生活经验的关联。同时所有科目均有严格机制定期审视,以保证通识学科的素质[2]。除了普通的课堂教学,还有许多其他形式来实现通识教育。例如,他们会经常安排针对同学兴趣的社会名流、专家学者的讲座。

(二)提供各种专业辅导

香港高校非常重视学生的各方面辅导,给学生提供学业、生活、价值、心理辅导,非常有助于大学生的成长和个人能力的提升。1. 心理方面。学校会积极开展心理评估,为新同学安排心理评估,也为有需要的同学提供心理测试,如身心健康问卷、性格测试,以加深同学对自己的了解;2. 个人成长活动。举办不同类型的活动和工作坊,与同学探讨在生活和成长中所遇到的问题,以提升个人处事待人的效能。经常会心理健康教育推广;3. 学业方面。如香港中文大学以学院、学系为本,设置学业指导,第一层顾问:协助学生解决学业上的问题提供各方面的信息,让学生得以均衡发展。第二层顾问:提供进一步的辅导学业有问题的同学,选课前,须经第二层顾问批准,提供协助或转介;4. 就业方面。注重学生就业辅导服务,毕业生求职指南讲座,就业辅导工作坊,工商机构探访,职业资料展览,职业资料讲座,求职信及履历表写作工作坊,模拟面试工作坊。在各种辅导中体现专业性。香港高校学生事务有着独立的地位、专门设置的机构、职业化的工作岗位和专业化的管理人员。学生事务管理人员必须的具有心理咨询、职业指导、教育学、学生事务管理、学生发展等专业背景的人才,同时是经过专业培训,具备良好的道德修养和较高的个人素质,并且在学生事务工作上具有丰富的经验和职业道德,为学生的提供专业和细致的辅导和帮助。

(三)多元的校园文化

香港高校学生活动异常活跃,具有众多的学生团体,香港高校学生会是不依赖于行政拨款的自主活动、众多属会,活动异常活跃自负盈亏的独立社团法人组织下辖,具有以下特点:学生自由选举产生,运作及财政独立、学生主导,有很强的关心社会公义的传统,有参与大学管治的传统,有助于培养富有社会责任感的公民和领袖人物,为团结同学,促进德、智、体、美的发展,谋求增进学生福利、沟通学生与学校的关系,并为社会服务。同时,每所学校都成立许多学生业余社团组织。社团在自愿原则的基础上按不同的爱好与兴趣组织起来,大致分为学术类、体育类、文艺类、服务类等。通过各种形式的丰富多样的社团活动,通过学生活动,丰富学生校园生活,推动学生透过不同活动增强体验式学习,扩大了学生知识面,完善知识结构,也培养学生的群体意识,学会正确处理人际关系,增强对集体、社会道德观念的负责精神。在校园活动中注重学生参与主体性,学生通过自发组织进行丰富多彩的课活动,学生们的沟通能力、社交能力、组织能力、合作能力以及领导能力才有了被挖掘的机会。有了课本上学到的知识,再加上校园活动培养的各种能力,香港高校的毕业生得到了比较全面发展。他们积极创造各种机会,筹办领袖培训计划、外展训练计划等各种形式的学生活动以满足学生们社交和闲暇活动的需要,也为学生提供锻炼能力,服务于社会的机会,以适应人才培养目标的需要[3]。

(四) 服务育人

香港高校的一切资源为学生开放,学校的一切工作都为了千方百计满足学生多样化、多层次、多方面的学习需求。形成全方位学生支援服务,如学院、学系、学部进行学系指导、实习安排,学能提升,书院负责本科生关顾服务及体验式学习。学术支援部门、图书馆、自学中心、语文部门等等,还有大学保卫处、校园发展处的大力支援。尤其与学生事务处的服务范围最广。设有就业指导、心理辅导、学生活动辅导、奖学金及经济援助、文化康乐设施管理、提供体育活动课程、舍堂管理、联络学生会及各学生自治协会、协助海外留学生和残疾学生、学生膳堂、网上设施等服务。这样的一种工作内容和工作范畴无不贯穿着全人教育、学生为本、服务至上、服务措施齐全等特征,也是香港高校学生事务工作的独特标志。在服务中持以人为本、务实高效的服务理念。香港高校认为学生工作应秉持"学生为本"的理念,使学生工作人员始终保持高度的敬业精神,对学生的各种需求能以积极态度对待,处处为学生着想。他们将自己的服务宗旨定位于"为学生提供周详的服及设施,以帮助学生的成长,发挥其潜能及提高其学习能,即把学生视为够对自己行为、思想负责的成人;充分发挥学生主体性,实现学生的自我管理,这样培养出来的生主体意识和自我负责观念强,一般较为独立服务至上,表明了香港学生事务工作者的一种积极的工作态度,一种合理的定位,以及对学生个性成长、发展的充分尊重和肯定[3]。"

(五) 全员育人

在香港的高校,教育人员范围广泛,除校内的专业教师、教育行政管理人员、学生自治组织和各种协会社团之外,校外的专业学会、政府有关部门、各行各业的社会代表组织、理论研究专家以及各种类的校友等都对大学生全人发展给予了相当力度的支持与帮助。同时香港高校非常重视将各种社会资源纳入到了大学生的培养中来。如校企联合在香港,学校与企业合作培养人才是一种常态。香港职业教育校企合作模式具有按市场需求确定办学方向;从企业精英中选聘专业教师;企业人员参与教学各环节的活动,校企合作共同营造职业教育的育人环境。这些都给内地职业教育较多的启示:政府宏观指导、资助和监督作用;较完善的校企合作机制;庞大的业界网络提供明确的办学方向和就业渠道;学历文凭与资格证书等价的制度。香港高校通过培训、讲座、研究、咨询等方式将社会各界的专业知识、工作经验、资源信息有效整合并综合加以运用,不断强化全员育人、多方协作,善用社会资源,从而构建了一个广泛参与、多角度、全方位、立体式、开放化的高校学生培育体系[4]。

二、对国内高等院校的启示

(一)普及全人教育理念

香港高校推广全人教育,注重全方位学习,发展多元化的学习范畴及层面,强调德智体美群全面发展,培养应用型人才。全人教育所追求的是青年大学生在此阶段所能达到的最佳境界和状态。相对于国内普通高等院校提倡的素质教育理念,效果还是不够明显,更多的侧重应试教育,以学科及就业为导向,注重专业人才的培养,但对大学生的全面发展不够重视。主要表现为大学生人文知识贫乏,心理问题多,学生自我管理和社会责任感弱等问题我们应该学习和借鉴香港高等教育的全人教育理念,深化高等教育改革。首先进行课程改革:普及全人教育相关课程,根据青年大学生的需要,开设文学、哲学、史学、心理学、社会学、美学、生态学、就业创业、人际关系、恋爱婚姻等方面的内容。改变当前高校公共课和选修课课程内容单一,教材滞后等现状,将公共课和选修课与道德教育、公民教育、审美情趣等结合起来,培养青年大学生面对问题的思考能力、判断能力和解决能力。其次注重渗透式教育,把全人教育与社会实践和各种学生活动结合起来,通过公民教育、传统文化、宗教学习等通识教育的课程以及广泛的社会实践活动来进行的,在实践中进行渗透式教育,真正实现了知行统一,做到润物细无声。同时注意和社会结合起来,高校各部门应该通力合作,相互形成合力,全员育人多方协作、共同参与的育人工作实践,充分利用校内外丰富育人资源,建立校企合作,联合育人,开辟实践基地。

(二)提高管理和服务的专业性

香港全人教育的效果和有高水准的学生管理队伍是分不开的,他们形成专业化、职业化、专家化。反观当前,高校学生工作队不同程度地存在着专业性不够等,学历层次和学科背景各不一样,学工队伍地位不高,队伍不够稳定,工作更多是打杂和保姆的现状。首先需要打造专业化的学工队伍,可以参考香港高校的学生事务内容专业化,把学生事务进行专业分工,学生工作人员都有高度专业化的分工,每个人各司其职,能将工作做的更加专业、更加到位服务内容专门化,比如学生事务工作人会扮演以下角色,服务角色、辅导角色、教育及学生发展角色校园环境及气氛营造者的角色、桥梁的角色、危机处理的角色、学生专家的角色和市场推广的角色[5]。其次通过加强辅导员队伍专业培训、给辅导员提供更多的进修与交流机会,加大对学生工作队伍的培养与投入,提高学生工作的专业性与职业性,如此势必会增强整个队伍的进取精神,从而有效地提高内地高校学生工作的整体水平。鼓励现有学生辅导员进修心理学、社会学、教育学、社会工作学等知识,待时机成熟时,各学院自行把关采用轮岗制,以便多方面激发学生工作人员潜能,从而铸就一批"职业化、专业化、专家化"的学工队伍。

(三)关注学生的主体性和发展

香港高校全人教育一个明显的特点就是"学生为本、自我管理"的工作原则。认为大学生已是一个"成人",已是公民,已具备法律层面的全面权利能力和完全行为。通过各种途径和活动强化学生的主体性,培养学生的权利意识、参与意识、主体意识、独立意识、创新意识、自律意识,尤其是自我负责观念。

反观国内高校,大学生主体意识薄弱,过分依赖老师和家庭,独立意识弱,自我意识弱。我们需要培养学生的主体意识。在教育教学活动中让学生占主体与中心地位,学校给充分的信任,给予学生广阔的空间去组织和支配自己的学习与生活,生活中以学生为中心,管理者、执行者、行动者都是学生,能很好锻炼青年大学生独自思考、独自行动、独自解决问题的能力学生积极主动参与校园的学生自治组织和活动机构一级组织丰富多彩的学生活动。关注学生的全面发展和个性发展强调学生发展模式的多元化同时兼顾学生的个体潜能发展,注重学生个体之间的不同,针对不同的群体进行行细致化与专业化的指导与服务;香港的许多高校提供心理辅导、心理评估、心理健康教育等服务,帮助学生树立自信,教导学生学会管理时间,懂得自我减压和舒缓焦虑,培养学生符合新经济发展要求的灵活适应力和创造力,协助学生科学发展及健康成长。

参考文献:

[1]谢安邦、张东海,全人教育的理论与实践[M],华东师范大学出版

社,2011.

[2]梁美仪.香港中文大学的大学通识教育[J].国家教育行政学院学报.2005(10)

[3]张红,张行."全人发展"育人理念下的香港高校学生工作特点分析及其启示?华北电力大学学报(社会科学版),2011.06

[4]魏长龙,王敏.香港高校学生工作的探察与思考[J].衡阳师范学院学报.2012(01)

[5]夏志红,高明.香港全人教育对内地高校学生管理工作的特色化启示[J].价值工程.2012(36)

(文/第二临床医学院　黄晓丽)

全人教育理念下的高校学生事务工作思考

——香港中文大学全人发展教育启示

香港中文大学以融合中西、贯通古今为办学宗旨,"学科为本"与"学生为本"精神并重,采用独特的书院制度,践行通识教育和全人教育的思想,致力培养融合中西学术文化和知识的学子,这种精神与理念,成为香港中文大学的象征与标志,受到广泛认同,学生事务工作成效显著,成为典范。

一、香港中文大学的全人教育理念内涵

全人教育理念要培养的是"完整的人",全人教育没有固定的范式,旨在培养具有广博的知识背景、能独立思考、能解决实际问题、具有社会责任感、价值观念和道德操守的完整健康的人。香港中文大学采用学院与书院教育相结合,充分体现全人教育的理念,学院更注重培养学生的专业知识,书院则更注重学生个人品格的发展。通过增加体验式的学习均衡地提高学生全方面的能力,每个学生参加的课外活动、服务以及获得的成就都会记录在册,涵盖了学生全人发展的"I CARE"范式的"人格与德育(I)"、"创意与知性(C)"、"生活艺术与美学(A)"、"人际关系与群育(R)"、"活力与身心健康(E)"5个范围。由此可见,范式中的人格和德育是内在品格的培养,创意与知性是智商的培养,生活艺术与美学是对情

商的培养,人际关系与群育是社交沟通能力的培养,活力与身心健康是外在健康的培养,这些培养涵盖了作为一个"完整的人"所要具备的各方面的条件,通过"I CARE"的记录科学地分析、研判和评估学生通过体验式学习所学到知识的程度、广度和深度。

二、真正以生为本,实施全人教育

(一)书院制和"非形式教育"服务全人发展

香港中文大学自立校伊始,就树立了"结合传统与现代,融合中国与西方"的精神,坚持全人发展价值,实行"书院制"和"导师制","形式教育(课程学习)"和"非形式教育(课外各类活动和实践)"相结合。"形式教育"由院系负责,"非形式教育"由书院主要负责,让专业教育和通识教育在课上课下均衡发展,既能为学生提供专业的知识、技能和素质训练,又以各种活动丰富学生课余活动,培养学生的"I CARE"全人素养。同时,学校各部门的管理和服务也极富人性化,融入熏陶教育。学生被院系录取入校后,根据学生个人志愿选择安排到9个书院,教师也分别选择进入各个书院,师生均有学院和书院两重归属身份。每个书院都有自己独特的文化传承有利于相似价值取向,学科专业不同的师生在同一个书院里思想相汇交融。在书院和学院里,每名学生都配备1名导师,每个书院有独立的宿舍、食堂、学术、文娱、体育设施,导师与学生可以经常性进行沟通交流,对学生的课程选择、学习方法、发展规划等进行针对性的指导。在个别学生学业方面有特别疑难的问题需要支援时,学院的导师即可提供专业的指导意见和帮助。

香港中文大学书院的院训、校园人文景观、校园标识、校园文化活动都通过外显或内隐的方式融入了中国优秀传统文化,提升学生的人格情操。书院十分重视学生的"成人"教育,各书院致力于培养学生高尚的情操、求知的兴趣、开阔的视野、睿智的人生领悟以及团队精神。如联合书院的"明德新民"的院训,就把"德"置于培养人才的首位;崇基书院所秉持的"止于至善"院训,也正是全人教育的最佳诠释。各书院的日常事务安排和活动的开展,也紧紧围绕"全人发展"理念,各类学术讲座、专项计划、辩论赛、参观考察、社区服务等活动,使得学子们从入校之日起,就不断在知识、道德、思维、操守、能力等方面有意识有目的的接受全方位的训练,从而丰富人生经历,为将来的进一步发展奠定了基础。书院提供给每一名学生同等的机会参与其中。学生在活动中可以进行独立思考、解决问题,激发学生最大程度的发挥潜力,同时,让学生深刻认清自己的优势与不足,并在活动中学会包容、谅解、尊重、欣赏及合作,培养良好的个性品格,提高个人品位。

香港中文大学书院制度的特色之处在于书院和学院的功能和职责定位清晰，分工明确，专业化运作，学生的学术学习和全人发展素养培育相对独立。同时，"非形式教育"包含的通识课程与各种活动项目、正规课程相辅相成，既有利于培养学生术业专攻的精神，又利于培养学生的思维能力、人际关系技巧、文化品位、自信心和责任感，更可以运用各种奖学金与援助计划充分发挥个人成长的潜力。

(二) 学生事务处服务和桥梁作用彰显

学生事务处成为书院与学院相互联系的桥梁，是实施全人教育的重要补充。主要负责组织及支援学生活动、管理学生活动设施、协助非本地生及推动多元文化交流、增强学生与大学的沟通、提供辅导及有关服务、增强学生的竞争力与就业前景、提供残障学生支援服务。大学除了着重专科训练外，还应培养学生慎思明辨的能力和文化意识，后者更是现代及未来世界公民的特质。香港中文大学既重视正规课程，亦强调非形式教育的重要性。师友计划便是非形式教育当中的一环。师友计划由学生事务处举办，旨在协助学生扩阔视野、贴近社会，并透过向资深的专业人士学习，汲取宝贵经验，确立就业及人生目标，同时丰富个人网络。这项计划学长们来自不同界别，包括公务员队伍、商界、社福界等，除多位历年支持计划的前学长外，当中更包括不少大型企业的高级行政人员及校友。这些校友不仅拥有扎实的专业背景，还拥有深厚的社会背景和丰富的人生阅历，作为学长特别的角色定位，拉近了与学生之间的距离，使他们可以分享经验，在对方身上学到不同行业以及专业的知识，同时也可以在就业选择上得到来自实践一线的建议和意见。各学长于百忙之中抽空参与计划，与学生分享他们的经验与智慧，于人生各方面提供建议及辅导，并以回馈社会和培育未来领袖为己任，为学生树立了最佳榜样，同学们对世界、中国内地及本港大事有更深入的认知，也启发了他们发挥所长，回馈社会，成为一个负责任的公民。

(三) 培养学生的领导意识和领导能力

2001年开始的领袖培训计划主要通过对学生提供专业的管理及领导力的课程来增加学生分析问题、解决问题的能力。博群领袖培训课程主要从专业知识讲授、海外学习团、实践性很强的活动这三个维度对学生进行培养。培训的合作单位主要范围在台湾、澳门和内地，在这些地方挑选优秀的学生到香港与中文大学的学生一起进行培训。培训主要通过组织各种交流、访问及研讨会的形式进行，提高学生的管理以及领导能力。对于专业知识课程的设定主要根据对领袖才能的定位即：对世界的感知、认识事物的方法、组织工作的技巧实践的经验。

(四)培育学生的全球视野

香港中文大学的通识教育为大学整体教育的重要组成部分,推行均衡教育,以扩展学生的视野,培养抽象与综合思考能力,使其在急剧变化的现代社会能正确处理自我与社会、国家、全球的关系,内省与向外拓展总结和高瞻远瞩,脚踏实地。香港中文大学与全球 28 个国家和区超过 200 所学校有交流计划。计划涵盖学术合作、双方学生交流、教师交流、协作教学计划等多方面内容,每年有 20% 的学生至少可以获得一次参加海外交流的机会,同时每年还有 2000 名学生参与短期进修、研究或实习。海外交流学习可以使学生体验不同的学习环境、掌握一门新的语言、深入到新的文化环境、提高职业前景和增强独立性。学生参加海外交流计划的比重相对较大,同时,学生在海外大学的学分也可以转换为在中文大学的相对应课程的学分,使他们可以有更大的空间可以学习自己感兴趣的专业。

(五)强化学生的实践体验

暑期实习计划是培养学生实践感的重要渠道,香港中文大学为准大一学生提供了为期两周的暑期学习计划。让他们在计划中找到自己感兴趣的专业,他们可以参加由中文大学的讲师或者教授讲授的课程,也可以参观学术研究院以及实验室,还可以使用大学设施,让学生体验大学宿舍生活,学生可以选择体验,可以不选择,自主性非常强,这本身就是一种自主意识和自主能力的培育和训练。香港中文大学的暑期计划中的国际学习计划可以让学生在本地就有机会和来自全球不同国家的同学在一起生活和学习,在一个多元文化的环境中互相了解中国文化,体验香港中文大学独特的学习环境。学习计划为期五周,涉及商业、医药、工程、环境、人文社会科学等方面。

(六)契约式服务管理特色鲜明

香港中文大学 9 个书院各具特色,如新亚书院重视承续中国传统文化;联合书院重视促进中西文化交流;崇基书院着重博雅教育;逸夫书院交流项目众多,善衡书院、敬文书院、伍宜孙书院提供全宿共膳,但都提供契约式的服务。在学生选择前,书院都会将基本情况、特色、学生生活、通识课程、奖学金及经济资助等与学生有关的事项甚至具体到宿舍生遴选细则都通过多种方式告知学生。学生选择该书院,即和书院建立契约关系。契约式服务管理更能发挥学生的主体性,使学生感到自己与书院管理者的平等,从而便于接受管理,并能主动参与管理,提高归属感。

三、启迪与借鉴

由于坚持文化多元,香港中文大学全人教育的发展汇聚了多重力量的角逐和张力,是一个矛盾综合体,同时也是其活力的来源。中文大学的全人教育的所有环节是一个有机的整体,从理念、制度、运行、评估,环环相扣、互相连接、互相融合。香港中文大学全人教育对传统文化的重视,对学生全面素质的重视,对评估的重视,值得内地大学全人教育借鉴。

当前,内地高校关于大学全人教育的学术研究与实践探索蔚为大观。但是,内地高校有其自身的教育使命和文化条件,完全照搬香港中文大学全人教育和通识教育的做法可能出现"水土不服"。因此,我们只有坚持自身主体性前提下的借鉴,立足内地大学全人教育面临的重要问题,因地制宜实施全人教育。真正做到为我所用,才开创出内地高校的全人教育特色,形成有中国特色社会主义的人才培养优势。

(一)提升学生工作效能

香港中文大学学生事务工作项目分工明确、定位清晰,专业事务由专业人士专业运作,且充分调动学生的积极主动性,激发学生的自信心、责任感,培养学生真正自我学习、自我发展、自我成长教育的意识和能力。我们内地高校学生事务工作提出"以学生为本"、"一切为了学生、为了一切学生、为了学生的一切"等理念,提倡辅导员工作专业化、职业化、专家化,但现实成效并不明显。内地高校的学生事务工作定位宽泛,现实行政与学生事务分工不清,导致辅导员承受生命不可承受之重。不少高校机械地认为学生事务工作就是辅导员和学工的工作,教学和行政部门偏离全员育人的轨道。辅导员都身负多重职业角色、功能和职责,对学生方方面面的事务包揽太多,致使学生过分依赖,无法实现自我学习成长。同时,学生工作者身心俱疲,工作难以面面俱全,更无法做到职业化、专业化和专家化。因此,我们的学生事务工作需要敬畏专业,对学生事务进行专业的项目化分类,学生工作人员根据专长依据学生事务项目分工,物尽其用,人尽其才,专业事务由专业人员进行专业化运作,以提高学生工作的针对性和效能。

(二)在通识教育中定位核心价值观教育

通识教育所培育的人性和公民意识,内在蕴涵着价值观的培育与实践。人类社会发展的历史表明,对一个民族、一个国家来说,最持久、最深层的力量是全社会共同认可的核心价值观。核心价值观,承载着一个民族、一个国家的精神追求,体现着一个社会评判是非曲直的价值标准。中国共产党提出要倡导富强、民主、文明、和谐,倡导自由、平等、公正、法治,倡导爱国、敬业、诚信、友善,积极培育和践行社会主义核心价值观。"富强、民主、文明、和谐是国家层面的价值要求,自由、平等、公正、法治是社会层面的价值要求,爱国、敬业、诚信、友善是公民层面的价值要求。"[1]如何看待国家、社会、公民自身,是一个现代人所必须具有的基本的素养。作为社会主义的中国,坚持马克思主义指导思想不动摇,坚持中国特色社会主义信念不动摇,就必须把"富强、民主、文明、和谐,自由、平等、公正、法治,爱国、敬业、诚信、友善"这些"传承着中国优秀传统文化的基因,寄托着近代以来中国人民上下求索、历经千辛万苦确立的理想和信念,也承载着我们每个人的美好愿景"的价值观作为我们的通识教育的根本指针。社会主义事业是青年人的事业。青年大学生是国家的未来、民族的希望。社会主义核心价值观能否成为他们的基本遵循,并身体力行大力将其推广到全社会去,事关社会主义事业的未来发展和人心基础。目前的通识教育中,对社会主义核心价值观存在一些模糊认识,需要进一步正确注重定力,保持政治鉴别力,这样,才能培育社会主义合格公民,这样的公民既需要有坚定的政治立场,又需要有分析、鉴别的能力,二者不可偏废,缺一不可。

(三)重视学生全面发展

香港中文大学通过"I CARE"范式对学生通过体验式学习学到的知识范畴进行分析,而我国内地对学生学习的评估方式主要是考试为主。我们内地高校缺乏对于体验式学习的课程的设置,评估也不完善。香港中文大学的"I CARE"包括对于学生的人格培养、智商培养、情商培养、社交沟通能力培养和外在健康的培养,通过专业的分析进行课程设置,所有专业的学生必须在"四范围"的每一个范围中至少选择一科进行修读,使得学生获取的知识更加的平衡和全面。虽然内地很多大学也有海外交换计划,但是范围相对较小,学生的参与程度不高,内地高校的很多暑期社会时间计划也流于形式,难于深入。中文大学的体验式学习是一个双向的学习,譬如师友计划、领袖培训计划、海外交换生计划和暑期实习计划。这些体验式的课程对于学生的全面发展起到了很好的作用,我国内地大学通过借鉴可以增加这方面课程的设置和评估。

(四)加强通识教育制度化监督

香港中文大学教务会下设教务会通识教育委员会,主要负责通识教育科目的开设和审核。教务会通识教育委员会下设两个平级委员会:教务会通识教育委员会常务委员会和书院院务委员会及通识教育委员会。由于大学的通识教育科目由所有学院的学系共同提供,所以学院院务会、学系系务会和学系的教师需要分别和大学通识教育部和书院通识教育办公室沟通大学以及书院的通识教育课程。对于课程质量的考核,从一门课程的开设到最终对于该课程的反馈都有一套严格的流程。这样的流程是双向的,反馈需要的不仅是学科内部的审核,还需要的是学生的成绩分布以及反馈意见共同作用的结果。同时,还立足未来发展策略成立校外专家委员会,委员会对于大学的评定涉及面广,委员会对于学校的考察也设置了一个为期4年的周期。评价的内容涉及到学校教学的方方面面,同时委员会针对学校的教学、研究及奖学金、发展策略以及任何难以解决的问题提供建议,这样的开放式的评价给大学的发展提供了新的思路,充分运用了校外各方的全面监督[2]。

　　全人教育是内地高校所致力提倡的育人观念。在实践过程中,内地高校也通过设置通识课程来实现这一观念。但内地的通识课程大多以选修的形式出现,学生的重视程度不够。内地大学统一按照学科划分学院,强调专业教育,注重知识掌握。近年来众多高校开始关注通识教育,并纷纷开设了相关课程。共青团组织及学生社团组织也组织开展各种活动,形成了内地高校的"非形式教育"。但是,这种"非形式教育"更多的是由行政驱动、辅导员负责,约束性强,但组织性、扶助性、引领性欠缺,学生自发自主的活动缺乏专业指导,师生之间的课下接触很少,社会交往和处世哲学主要依赖学生之间的代际传承和校园文化熏陶。

　　内地大学的通识教育,只有站在培养社会主义合格建设者和接班人的高度,在整个社会变迁、政治发展、文化演化、市场需求等多重因素中把握现代大学生的成长环境和发展诉求,深刻把握通识教育的发展方向和价值导向,推动"通识教育中国化"的实践进程,使得通识教育服务于社会主义大学的人才培养。

　　为了更好地实践全人理念,内地高校首先应认识到全人教育的重要性,明确全人教育的意义,有效分配专业教育与通识教育的各项资源,构建合理有效的师生评价体系。在课程设置上,内地高校可以借鉴香港中文大学分层次设置课程的模式,注重多元文化教育,多角度多层次培养人才。在设置通识课程时,可从较低层次的文明素养课程逐步上升到高层次的跨科课程及特色课程。除此之外,一些健康体能科目与课外实践活动也列入到人才培养方案之中,只有在此科目中获得规定的学分,方能毕业。这种分层教学,可以将全人教育理念付诸实施,满足学生的需要,逐步提高学生道德、人格层次,培养学生的批判性思维,提高教育教学质量,让学生在校园内不仅是学习知识与技能,还要体会人生、发掘潜能、健全人格。因此,内地高校可以从把握好全人教育的基本内涵着手,根据院校本身的特点及不同层次生源的特点,校际之间可加强合作与交流,创设环境满足学生学习及活动的需求,设置不同层次、跨学科的课程。开展多种面向全体学生的、形式丰富的、真正有利于学生发展的活动,使学生潜移默化地成"全人",在今后的学业与事业上得以成功。

参考文献:

[1] 习近平. 习近平谈治国理政[M]. 北京:外文出版社,2014:168-169.

[2] 张亚楠. 香港中文大学通识教育研究[D]. 北方工业大学硕士论文. 2012:37-38

(文/公共卫生学院 胡勉强)

浅谈香港中文大学书院制视野下全员育人

香港的高等教育在亚洲乃至世界上都有很大的影响力,香港中文大学(以下简称中大)在2015年9月22日在"中国·两岸四地大学排名"[1]中已经排行第五。2015年10月11日-16日,学校组织了学工队伍和管理人员参加了中大的"学生事务及教学管理干部研修班",了解了两地的社会制度、两校办学模式、办学理念等诸多的不同,学习了中大的管理模式和方式,感受了不同制度下的教育理念,特别是对书院制下的教育有新的感触。

一、香港中文大学校园、教师与书院制感触

(一)构建浓郁校园文化,中西结合

中大校园宁静洁净、文化氛围浓郁。校园建筑依山而建,错落有致,盘山道路蜿蜒,曲径通幽;建筑边上山石、树木、花草基本保持着原始的状态,一幅人与自然和谐相处景致。在崇基书院进出学校,入口处即为一座牌坊,牌坊正面为"崇基"两字,两侧一副对联:崇高惟博爱本天地立心无间东西沟通学术,基础在育才当海山胜境有怀胞与陶铸人群,后为"止于至善"四字;在校园内可见柱碑、石刻、条幅等,都呈现反映中国文化的文字或图像,将传统文化融于现代校园中,体现了"任何内容都将通过形式展现"这一基本的道理,在校园即可感受的扑面而来的传统文化;同时学校兼顾现代文明和文化,校园内的宣传栏、公告栏、张贴外,都显得非

常规整,没有夹杂商业广告的内容;校园建筑基本以捐资捐建者命名,表达了对捐助者的敬意,也反映了提倡和鼓励反哺社会、回报社会的榜样作用。校园的建筑墙面、校道、课室(教室或会议室)乃至卫生间,感觉非常洁净,标识、提示语、图示和配套的设施都相应齐全,如课室门口放着可以供放置雨伞的篮架。

(二)国际化视野办学,培养领袖人才

中大是亚洲首屈一指的大学,在学习培训期间,多位教授和老师反复提及中大"结合传承与现代,融汇中国与西方"的使命,"努力成为香港、全国及国际第一流研究型综合大学,使我校建立于双语及跨文化传统"的愿景,"培养既专且博的人才,致力扩宽同学视野,培养综合思考能力,使学生成为领袖人才,贡献社会"的目标,将学校国际化办学的目标,学生培养目标贯穿于课程之中,在教与学中体现中大这所高校的责任和担当。"中大的宗旨是培育既专精知识又有处世智慧的人才,中大通过灵活学分制、书院制、中英兼重和多元文化,特设通识教育,以拓宽学生视野,及培养综合思考能力,使学生在瞬息万变的现代社会中,能内省外顾,成为出色的领袖人才,贡献社会。"[1]

(三)学院与书院结合,开展全员育人

"书院制,在国外也被称为住宿学院制,其主要是学生住宿管理一种管理模式,和大学的通识教育密切相关,导师制是核心,混合住宿和重视学生全面发展是重要特点,它没有教学的任务,只是教师和学生居住和生活的场所,只负责学生的日常管理。"[2]书院制是中大特色,在香港的大学中独一无二。中大分为学院和书院两个不同概念的"院"字,有8个学院,分别是文学院、社会科学院、法律学院、教育学院、理学院、工程学院、医学院、工商管理学院,9个书院,分别是崇基学院、新亚书院、联合书院、逸夫书院、晨兴书院、善衡书院、敬文书院、伍宜孙书院和声书院。书院与大学相辅相成,提供以学生为本的全员教育和关顾辅导,加强师生间的交流和互动,凝聚学生对书院和母校的归属感。

中大是全港唯一实行书院制的大学。所有中大全日制本科生都可选择一所书院,成为该院的一分子。每所书院都是独树一帜的,有各自的文化,但汇聚在一起,却塑造了中文大学的精神面貌。书院是和谐融洽的群体,各有宿舍、饭堂及其他设施,并举办各种活动,这些活动包括海外交流及外访计划,研讨会,师友计划,社区服务,语文、资讯科技和领袖才能训练,还有多种学生社团组织的课外活动。书院提供众多非形式教育机会,与正规课程相辅相成,旨在培养学生的人际关系技巧、文化品味、自信心和责任感。学生更可善用奖学金和经济援助计划发挥个人成长的潜力。

（四）教授言传身教，不言老不畏老

在开班开课的第一天第一节课，《大学与中国的现代化》为中大老校长（80岁高龄）金耀基讲座教授亲自授课；第二天《香港中文大学的发展及教务管理》专题请了荣休教授、中大荣誉院士、原处长杨汝万教授（工作53年了）主讲；在参观伍宜孙书院时，书院院长李沛良教授就书院制度讲解时，重点提及书院中有"资深书院导师"制，这些导师都为退休的老教授、老专家组成，他们不计酬劳为中大奉献自己本可以"享福"的时间和经历。在学习过程中，深刻感受到学校的老教授、老专家不言老、不畏老，为了中大的发展继续发光发热言传身教，用自己渊博的学识、高尚的品质影响着校园内的师生，精神可畏，值得学习和思考。

（五）学生培养独立思维，学会自我负责

中大学生事务处在做《学生发展及学生事务管理》的时候，提到了香港社会特点：个人主义、自由主义、平等主义、重视法治、商业社会、讲求效率、重视私隐等几个方面，香港高等教育的特色为：独立化、国际化、多元化、实用化、全面化和体验化，高度概括了香港社会和高校的特色。基于这样的特点，中文大学在学生事务管理上，从入学开始就强化独立思维，仅通过电邮形式告知学校一些基本概况，没有内地的学生手册，没有进行校规校纪专题教育、没有进行安全保卫、军事国防等教育；学生的教学教育、管理和服务上，通过学院和书院分工，学院重在培育学生的专业知识和技能，书院培育学生良好道德品质、行为规范和做人做事，通过全员育人模式，鼓励和促进学生超国际化领袖型人才发展；倡导学生自我管理、自我负责、自我发展（学校提供平台和教育经验），成为独立的有责任有担当的高等人才。

二、广东医科大学与中大比较体会

广东医科大学（以下简称广医）于1958年建校，有以自身发展为基础的特点与特色，并以"人民满意"为宗旨，恪守"立志立德、求真求精"的校训，秉承"艰苦奋斗、自强不息"的大学精神，弘扬"严谨、朴实、仁爱、奉献"的校风，实施特色发展核心战略，坚持"特色强校、人才立校、科技兴校和文化铸校"的治校方略，立足广东，辐射华南，面向全国，致力于建设人民满意、特色鲜明、同类先进的高水平医科大学，培养人格好、人缘好、形象好、基础知识扎实、动手能力和适应能力强、具有创新精神的高素质专门人才，为国家和广东的医疗卫生事业及经济社会发展提供人才保证、智力支持和科技支撑。

广医建校从简单几个专业到现在涵盖设有普通本科专业23个，覆盖医学、理学、管理学、法学、工学、文学、经济学等7个学科门类，从系到设有研究生学院、基

础医学院、第一临床医学院、第二临床医学院、第三临床医学院、医学检验学院、护理学院、药学院、公共卫生学院、人文与管理学院、信息工程学院、外国语学院、继续教育学院、马克思主义学院(社会科学部)、体育教学部等15个学院(部)。学校经历短短50多年的时间,已经成为综合发展的学校,并朝着高水平医科大学迈进。

从历史发展的角度,广医正以前所未有的发展速度前进,未来将更为广阔!

三、学习感悟与建议

外出学习的重要目的,是学以致用并能用于工作当中,提高工作效率,改进工作方法,达到工作新的成效,结合中大与我校实际,有如下感悟与建议:

(一)构建"仁医仁术、救死扶伤"校园文化

从校园的外观外景着手,建立具有"仁医仁术　救死扶伤"的医学院校特色与氛围,减少非校园文化内容在校园内随处出现。东莞校区经过十二年的建设,整体框架,基本建筑群基本定局,校道及园林绿化也完善,增强校内文化氛围的营造,与校园设计相得益彰,突显医学人文特点,彰显生命文化,将对学校文化底蕴构建和思想引领起重要作用。

(二)搭建全员育人互动平台

香港中文大学书院制使得全员育人有了实际的管理模式和平台,它要求全校本科生和教师都要归属某个书院,并在书院的理念下开展相应的活动,使教师参与学生活动,学生了解老师成为了可能。目前学校推行二级管理,学生与教师都归口相应的二级学院管理,但因为学生专业学习的特殊性,在入学前两年,基本为大学公共课和专业基础课,本学院为本学院学生上课的机会较少,学生跟老师之间的接触较少了。虽然学校开展了处级干部联系班级活动,以及不同学院建立和开展了诸如"党员教师联系班级"、"班主任、助理辅导员联系班级"、"本科生导师"等相应的制度和活动,但因为未能长期持续,导致最后学生与老师之间的沟通不多,难以实现全员育人的愿景。笔者认为,要实现全员育人,一是需要树立全员育人的理念,即学生教育不仅仅是学工队伍的工作,更是专业老师全校老师共同的职责,需要营造教职工积极主动参与学生教学教育的氛围;二是要搭建全员育人的平台,使"全员"参与成为可能,才能进一步"育人",因此,在现有二级管理的基础上,如何发挥二级工会、二级青工联及二级学院团学组织的功能,搭建出共同参与的平台,将成为实现"全员育人"的突破口;三是要克服困难敢于先试先行,全员育人的实施将给现有管理模式带中一些参与学生教育不多的老师多一些责任

和负担,对于现有模式而言,是额外的,他们也有自身的教学科研任务,因此,在学生考核中增加参与学生活动比例,在教师晋升、年度考核、评优评先等方面给予优先照顾,通过适当的引导克服教师面临的困难,鼓励教师参与全员育人,鼓励先行先试。

(三)凝练学院人文特色

结合现有第二课堂活动,有针对性加强人文素质培养。香港中文大学书院结合自身发展实际,每个书院都有自己的发展目标和理念,有针对性有目的性地开展课外活动,塑造学生品质和修养,培养做人做事的意识和观念。学校有12个二级学院及下设的学生团学组织,二级学院又有教职工组成的工会、青工联等组织,学校还有社团、协会及校极学生组织等机构,这些机构组织对学生的综合发展、素质拓展、道德品质的培养,都起到了非常重要的作用。目前各个组织的人才培养理念还没有充分地凝练和可持续发展,育人功能还不能明确及综合与体现。为此,结合过往实践,结合现有实际,充分凝练人才培养理念为学生综合发展将非常有必要。

(四)充分发挥老教授专家的大师魅力和学术权威

鼓励老专家老教授发挥余热,继续投身于学校发展事业中。在学校对外交流、专题讲座、继续教育、网络课程、学生培养等方面,可以通过返聘和志愿参与,继续发挥老教授老专家在专业知识的威望和权威,进行学科知识的传递,在人才培养中,适时参与学生活动,通过相处传递良好的德高望重、身正为范的优秀品质。

(五)培育学生独立自主思维

在现有"自我管理、自我服务、自我监督"的学生管理理念上,适时加入"自我负责"与"自我发展"内容与理念,倡导学生独立自主的学习和生活模式。学校学生目前的服务、教育和管理,倾向于从上至下纵向的模式,即以学生工作管理队伍为主导,学生为主体。随着学校朝高水平医科大学发展,引导学生培养成为专业学科专业人才和专家的意识,将逐步成为可能,意味着人才培养上,在学工队伍"三个一切"、"三贴近"基础上,逐步向"教授治校"、"专业管理"、"学科导师"的方向构建新的学生发展引领模式,也就是学生以专业职业发展为导向,自我管理、自我发展构建专业学科体系,并积极对自己负责做好职业发展规划。学工队伍则主要承担"学生日常思想政治教育和管理工作的组织者、实施者和指导者"和"成为学生的人生导师和健康成长的知心朋友"。

参考文献：

[1]香港中文大学官网．中大简介．http://www.cuhk.edu.hk/chinese/aboutus/university-intro.html

[2]谷申杰．书院制视野下的高校学生工作创新研究[D]．中国陕西：西北农林科教大学，2012

（文/公共卫生学院　田育进）

全人教育理念下香港中文大学学生工作的做法及启示

人是教育的核心和旨归。"人是什么"，决定着教育的方向和内容。马克思主义认为，人是实践的存在物，实践是人性的根本。从实践的观点来看，教育作为人类再生产自身和实现自己目的的手段，教育必须把培养真、善、美相统一的完善人格做为全人的根本标志。因此，教育的本真应当是培养"全人"的活动。随着经济和社会的发展与进步，科学主义、工具主义和功利主义日益暴露出其弊端，"全人发展"教育理念逐步回归。香港中文大学在全人教育理念下建构的学生工作体系已取得明显的成效，对于内地高校的学生工作的革新具有十分重要的借鉴意义。

一、全人教育理念的内涵

大学教育深受时代对其精神与本质的影响，在科学主义、实用主义、工具主义和功利主义等思想观念的影响下，大学教育中的人文精神日益淡薄，教育很大程度上变成了职业训练。基于对大学精神与人的全面发展的担忧，在上个世纪中叶后，现代全人教育理念在北美出现，并被广泛接受，同时应用于实践，取得了显著成效。

全人发展教育理念是中外教育家的一种理想追求。著名教育家、北京大学前校长蔡元培指出："教育是帮助被教育的人，给他能发展自己的能力，完成他的人格，于人类文化上能尽一份子的责任。"就教育目的而言，"全人教育"把教育目标定位为：在健全人格的基础上，促进学生的全面发展，让个体生命的潜能得到自由、充分、全面、和谐、持续发展。简言之，全人教育的目的就是培养学生成为有道德、有知识、有能力、和谐发展的"全人"。作为一种教育理念，全人教育实际上没有固定的范式，人们对其内涵的理解也不尽相同。但众人对全人教育有着一种共识,即全人教育旨在培养具有广博的知识背景、能独立思考、能解决实际问题、具有社会责任感、价值观念和道德操守完整健康的人。

二、香港中文大学学生工作的全人教育实践及其特点

在香港中文大学,"全人教育"不是一种特殊的课程或方法论,而是大学的育人态度,是把学生的全面发展作为教育终极目标的一整套教育思想,它强调学生个人的整体发展,强调专业与通识的平衡,强调人文情怀与科学精神的平衡,强调学识修养与人格的平衡,强调个人与群体的平衡。香港中文大学采用独特的书院制度,充分调动教师、相应专业学科背景的行政人员、社会专业人士等多方资源合力,通过提供众多与专业学科课程相辅相成的通识课程与各种活动计划,培养学生的人际关系技巧、文化品味、自信心和责任感,学生更可以利用各种奖学金与援助计划充分发挥个人成长的潜力。如推出的博群计划,以"I. CARE 学生发展模式"在修身立德(In-tegrity and Moral Development)、博学创新(Creativity and Intellectual Development)、美悦人生(Apprecia-tion of Life and Aesthetics Development)、推己及人(Relationships and Social Development) 和健体康心(Energy and Wellness)五大方面为学生提供全人教育,其目的是提升学生的公民责任感和人文素养。它关注的是每个人潜力的全面挖掘,是关注人之所以为人的教育。香港中文大学建立了健全的学生工作体系和完善的工作机制。通过心理辅导、就业辅导、职业发展辅导、体验实习、社团锻炼和宿舍管理等全方位引导和挖掘和培养学生的学习潜能,培养和健全学生完整的人格。在各项学生事务工作实施过程中,体现出以下几个方面的特点:

(一)专业化

香港中文大学的书院和学院分工协作共同完成对学生的培养,学院摆脱学生管理等日常工作,专心提供专业教学,培养高水准专业能力的学生,书院负责提供通识教育和非形式教育,拓展学生学术视野和基础,培养学生学术能力以外的素养。香港中文大学学生事务处工作人员都有 100 名左右,其他 30% 为文员和服务人员,从事学生工作的人员大多数都是具有专业背景的专业人才,辅导员或高级辅导主任大多由为具备专业知识的教师担任,约占 70%。在学生事务工作人员中,有从事职业生涯规划、学生素质拓展等工作的专家,也有心理学、社会学、教育学方面的专家,具备非常高的职业操守和专业素质。每名工作人员就自己擅长的领域和问题进行专项公关,学生工作人员每个人都有自己具体的工作目标和职责,他们将学生在大学期间可能遇到的心理问题进行总结和规划,学生工作人员都有高度专业化的分工,每个人各司其职,能将工作做的更加专业、更加到位。

(二)契约式服务

香港中文大学的学生工作几乎是没有"管理"的概念的,凸显的是"服务"的理念,主要任务就是协助学生投入大学生活,并通过不同的活动、援助及辅导,培养学生各方面的才能,为日后升学及就业做好准备。香港中文大学学生工作真正秉持"学生为本"的理念,将服务宗旨定位于"为学生提供周详的服务及设施,以帮助学生的成长,发挥其潜能及提高其学习能力。"香港中文大学学生事务工作是建立在对学生充分信任的基础上的,即把学生视为能够对自己行为、思想负责的成人,充分发挥学生的主体性,实现学生的自我管理,这样培养出来的学生主体意识和自我负责观念强,思想和行为独立。服务至上,表明了香港学生事务工作者的一种积极的工作态度,一种合理的定位,以及对学生个人成长、发展的充分尊重和肯定。

香港中文大学的本科生在选择学院的同时要选择某个书院,取得相应学分方能毕业。但是,在学生选择书院之前,书院都会将基本情况、特色、通识课程、活动计划、奖学金及经济资助等与学生相关的事项都通过多种方式告知学生。学生选择书院,即和书院建立契约关系。契约式服务管理更能发挥学生的主体性,使学生感到自己与书院管理者的平等关系,从而利于接受管理,并能主动参与管理,提高归属感。

(三)渗透式隐性教育

香港中文大学在学生培养方面非常重视生活渗透式的隐性教育,寓德育于各门学科教育、各种社会活动和项目计划之中,这是香港中文大学的一大特点。香港中文大学没有专门的德育课程,而是通过博群计划之类的公民教育计划、传统文化研讨等通识教育的课程以及广泛的社会实践活动来进行的,内容与社会生活紧密结合,诚信、守法、社会责任感、关爱他人等基本公民素质教育效果十分显著,真正实现了知行统一。这些隐性的教育内容和活动可以使学生得到全面发展,不但能掌握专业知识和技能,而且可以具备较高的社会认识能力,领会丰富的价值观和理解较为深刻的道德含义,并具备较强的工作能力和生活毅力。

三、积极启示

(一)实质性推进学生工作专业化

内地高校一直非常重视学生的思想政治教育工作,近年来,我们也一直在提倡和推进辅导员的职业化、专业化和专家化。但是，长期以来，我们似乎把学生工作与辅导员工作等同视之，如此就导致辅导员职能界限不清，长期陷入繁杂的具体事务性工作之中，学生处、教务处、团委、党委组织部、财务处、保卫处、体育部、宿舍科、后勤服务、计生等部门与学生相关的事务最前端的工作全都落在辅导员的身上，而且都是限期完成。这样极大地削弱了辅导员作为思想政治教育工作者的职能，学生往往误以为辅导员的工作就是这些具体的事务性工作。

内地高校辅导员队伍是专兼职结合，学科背景、学历层次和知识结构不一，人员基本都是没有经历过其他职业的本、硕、博应届毕业生，缺乏一定的社会经验，整个行业队伍的流动性和不稳定性因素较高，职业能力培训和进修提升机会少、专业性和系统性缺乏。因此，内地高校的辅导员甚至包括其他学生工作人员很难长期坚持学生事务工作，并逐步形成良好的职业认同感、归属感和职业道德，进而成为某一方面的学者或专家。

我们的学生工作专业化要摒弃经验式工作模式，工作理念要从事务型转变为学科化、研究型，工作内容要根据学生事务种类科学整合，通过机构的独立设置和分工的高度分化以满足学生的需要，学生事务工作人员的职业训练、职业能力和职业行为都要专门化、熟练化、程式化和业务化。

(二)进一步强化以学生为本的服务理念

我们内地高校与香港中文大学存在很多的差异，在学生管理的模式上不能照搬套用，但仍有诸多可借鉴之处。最重要的就是关于"以学生为本"的工作理念的践履，我们内地高校学生工作都提倡"一切为了学生，为了学生的一切，为了一切学生"的原则，尊重学生的主体地位，倡导由管理型向引导服务方向转型，充分发挥学生的主动性、创造性，展示学生的能动性、自主性和自为性。但实际上，我们的学生工作在各种生活设施硬件上配备不足，学生工作师生比也不合理，相关部门功能整合不够科学顺畅，对学生不够充分信任而"管"得太多。因此，我们应该继续强化"全员化、全程化、全人化"的学生工作服务管理理念，进一步科学分类学生事务工作内容，整合各部门资源，加强硬件设施、提供更加全面及人性化的学习生活环境，而且是在学习生活指导和管理上给予学生更多的空间，对学生给予充分的信任，规范化和程序化学生各类事务工作，改革学生活动的管理机制，加强务实精神，减少形式主义的活动，有针对性地开展工作，增强活动的实效性，逐步让学生成为学生工作的主体，形成学生"自我管理、自我教育、自我服务"的长效机制。

(三) 有效开展隐性教育

学校思想政治教育的主要任务是引导学生接受社会所要求的主导思想意识和培养学生良好的道德行为。香港中文大学在加强思想教育，提高学生的基本道德素质的过程中，注重贴近学生生活，强调生活渗透、潜移默化的教育方式，增强教育的针对性和实效性。隐蔽性的教育具有很强的实际效果，克服了教育受众在思想政治教育中潜意识的逆反抵触心理，让他们在不知不觉中认同了某种认定的价值观念。

20世纪90年代以来，教育界学者们提出了"道德教育回归生活"的理念。从香港中文大学相对成功的经验出发，我们内地高校的教育者要转变教育观念，重视和研究个体的道德需要，不断促进主体个性的发展，激发主体内在精神和内在需要；要强调学生在教育过程中的自主性，同时切实加强各类学生组织的建设，本着"贴近现实、贴近生活、贴近学生"的原则，创造条件让学生参加各种社会实践活动。大力开展促进学生受教育、长才干的各种社会活动，以培养学生的社会责任感和参与意识，使学生能在未来的生活中培养自己的良知与德行，成为社会的合格成员，在此基础上引导学生树立起正确的价值观和人生观，建立起对国家、社会的责任感。

参考文献：

[1] 梁爽,王秀彦,高春娣. 全人教育理念下的香港高校学生事务管理及其对内地高校的启示[J]. 中国电力教育,2008(11):225-227.

[2] 丁立人,李清辉. 香港中文大学书院制度及其启示[J]. 文学界(理论版),2012(12):349.

[3] 黎开谊. 港台高校学生事务管理与内地高校学生工作的比较及其启示[J]. 高等教育研究,2010,31(12):83-86.

[4] 张革华,原艺瑞. 香港高校职业生涯发展教育及其对内地的启示——以香港中文大学为例[J]. 思想教育研究,2015(1):103-106.

[5] 吴桐. 关于全人教育理念下的香港中文大学书院制度的思考[J]. 教书育人·高教论坛,2009(11):14-15.

[6] 刘国伟. 辅导员思想政治教育职能的失落与归位[J]. 江南大学学报(教育科学版),2007(1):8-10.

(文/外国语学院　裴金涛)

香港中文大学通识教育的启示

通识教育改革也是近年国内高等教育界的一大热点。香港高校的通识教育开始比内地稍早，也颇具特色。其在通识教育的管理模式、课程设计、培养目标上有着一整套经验和方法，我们可以加以适当研究和借鉴。在比较二者的基础上，我们也许可以得到某些改革上的启示。

一、通识教育的涵义

通识教育是高等教育阶段的一种素质教育或普通教育，即对全体学生所进行的基础性的语言、历史、文化、科学知识的传授，个性品质的训练，公民意识的陶冶；用一种适应时代的文化内容来充实自己，扩大自己的知识范围，增强社会责任感和使命感，使生活的意义及价值变得丰富起来，从而使自己在专业教育中保持自由，在精神上不致成为受专业束缚的奴隶。通识教育有两层意义：其一是指通才教育；其二是指全人教育。通识教育作为近代开始普及一门学科，其概念可上溯至先秦时代的六艺教育思想，在西方可追溯到古希腊时期的博雅教育意念。创造出通识教育，目的是培养学生能独立思考、且对不同的学科有所认识，目的在于将不同的知识融会贯通，最终目的是培养出完全、完整的人。

一般来说，人们在使用通识教育一词时，主要存在着两种不同的理解，一种是广义的理解，指大学的整个办学思想或观念，即大学教育应给予学生全面的教育和训练，教育的内容即包括专业教育，也包括非专业教育；另一种是狭义的理解，指不直接为学生将来的职业活动做准备的那部分教育。我倾向于把通识教育既当作大学的一种教育理念，同时又是大学必须施行的教育实践，即把通识教育的理念落实到大学教育的实践中。

二、香港中文大学的通识教育

香港中文大学创校校长李卓敏曾说过，寻求专业教育与通才教育适当的平衡，是香港中文大学的任务。当前，该校本科学生四年内在通识教育课程上需要修满21个学分。其中通识教育基础课程6个学分，包括与人文对话和与自然对话两大方面。大学通识教育范围设9-11个学分，包括中华文化传承、自然科学与科技、社会与文化、自我与人文四大块。涵盖面广,内容丰富、接地气。

香港中文大学有独一无二的书院制。在通识教育方面,书院和学系有较为清晰合理的分工。大学通识由学系负责,提供有学术深度的知识性学科;书院则发挥特色,并集中资源筹办非正式的教学活动,对学生的全人教育有更大的发展空间。九大书院负责对学生学习、生活、工作、人际交往等方面进行引导。通过开展大量的实践活动,引导学生在参与实践的过程当中学会思考和完善自身。学中大倡导全人教育,这与将更多的育人职责压在辅导员身上,辅导员承担大量学生事务的做法有很大区别。

大学通识课程两个必须范围的设立,确认了香港中文大学对中国文化研究及发展的承担,以及对培养学生独立理想思考的重视;多元的选修范围,则令学生能就个别的兴趣与需要,修读本科以外的重要学科,开拓视野,加强他们对不同学科的取径,推理和分析方法的认识。

香港中文大学的通识教育自建校就已推行,其中经历了数次改革。唯有在辨别的基础上,结合自身实际借鉴,才更具实践性和操作性。因此,我们需要对香港中文大学通识教育存在的不足有足够的认识。

第一、课程多却缺乏统一架构。香港中文大学限定了一些课程是学生必修的,其余则是将选择权交给学生自由选择。这跟内地高校限定全校学生必须学习指定的公共课程,学生自由选择其他选修课程有些类似。二者虽然提供了大量的课程供学生选择,但由于这些课程没有统一的规划。在学生的自由选择下,课程容易变得散漫、混乱,无法实现一贯性和整体性。虽能收到拓展视野之效,却无法使学生从内心深处接受、了解这些课程开设的意义和价值。

第二、偏离主流价值观。当然,不可忽视的还有,香港的通识教育的在很大程度上受制于大环境。最大问题在于:第一,以课程板块为主,以"通选课"模式开展,而不是以"经典阅读"为主;第二,缺乏严格的"公民教育",而是一种适应西方基督教文化和普适价值的超国家的"人权教育",这与香港社会在历史教育上的"近代史空白"以及在政治上对"国民教育科"的抵制密切相关。前几年,本属正常现代国家之正常教育成分的"国民教育科"被政治反对力量人为地建构成"国教运动"。这些缺失对于拉升近来的中央与香港政治与文化冲突、部分激进年轻人以暴力方式表达意愿有很大影响。

三、香港中文大学通识教育的启示

香港中文大学对大学教育的性质一直保持着动态的认知和实践,对通识教育的价值也有清晰的认识。即便如此,其具体课程的发展和学科的素质管理仍处在一个不断摸索、反省和成长的过程。我相信,他们的改革和经验可以给致力于开展通识教育的内地同仁启发。

(一)理念的确立与践行

通识教育如何开展与一所院校的教育理念和教育价值观有关。教育理念在一定程度而言,是办学者对教育有何种期许。不能简单地将高等教育等同于专业训练。大学的首要问题是,大学想培育什么样的人?我们学校与内地绝大部分高校一样,学生从大一开始就接受就业方面的教育,从大一开始就培养他们将来就业所需的各种技能。这种教育更多是工具性的。不管是否承认,我们的某些做法就为了培养工具人,他们将来毕业走出社会能顺利就业,被社会接纳。培养学生具备基本的社会竞争能力是必须的,但不是唯一的。但在实际的教育过程中,我们忽略了学生思想内在的需求。不仅在高校,我们的中小学也是有所偏颇的。

我们还是回到最初的问题,我们想培养什么样的人?我们应该培养什么样的人?这的确是一个与价值观有关的问题。周保松在《相遇》一书里讲到,如果你们每个人在日后的人生中,能够活得自由,活得正直善良,有信心行自己的路,懂得享受与自然的关系以及人与人之间真挚的情感,并且对生活对弱者有一份淳朴的感受和关怀,那么,我会由衷地为你们骄傲。艰难之处,却在于,即使作为一个老师,我也知道很难做出这样的要求。因为我明白,在香港这样一个"中环价值"当道的城市,要过这样的生活,实在艰难。周保松的困惑同样存在内地教育者心中。一方面希望培养学生内秀,另一方面却太容易受社会大环境的冲击,学生不认可,不易接受。理想与现实总是相左。正视二者有距离,才有我们努力的空间。即使学生将来出去工作会有妥协,但内心的力量会让他们知道生活还有其他可能性,至少懂得对生活做出反省,更好地与人对话,与自然对话,与社会对话。我们绝不可忽视必备的可以让人更好生存于社会的、使其内心更强大的精神力量和实践信念。

(二)厘清目标与课程设置

在确定的理念下,通识教育的推动者要厘清目标,并设置与目标相匹配的课程,使课程具有一贯性和整体性,与此同时,保持知识的多元性和开放性,以配合当今社会发展的新常态。

通识教育旨在开拓学生的学术视野,以促进其全人发展,使其成为负责任的公民。这点,内地与香港无异。更多的是具体理念与实际施内容存在差异。如书院通识教育的目标包括:教授一年级学生不同学科的基本知识,以协助他们适应大学生活;开阔学生的知识视野;提供实地考察课程,让学生实践理论知识;安排毕业班学生参与服务学习;鼓励学生培养自己对学习的好奇心。

（三）足够的资源投入

在既定的课程框架下,要开设符合目标的优质课程,需要足够资源的投入。香港中文大学的九大书院,除了学校下拨的经费外,大量的经费来自杰出校友和社会名流的募捐。充足的资源可以让他们在践行书院通识教育方面有足够经济支撑。这或许也是我们内地无法比拟的一点。资源分配不均,社会来源欠缺,我们不得不受制于无米之炊之境。除了经济资源,还必须重视人才资源。教师不仅需要专业的修养的深度,还必须理解和认同通识教育的目标。

（四）执行机构和监察制度

为保证大学通识课程的质量,每门通识课程的开设,都要经过严格的审核。香港中文大学所有通识课程均须具备如下特征:强调广博及学科间的联系性;着重智性启发而非技术训练;介绍相关学科的基本学术理念及研究方法;探讨与人类处境或现代社会相关的议题;不要求大学生拥有先进知识或技能;课业负荷及学术要求等要与其他学科的水平等同;最好采用多元的、跨学科的方法,鼓励学生发掘自我、表达自我。

参考文献：

[1]梁美仪. 香港中文大学的大学通识教育[Z]. 在国家高级教育行政学院国际研讨会上的发言,北京:2005,(10).

[2]鲁璐. 香港中文大学通识教育的发展及启示[J]. 中国电子教育 2007(3),11-15.

[3]沈媛媛. 香港中文大学通识教育改革与发展纵观[J]. 湖北教育学院学报 2006(9),98-100.

(文/人文与管理学院　钟家华)

第八章

第二课堂实践

书院制对香港中文大学通识教育的影响分析

一、书院制的由来及发展现状

香港中文大学是香港乃至亚洲惟一一所实行书院制的高等学府。书院制作为一种独特的形式,其产生有其历史必然性。在香港中文大学建校前,新亚书院、崇基书院、联合书院就已经存在。1949年新中国成立后,以钱穆先生为代表的大陆知识分子,为了追求自己的教育理想,来到香港创办了新亚书院。崇基书院成立于1951年,由香港基督教教会代表创办,建立宗旨是融合基督精神与中国文化精髓,培养学问通达、襟怀广阔并且具有世界文化视野的人才。联合书院成立于1956年,由广桥、光夏、华侨、文化及平正会计专科学校合并而成,宗旨在于培养思想通达、见识广博、德智兼备,具有领导社会能力的人。三所书院有各自的成立背景和育人理念,在何雅俊的《香港中文大学的书院制——基于高等教育哲学的思考》一文中也对书院制的特色进行了简单的总结:"新亚书院注重文史哲与中国文化;崇基学院以发扬基督教义,引进西方文化为宗旨;联合书院强调通识教育与专才教育并重"。[1]

1963年,香港政府邀请新亚书院、崇基书院和联合书院一起加入并成立香港中文大学,由于三所书院有各自的教学模式和办学理念,所以采取邦联制。由于招生规模的扩大,1986年7月,香港知名慈善家邵逸夫先生捐资成立了逸夫书院,后来为迎接本科四年制改革带来的学生人数激增,2007年后又陆续成立晨兴书院、善衡书院、敬文书院、伍宜孙书院及和声书院,目前中文大学有九所书院。

二、书院的功能

书院制是香港中文大学的独特形式,书院的院长主要是由资深的教师担任,负责提供通识教育、文体娱乐设施、心理辅导、学生住宿、奖助贷等活动。学院是按照专业组成的学生学习、实验的教学机构,负责学生学科、专业、实验等方面的问题。学院和书院如同学校的两翼,共同承担着学生的发展工作,学院摆脱了繁琐的学生事务管理,专注于学科发展和科学研究,书院则全心为学生提供各种人性化的服务,专注于学生的身心健康发展。在中文大学,每一位教师和学生都有一个书院的身份和一个学院的身份。一般情况,学生在描述自己身份的时候,都把书院放在前面,学院放在后面。可见,书院对学生的影响之深。

三、书院通识教育的内容形式

(一)课程设置

香港中文大学的通识教育是由大学与书院共同开展的,这就使得大学通识教育和书院通识教育通过不同的分工来实现共同的教育目标。因此,二者在实现通识教育目标的过程中不同的做法主要体现在课程设置上。大学通识课程包括通识教育基础课程(与人文对话和与自然对话)、通识教育"四范围"(中华文化传承"、"自然、科学与科技"、"社会与文化"和"自我与人文")、和领袖培育课程。[2]

与之相辅相成的是书院的通识教育课程,每个书院根据自身的特点,开设独特的课程。比如崇基学院的通识教育课程分别为《书院周会》、《大学修学指导》、《专题讨论》、《书院、大学与社会:学生为本教学课程》。新亚书院的通识教育课程共有25门,比如《书院、大学与社会》《学生为本教学与研讨》《从基因到生命》《生物拾趣与启示》《中医与中药》《香港舞台剧透视》。联合书院的通识教育课程有《书院、大学与社会》《大学生活与学习》《杜康:葡萄酒之旅》《实践领导才能》《创新设计思维方法》、《社会服务:参与及反思》和《公共事务:参与及反思》。

从这三所历史最悠久书院通识教育课程的设置上看,第一,各书院都开设《大学与社会》这门课,主要供大一大二学生选修,以使学生尽快适应、了解大学生活。第二,各书院在课程设置上都重视培养学生的社会责任和担当。第三,各书院根据自身办学理念,在课程开设上有所侧重,比如,联合书院侧重领袖的培养。

(二)书院特色活动

除了课程设置外,每个书院都有能够代表本书院特色的活动,以不同的内容和形式开展,与专业知识并驾齐驱,共同促进学生发展,增强书院凝聚力。

比如:崇基书院的特色活动是周会,每学期安排13次左右,周会举办的时间在周五上午十一点半至下午一点十五分,共一小时四十五分钟。新亚书院的特色活动叫双周会和学生午餐或晚餐座谈会,要求每个同学每学期必须至少出席三次双周会或者两次双周会及一次学生午餐或晚餐座谈会。联合书院的周年研讨会和书院聚会,书院聚会有院长讲座系列、有关文化艺术、演讲与选举、校友讲座和京昆剧导赏等内容。逸夫书院的聚会以高桌晚宴和博雅茶叙为主,一个学期书院聚会大概有13次,高桌晚宴4次。书院聚会主要包含戏剧表演、辩论赛、各主题的演讲等内容。

从以上四个书院特色活动的内容来看,虽然各书院的活动在内容和形式有所不同,但也存在很多共性,第一,书院院长及学校德高望重教授积极参与学生活动,与学生共话人生。第二,社会各行业人士乐于参与书院活动,与学生分享不同社会阅历。第三,书院活动有一定强制性,比如要求每个学生每学期必须参加多少次活动。总之,书院的活动内容丰富、形式多样,接地气不失大气,深得学生喜爱,在无形中提升学生整体素质,使通识教育的理念落到实处。

四、书院制对香港中文大学通识教育的影响

香港中文大学通识教育的成果是学术界有目共睹的,其书院制度在很大程度上促进了通识教育的发展。学者吴桐认为书院制度通过提供众多与正规课程相辅相成的通识课程与各种活动计划,培养学生的人际关系技巧、文化品味、自信心和责任感,学生更可以利用各种奖学金与援助计划充分发挥个人成长的潜力。[3]笔者认为书院制度从以下几个方面促进了香港中文大学通识教育的发展:

(一)强调"以人为本",重视自我价值感

"以人为本"是很多高校都提倡的理念,"为了一切学生,为了学生一切,一切为了学生"是很多高校都贴的标语,但在实施的过程中,真正把这句话落到实处的却屈指可数。而在香港中文大学书院的管理中,处处体现着学生至上。以崇基书院为例,该书院的学生宿舍里,每层楼有一个多功能集体厨房,除了刀具外,其他厨具一应俱全,有微波炉、大冰箱、电磁炉等,这就极度满足了学生的个性化需求。此外,每层楼还有个走读生舍堂,有色彩明亮且舒适柔软的沙发供学生午休,在考试月时,书院会提供咖啡、果汁给走读生。此外,书院为各年级各阶段学生量身提供不同的课程设置和书院活动,也处处体现着"以生为本",在学生在轻松的氛围中愉快地生活、学习,从而提升学生的自我价值感。

（二）强调社会责任，重视社会价值感

大学教育不仅要给予学生专业知识，更应该让学生学会用知识反哺社会。在香港中文大学的通识教育体系中，关注社会责任、重视社会价值感体现在很多细节中。比如：崇基书院的社会服务项目，服务时间为三至六周，通过这一项目学生可以到大陆及国外的一些社会服务机构进行社会服务；联合书院设立了创新创业奖，学生自发组队，制作商业发展计划书，通过招投标方式获得书院的资助；逸夫书院设置了学生工作体验计划，通过增加与社会各界的合作扩大学生实习的范围与选择的机会，让更多的不同专业背景的学生能够在毕业前获取工作经验，在毕业后的工作选择上有更大的优势。此外，社会责任还渗透在书院的各项学生活动中，比如各书院都会邀请社会各界人士跟学生探讨诸如道德问题、环境污染、医疗伦理、安乐死等社会道德问题。通过有形的社会服务项目和无形的讲座的方式增加学生对社会现实问题的了解，增进社会服务意识，从而注重社会价值感。

（三）强调领袖意识，注重领导力培养

如今，拓展大学生领导力，促进大学生领袖人才的培养是很多高校新的目标，但我们看到的领袖人才培养计划大多停留在喊口号的阶段，企图通过教材的讲授、几节简单的培训课就能够培养大学生领袖基本是不可能的。与很多高校相比，香港中文大学的领袖培养计划更系统、更全面、更实用。学校层面有新纪元行政管理精英培训计划、警队学长计划和寰宇暑期实习计划等，书院层面有辩论赛、演讲比赛等系列的活动，通过专业知识讲授、海外学习团和实践性很强的活动，共同提高学生分析问题、解决问题的能力。

在高等教育强化专业技能的浪潮中，通识教育的重要性及目的受到更多学者的关注，中文大学通识教育办公室前任主任何秀煌教授曾在多篇文章中很清楚地阐明通识教育的目的："通识教育的目的在于养成平衡的心智，健全的识野和开朗的理性，继而涵养人心感情，发扬人间道义。"[4]香港中文大学书院也确实朝着这个目标，学校层面宏观统筹，书院层面具体实施，共同培养学生优良的品格、健康的心智、独立的精神。

参考文献：

[1][2]张亚楠.香港中文大学的通识教育研究[M].北方工业大学硕士论文,2015.4.

[3]吴桐.关于全人教育现念下的香港中文大学书院制度的思考[J].教书

育人·高教论坛,2009(11).

[4]王守衡.香港"中大模式"的通识教育与德育[J].郑州航空工业管理学院学报(社会科学版),2001(3).

(文/信息工程学院 刘翅)

高校学生宿舍育人功能实现路径探析
——香港中文大学"书院制"管理模式的启示

一、香港中文大学"书院制"管理模式及其特点

香港中文大学是香港唯一一所采取书院制管理模式的高校。书院和学院相互协作,学院主要负责学术事务,书院则提供以学生为本的全人教育和关顾辅导,加强师生间的交流和互动,凝聚学生对书院和母校的归属感。目前有新亚书院、崇基学院、联合书院、逸夫书院、晨兴书院、善衡书院、和声书院、敬文书院及伍宜孙书院。九所书院各有特色,文化传统非常鲜明。香港中文大学的每个学生都有一个书院的身份和一个学院的身份,学生进入大学后,首先选择专业,第二选择书院。对于专业教师而言,同样也要选择一个书院。书院一般都有校董会、院务委员会、院长室、院务室、学生辅导处、通识办公室、舍监、导师等组织体系,拥有宿舍、饭堂、体育文化设施,一个书院就是一个大的宿舍区,来自不同学院、不同专业、不同年级的学生们在这里学习、竞赛、娱乐、生活。书院通过提供众多与正规课程相辅相成的"非形式教育",培养学生的人际关系技巧、文化品味、自信心和责任感。书院还为学生提供奖学金及经济资助。其具体特点有四个:

(一)混住式住宿管理

与传统学生住宿模式不同,香港中文大学实行不同年级不同专业学生混住,给学生提供不同专业间相互学习,相互融合的机会,搭建人际交往的广阔平台。

(二)书院是第二课堂

传统模式下,学生宿舍只是学生睡觉、休息的地方,其隐性的育人功能常常被忽略。书院制模式下,学生宿舍除了满足学生睡觉、休息,还俨然成为第二课堂开设的地方,拥有一套宿舍教育体系,包括通识教育、素质教育等非形式教育,与正规学科教育相辅相成,帮助学生规划学业、拓展素质、行为养成等,彰显全人发展教育理念。

（三）熏陶式的道德教育

香港中文大学奉行的是"教师治校",学校的管理人员都是由教授或教师担任,学生管理工作亦如此。书院管理员工作集教育、管理、服务为一体,与学生同吃同住,朝夕相对,通过潜移默化的影响与言传身教,对学生的学习、思想、行为进行"润物细无声"的熏陶式影响教育。

（四）开放式的通识教育

书院的通识教育课程设置人性化,学生可按照自己的兴趣和需求去选修,各书院也可根据学生的需要而开设,是一种开放式的通识教育。书院的特定形式决定了其灵活多样的教学形式和方法,以学生自主学习、师生间自由研讨为主,教师多采用问难论辩式教学,注重启发诱导,因材施教,培养学生自主学习的能力,对学生的考查,亦注重德才兼备和平时考核,季考或岁考的成绩参照平时成绩斟酌给定。[1]

二、高校学生宿舍育人功能实现存在的问题

我国高校学生住宿一律采取的是在校集中住宿模式,但相比香港中文大学书院而言,我国高校学生宿舍管理模式并没有充分激发学生住宿生活的学生发展功能,更谈不上育人功能的实现,主要存在以下问题：

（一）学生宿舍管理、服务和育人出现相脱离的现象

随着高校后勤改革的不断深入和推进,相当一部分高校进行了学生宿舍社会化建设的探索,在此过程中,出现了后勤服务部门、学生工作部门和物业三方对学生宿舍管理的责、权、利划分不一,难免出现扯皮现象,就容易导致使学生宿舍出现管理和服务的空白地带及薄弱环节,使管理、服务和教育出现你中无我,我中无你的"两张皮"现象,如：不注重管理服务中的隐性育人、基础设施维护人员维修不及时、学生宿舍管理人员处置问题简单粗暴等等[2],甚至有部分学校通过后勤社会化改革将学生宿舍完全交给物业管理,育人工作一篇空白。这些现状给思想政治教育、素质教育、通识教育深入学生宿舍带来了更大困难,影响了宿舍管理育人功能的发挥。

（二）宿舍阵地利用显现盲区,没有引起足够重视

学生宿舍的隐性育人功能很容易就被忽视,绝大部分高校对学生宿舍功能的

定义都停留在睡觉、休息和娱乐上,少有深入去挖掘其中的思想政治教育价值,单一地将思想政治理论课作为大学生思想政治教育的几乎"唯一"途径,将更多的时间和精力用于研究思想政治理论课堂上,因此,学生宿舍这一载体在很多高校没有引起重视,对大学生宿舍的定位不够全面。

(三)学生宿舍硬件设施落后,环境育人功能大打折扣

马克思说过,"人创造环境,同样,环境也创造了人"。高校学生宿舍育人功能的发挥也需要通过相应的硬件设施来传递,很多高校渐渐认识到这个环境育人的重要性,纷纷加大对学生宿舍基础设施的投入力度,但很大高校因为传统观念、资金等因素的影响,学生宿舍硬件设施落后陈旧,很多还是六人间或八人间,基本设施在满足生活需要方面甚至存在问题,更别谈将学生宿舍区看作学习、生活、娱乐、休闲等多种功能于一体的综合性场所了,也很难营造出整洁、美观、和谐、高雅的宿舍文化物质环境,环境育人大打折扣。

(四)学生宿舍制度文化建设缺乏创意且没有落到实处

良好规范的学生宿舍制度文化有利于大学生奋发向上、积极进取的人格品德的塑造,而贫乏单调的制度文化则会使人消沉、冷漠、缺乏进取心。学生宿舍制度文化建设如果可以把思想政治教育的内容寓于其中,可以增强公寓文化建设的针对性,使公寓文化建设的每一过程都能融入到思想政治教育之中,使大学生可以通过宿舍文化活动所创造的良好精神环境,在潜移默化中受到感染、熏陶,促进大学生良好素质的形成。但是目前大学生宿舍文化建设恰恰缺少这一点。

三、高校学生宿舍育人的有效途径

(一)以人为本,实现管理育人

学生宿舍的管理说到底是对学生的管理,是以学生为中心,为学生服务的管理。香港中文大学学生的管理工作具有明显的"学生自治"的色彩,在大学宿舍生活中赋予了学生更多的自由与空间,各个书院的宿舍设立了由舍监、宿舍经理、宿舍导师、学生代表组成的宿生遴选委员会,负责接待和处理学生提出的种种住宿问题。并且,从学术机构的教授到研究生,从行政部门的高级职员到普通校工,从社会成功人士到本校校友,全员参与,充分整合了各种资源,多层次、多角度发挥了宿舍的育人功能。我国高校要完全借鉴这种宿舍管理模式有一定的难度,但可以吸收其人性化的管理理念,结合本校的实际,有针对性地、有步骤地优化学生宿舍管理模式。首先,在科学制定学生宿舍相关管理规定的基础上,对大学生的日

常表现进行量化管理,所得的成绩与学生的评奖评优挂钩。其次,努力构建"学生自治"管理体系。如可以采取助理辅导员驻舍管理的方式,让优秀的的研究生、高年级学生干部、党员干部等参与到学生管理和教育过程中去,从学生中来,到学生中去,与学生同进同出,同吃同住,更能深入宿舍,深入学生当中,切实践行"三贴近"原则,及时了解学生的生活、学习、思想动态,同时,助理辅导员要跟专职辅导员建立双向实时沟通机制,这样既为优秀的高年级同学提供了锻炼平台,也能通过学生自我教育达到全人教育的目的。

(二)宽严相济,实现服务育人

香港中文大学学生事务管理注重"以生为本、服务至上"的理念。学生是学校的主体,学生事务的一个重要职责,就是为学生提供周详的服务和设施,使同学在校期间,起居饮食都获得周到的照顾,以帮助学生成长,发挥其潜能和提高学习能力。我国高校奉行"一切为了学生,为了学生一切",同样体现了以生为本,但实际工作中,往往"管理"甚于"服务"。今时今日,我们应该转变观念,做好一个服务于学生成长成才的角色定位,具体说来,一是变"滞后服务"为"超前服务",树立超前意识,以无微不至的亲情化服务,培育学生关心集体的公德心和感恩社会的友爱心;二是变"被动服务"为"主动服务",树立效率意识,以高效的服务培育学生社会责任感和主动工作的敬业精神;三是变"为我服务"为"自我服务",引导学生自觉锻炼综合能力,树立服务理念,养成珍惜劳动成果和爱护公物的习惯,培养学生自立、自强的精神。[3]学生宿舍要充分发挥服务育人功能,就离不开大学生的主动参与,大学生只有积极地进行自我教育、自我管理、自我服务,发挥其主体作用,学生的育人功能才能落到实处。

(三)潜移默化,实现环境育人

改进和完善宿舍的物质环境,是学生宿舍育人功能发挥的物质保障。宿舍区的设计布局、装修配置、活动场所、文体设施、绿化美化等物质形态,是宿舍物质环境最直观的表现形式。我国高校可借鉴书院的宿舍物质环境建设的理念,以物质环境建设促进文化建设,最终达到环境育人的目的。如花些心思在宿舍楼内环境装饰上下工夫,根据入住学院的不同,在布置风格上加以区别,突出入住学院的特点、风格,力争做到"一楼一特色";建设宿舍区多功能公共活动室,营造学习、娱乐和生活一体化、舒适温馨的公共环境;有条件的学校应该优化网络速度,引导学生理性上网,鼓励学生通过网络获取更多的知识,受到更多的教育。

(四)打造品牌,实现文化育人

宿舍是精神文明的重要窗口,加强宿舍精神文明建设与加强宿舍文化建设是紧密相连的,我们要以通过宿舍精神文明建设来促使宿舍文化更好地发挥育人功能。香港中文大学书院以宿舍管理为平台,培养学生组织及领导才能。在完善的管理组织结构下,书院不仅为学生提供舒适及人性化的学习、生活环境,更为学生提供了一个良好的锻炼及成长的平台,如博群计划、学生领袖培训计划、千人宴等,鼓励学生参与学术和非形式教育活动,培养广泛的兴趣,锻炼组织及领导才能,进而获得成长经验。我国高校各种社团林立,活动也丰富多彩,但大多是围绕学校、学院、专业等举办的一些主题活动,并未覆盖到宿舍区。因此,未来我们我们可转变、拓展观念,打造宿舍区品牌活动,在学生宿舍深入开展"宿舍文化节"、"党员宿舍挂牌"、"宿舍 logo 设计大赛"、"星级宿舍评比"等主题活动,在宿舍举行"学在宿舍"学风评比,使宿舍形成浓郁的学风,逐步形成"室优我荣,室差我耻"的观念,让学生在活动中既感到生活充实,又逐步形成文化自觉意识。

参考文献:

[1]李其勋、何新华.新时期高校学生管理模式的创新路径[J].河南财政税务高等专科学校学报,2011 年 10 月,第 25 卷第 5 期:52。

[2]钱波.大学生公寓文化建设的理论与实证研究[D].江苏大学,2010 年。

[3]白翔.高校学生宿舍育人功能研究[J].河南商业高等专科学校学报,2008 年 7 月,第 21 卷第 4 期:94。

(文/学生工作部　罗敏)

香港中文大学博群计划:大学生社会服务新模式的探索

香港中文大学创建于 1963 年,由最初的新亚书院、崇基书院和联合书院共同组建而成,发展成国际一流的研究型综合大学。香港中文大学以"融合中西、贯通古今"为办学宗旨,不但学术水平强大,最具特色的是践行全人教育理念的非形式教育。非形式教育主要是指采取非课堂教育教学的方式,着重培养学生的文化品位、自信心、责任感和人际关系技巧等。非形式教育与正规的学科教育相区别,是一种无固定形式的教育形式。香港中文大学是全港唯一设书院制的大学,结合传统与现代元素,汇集东方和西方的全球视野,拥有丰富的中华文化特质。独特的书院制是实施非形式教育的载体,学生管理服务部门是实施非形式教育的重要补充。博群计划就是香港中文大学一个典型致力于培养学生公民责任感的非形式教育项目。

一、I CARE 博群计划介绍

(一)I CARE 博群计划背景

香港中文大学成立社会及公民参与督导委员会,旨在鼓励学生积极参与香港、中国内地,以至海外国家的社会及公民服务,并将服务与其学科课程融为一体,籍以促进学生的个人成长,并提升学生的公民责任以及人文素质,培养学生成为富责任感的地球村公民,贡献世界。I CARE 博群计划是一个全面而整合的项目,支援学生广泛参与各种社会及公民研究,推广社企及企业社会责任以及博群大讲堂等丰富多样的社会活动。博群计划基于 I CARE 发展模式,在人格与德育(Integrity and Moral Development)、创意和知性(Creativity and Intellectual Development)、生活艺术与美学(Appreciation of Life and Aesthetics Development)、人际关系与群育(Relationships and Social Development)、活力与身心健康(Energy and Wellness)五大方面为学生提供全人教育。

(二)I CARE 博群计划主要项目

目前,博群计划开展了博群社区研究计划,在专业的导师带领下,深入本地社区研究最新社会议题。同学们还可以参与或自发组织各种可持续的服务计划,协助有需要的人士,改善他们的生活。博群计划通过与社会上不同团体的合作,在本地和国际社会带来正面的改变。项目完成后,学生将会提交服务项目的报告,并与其他同学介绍他们的学习经验。博群计划还会每年在学校里举办博群大讲堂或论坛,邀请各地的学者、艺术家和不同界别的知名人士,与同学或各届分享社会、人文或价值等方面的看法。香港中文大学制定了一套符合可持续性和社会责任原则,应用于校园内的采购、招标和日常运作程序的指引,并在校园推广社会企业。同时,大学也会加强现有的"社企创业计划",帮助学生将具有创意的商业意念转化成富有意义的社会企业计划,并充分利用校内的创业研究中心及其他有关机构的专业知识,推动有关社会企业管理的研究和培训。博群计划里还有非盈利团体实习项目,项目由学校的公民社会研究中心及青年公民社会合办,挑选中国大陆以及台湾优秀的非政府组织作为合作机构,为同学提供到中国大陆及台湾实习、体验各地风土人情,深入社区工作的机会,服务社区群众,同时了解公民社会和非政府组织工作的理念和方法,与机构一同推动社会改变。博群计划还开设了本地扶贫项目,学生通过参与社区服务,从服务中体会弱势社群的感受及处境,从而反思大学生在社会议题中的公民角色。社会责任,并培养学生持续参与社区服务,实践推动社会公义及关注本地贫穷的情况。通过项目探讨贫穷的成因及该社社会环境以舒缓贫穷状况。

二、开展大学生社会服务的切入点

（一）激发动机、情理兼顾

随着社会文明发展,开放和包容的社会环境,通讯科技的发达,大学生可通过社会志愿者、社会兼职、社会实践等多种形式参与到社会建设中,是社会建设的重要力量之一,同时鼓励大学生参加社会服务也是高校全人培育的重要举措。大学生在服务社会的动机明显,这是激发他们参与社会服务的突破口。大学生参加社会服务目的是为了增加社会公益,同时也希望得到物质或精神奖励,并获得自我认同感。更重要的是,他们希望在社会服务活动中,可以利己利他,在社会服务中获得丰富的人际资源,提升自身能力素质,促进今后自身的发展。因此在设计社会服务项目时,需要激发学生的动机,考虑如何能够让学生在服务的过程中有自身的成长与收获。同时也需要给活动进行包装与创意宣传,吸引大学生的注意,提高学生参与的积极性。例如博群大讲堂中,香港中文大学会在讲座前针对不同的主题设计相关的展览或活动,把活动的目的与学生的需求联接起来。

（二）学习为本、学生主导

高校除了育人、科研创新的职能以外,还兼具社会服务的功能。大学生作为社会服务的群体,具有一定的专业知识和较高的道德品质素养,容易被社会接纳和受到青睐。同时,高校组织的社会服务活动,必须以学生为主导,为学生提供学习机会为立足点。社会服务是大学生学习的重要平台,是非形式教育的重要形式,相当于学生的第二课堂。社会活动可以由学生自行策划筹备,培养学生的独立思考、组织策划,人际沟通等综合能力,同时,社会活动可以与学生专业紧密结合,让学生的专业知识为社区或民众提供服务与解决问题。

（三）社区出发、民间培力

I CARE 博群计划中有一个博群"需要为本"发展计划,学生参与或自发组织各种社区的可持续的服务计划,协助有需要的人士,改善他们的生活。学生需要根据社区居民的需要,从上而下地由社区生活出发,强调居民的参与,建立社区自助的能力。学生的角色从单纯的服务提供者转变为社区的促进者。目前,国内很多大学生开展的三下乡服务,只是短期的在服务地点提供服务,当大学生志愿者离开以后,该地区还是和原来一样,甚至有些还对居民造成困扰,这就违背了社会服务的真正意义。只有立足社区的需要出发,找到问题的根本,帮助居民建立的自我完善的方法,才能真正促进社会发展,这也是考察一个社会服务活动是否有意义的重要指标,也是社会服务与大学非形式教育建立良性循环的重要保证。

(四)社会责任、回馈校园

感恩教育,培养社会责任感,从校园做起。在香港中文大学的校园里,随处可见现代化的建筑,基本所有的建筑都是以人名或者是社会组织的名称来命名,因为这些建筑都是由校友或社会各界人士捐赠而来的。香港中文大学非常重视教育筹资工作,还设计了新颖详尽的筹资活动。其中有一个毕业班捐资承诺计划,旨在鼓励新毕业生从离开校园、踏进社会的一刻起就传承回馈母校的精神。计划规定应届毕业同学只须承诺毕业后一年内捐资 500 港元予母校,便可获赠刻有中大校徽及毕业年份独特胸针,永志中大人身份。博群计划中也非常鼓励校园社会责任,支持学生在校内创办社会企业。回馈校园是培养社会责任的重要感恩教育的途径。

三、社会服务新模式的探索

(一)以学生与服务对象为主体,优化社会服务设计

社会服务以学生学习需求为出发点,设计利于拓展学生综合素质能力的社会服务活动。可以在活动中布置研究项目,激发学生探索问题,多途径寻求解决问题的方法。同时要重视社会服务前期宣传包装和后期的总结分享工作。活动前期宣传效果直接影响学生参与的积极性和投入度。前期宣传需要把学生的需求与服务活动的目的多途径的结合在一起,拓宽思路,增加宣传的形式和途径。服务活动的后期总结与分享,对服务的可持续发展有着促进作用。同时,也是学生学习的有效方法。

另一方面,社会服务也要以服务对象的需求为立足点,帮助服务对象解决问题。服务最基本的前提是,不会给服务对象造成困扰,要尊重服务对象的意愿。把学生作为社区服务的促进者,而不是服务的提供者。这需要在社会服务前要对服务社区和服务对象的需求进行深度的调查,设计服务方案时要考虑问题解决方法的可持续性。调查的过程,也是学生学习提高的过程。因为大部分社会服务项目都是有期限的,不能长期提供服务,要把如果帮助居民找到他们可以解决问题的方法才是关键。这才可以发挥社会服务最大程度的作用和影响。

(二)把公益创业项目作为社会服务的抓手

随着国家近年来对大学生创新创业的要求,在医学院校把社会公益服务与创新创业项目结合在一起,是一个具有发展前景的探索。公益创业项目在国内还是一个新兴的项目,它不但需要学生具有创业的知识与魄力,还需要学生致力社会公益事业的决心和国际化多元化的事业。在医学院校,由于医学专业的特殊性,学生对创业的热情较低,但是医学生对回馈社会、服务社会的责任感会较其他专业学生较高。公益创业项目可以恰好把把医学生的社会责任感和创业瓶颈取长补短,最大限度开发医学生的创业前景与社会服务。

参考文献:

[1] 香港中文大学博群计划 http://www.cuhk.edu.hk/icare/

[2] 陈晓梅,郭燕锋,杨利江. 大学生社会服务的动机和行为模式研究[J]. 教育与职业,2013(21):175

[3] 吕旭峰. 香港中文大学教育筹资的经验与启示[J]. 华北水利电学院学报,2011,27(2):141

(文/第三临床医学院 叶馨)

在高质量的公益活动中培养大学生的社会责任感
——记香港中文大学"博群计划"

大学生公益活动在本文是指大学生自愿参与或组织的,以助益他人、服务社群、增加公共福利为目标取向的公益服务行动,包括为公益组织活动、因公益参与活动、以公益引导活动三种情形[1]。

近些年,随着"官营"慈善机构公信力的下降,公益活动以其独特的优势赢得了广大大学生的青睐,成为了当下大学生喜爱追棒的一种社会实践方式。根据《中共中央国务院关于进一步加强和改进大学生思想政治教育的意见》,社会实践是大学生思想政治教育的重要环节,对于促进大学生了解社会、了解国情,增长才干、奉献社会,锻炼毅力、培养品格、增强社会责任感具有不可替代的作用;高等学校应重视社会实践基地建设,不断丰富社会实践的内容和形式,提高社会实践的质量和效果,使大学生在社会实践活动中受教育、长才干、作贡献,增强社会责任感[1]。此外,在学校的安排下,笔者有幸前往香港中文大学学习交流了该校的"博群计划:社会与公民参与活动",收获良多。为此,本文结合香港中文大学"博群计划:社会与公民参与活动"的一些做法,探讨了如何以高质量的公益活动为载体,培养大学生的社会责任感。

一、以高质量的公益活动为载体,培养大学生社会责任感的意义

(一)开辟了思想政治教育的新载体

大学生公益活动,是大学生社会实践活动的一大类,而社会实践是被证明了的大学生思想道德教育的有效载体,且大学生公益活动本身具有与思想道德教育内在一致的教育目标,蕴含着丰富的思想道德教育内容,如08年北京奥运会对于每位参与大学生志愿者,也是理想信念、爱国主义、集体主义、奉献友爱一次深刻的教育成长机会,因此,毋庸置疑,大学生公益活动是大学生思想政治教育崭新的载体,以此为平台,能有效开展大学生思想政治教育。

(二)采用了大学生喜闻乐见的教育方式

公益活动之所以受到大学生如此重的"厚爱",与它众多独特的优势是分不开的。第一,这是一个平等轻松的活动平台。在这里,大学生可以抛开财富多寡,抛开出身地位,抛开学业成绩,抛开现实竞争等等,有的只是一颗颗"人人公益"平等而高贵的灵魂;第二,这是一个宽松活泼的教育平台。在这里,摒弃了第一课堂教师为主导的灌输填塞式理论教育,大学生变身为主角,自我决定"教育"的内容、形式、"老师",整个过程完全自我主导,自我体验,自我教育;第三,这是一个"天生我才必有用"的验证平台。在这里,大学生将会充分体验到自我的价值,自我的意义,找到自己的闪光点,找到更坚定的自信心;第四,这是一个务实"时尚"的平台。在这里,活动的主题都依社会的需要、他人的需要而设,在这里,活动的形式都紧跟社会最新的形势,充满时尚、创新的魅力。可见,公益活动能很好地调动起学生的参与积极性,有助于思想政治教育收到事半功倍的效果!

(三)提升了大学生的社会责任感

大学生通过参加公益活动,必将会增加对国情、民情、国际形势的认知,丰富"博爱、奉献、担当、责任"等情感的体验,提高组织、合作、应急、创新等能力,改掉行动拖延、散漫等坏习惯,树立"个人与国家同命运"崇高的理想,坚定中华民族伟大复兴的信念等。可见,公益活动可从知、情、意、行等方面可大力促进大学生内化、提升社会责任感。

二、如何打造高质量的公益活动平台

公益本质上是个人或组织自愿以做好事、行善举的方式提供给社会公众的公共产品。但是,现社会不乏一些公益活动也存在着形式化、功利化、行政化等诟病,如前几年"官营"慈善公益机构系列公信力危机事件[2]。这样的公益活动对大学生的思想政治教育不但没有任何意义,反而是非常不利的。所以,欲充分发挥公益活动思想政治教育的作用,首先必须打造高质量的公益活动平台。

(一)高质量的公益活动评判标准

有效发挥公益活动在大学生社会责任感培养中的作用是本文的核心与宗旨,因此,笔者认为能否在大学生思想政治教育中高效发挥作用,有益于学生的成长发展是衡量公益活动质量高低的唯一、根本标准。具体活动蕴含思想政治教育内容的丰富性、活动方式的创新可行性、活动成本的高低、活动的成效等维度。而一切不考虑学生成长与发展,不考虑学生想法与感受,不考虑活动可行性与成效性,形式化、功利化、行政化的公益活动,注定不可能成为高质量的公益活动。

(二)如何打造高质量的公益活动平台

参照标准,并综合教育的本质与成功策划活动的关键因素,欲打造高质量的公益活动平台,必须把握好如下几点:

1. 以务实为策划原则。高质量公益活动的策划必须以务实为原则,即实事求是,深入现场,实地考察掌握实际情况,包括活动的背景与条件,受助体的现况和想法,活动是否吻合受助者的需求等等。不切实际地盲目空谈,为了应付上级检查,为了争取荣誉成绩,拉架子,讲排场,造声势都是与这个原则相互违背的。相信很多大学生都到敬老院参加过打扫卫生、文艺演出的志愿服务。可是,这些是否真的是老人真正需要的东西?一直被置于需要照顾帮扶、"老了不再受用"的弱者角色,策划者有无考虑过老人的心理感受呢?香港中文大学"博群计划:社会与公民参与活动"的策划者在这方面进行了深入的思考与调研,最后别出心裁,"以向老人学做饭,还老人主角"、"与老人一起跳广场舞"的形式受到了敬老院与社会的高度好评。

2. 以育人为活动宗旨。高质量的大学生公益活动必须以育人为宗旨,整个活动从指导思想、内容形式、效果追求都应紧紧围绕"怎么做最有利于学生的教育成长",包括学生的价值观建立、认知拓展、情感丰富、修养提升,能力提高等方面。这方面,香港中文大学"博群计划:社会与公民参与活动"亦做了很好的榜样。"如何培养学生的社会与公民参与素养"是项目策划运行的主要目标,"大学生如何做公益"是项目探讨解决的根本问题,整个项目包括博群大讲堂、博群剧社的成立、博群社会服务计划、做社区联络小伙伴等皆围绕这一宗旨与而设。

3. 以学生为活动主体。大学生公益活动属于社会实践活动的一类,它有别于第一课堂教师为主导灌输式的教育,主要采用的是体验式教育方式,让学生在实践体验中自我领悟,自我总结,自我教育,自我成长。所以,高质量的公益活动必须以学生为主体,从方案的提出、策划、组织、参与、实施的主角都必须是学生,老师只能是幕后的引导者。

4. 坚持可持续发展机制。由于大学生身份的特殊性,现阶段,大学生公益活动面临的一个突出问题是人员流动性大,项目生命周期短,高低年级间缺乏有效的传承发扬,活动后期缺乏总结考评。高质量的公益活动应从方案提出起,就充分考虑人员、资金、管理、组织的可持续性发展。高校可采取成立专门的管理机构,建立相关的管理制度,创新活动内容与形式,发挥高低年级间的传承等措施,促进大学生公益活动的可持续发展。

5. 充分整合社会、学校、家庭、大学生各项有利资源。大学生的参与积极性、学生家庭的理解、学校的引导、社会的支持,这些都是成功开展公益活动的重要因素。这些因素既相互取长补短,如社会的资金支持可有效弥补学校的资金短缺,又相互叠加,增强效应,如大学生的参与积极性与其家庭的理解支持。因此,高质量的公益活动需要社会、学校、家庭、大学生形成强大的合力。香港中文大学"博群计划:社会与公民参与活动"在这方面的做法也很值得我们借鉴。该活动的全部资金为向校友、社会募捐而得,活动也充分借助了银行的理财优势和社会媒体的力量。

三、以高质量的公益活动为载体,培养大学生的社会责任感

(一)赋予公益活动广阔的背景,提高大学生的社会责任认知力

高质量的大学生公益活动应置身于广阔的社会时代背景,囊括文化、科技、卫生、法律、心理、环保等各个领域,遍及城市、社区、农村、西部、甚至国外各个地方,帮扶对象包括孤寡老人、弱势妇女、留守儿童、残疾人士等各个人群。在这广阔的背景中,让大学生充分感受自然,领略山河,认识国情,体谅民情,拓宽视野,提高判断力,塑造保护环境的优良品格,培养关怀同情弱者的悲悯情怀,理解国家发展存在的困难,增强社会主义事业接班人意识,由此,提高社会责任认知力。

(二)赋予公益活动多彩的主题,强化大学生的社会责任感受力

在参与体验中自我教育是公益活动的主要教育形式。不同的主题,不同的内容必将给大学生带来不一样的情感体验,不一样的感悟成长。譬如:在对留守儿童进行支教时,他们会充分感受到教育的不公平、城乡发展的差距;在服务残障人士、孤寡老人的过程中,他们将充分体验到关怀弱者,悲悯苍生的博爱精神;在国家重大活动的志愿服务时,他们又可充分体会到作为中华儿女的自豪与骄傲;在环保宣传志愿服务时,他们将会意识到环境问题的棘手性紧迫性。因此,赋予公益活动多彩的主题内容,有助于丰富大学生的情感体验,强化他们的社会责任感受力。

(三)赋予公益活动多样的形式,增强大学生的社会责任担当力

支教、支医、科普宣传、心理辅导是当下大学生公益活动的主要形式,相对还是比较单调,缺乏创新,虽锻炼了大学生一定的能力,主要为表达、组织、合作、执行,但是对于要担当社会发展未来接班人这重大责任,这些能力还是远远不够的。随着越来越激烈的国际化全球化竞争,只有拥有较高的综合能力,才能担当起实现中华民族伟大复兴的历史责任。因此,广大教育者应该重视创新活动形式,全面提高大学生的社会责任担当力。譬如现大学生公益活动的资金主要来源于上面下拨、大学生捐助、或到社会"摆摊"募捐,资金缺乏是大学生公益活动普遍存在的问题。为了募集到更多资金,我们完全可以赋予活动更多形式,包括争取政府支持、拉取企业赞助、借助媒体力量、公益义卖,从中也可锻炼大学生的创新、策划、号召以及与政府、商家、媒体谈判合作的能力,香港中文大学"博群计划:社会与公民参与活动"在这方面也再次给了我们良好的启示。该活动资金的几千万本金全由学校领导、老师、学生发动社会企业、知名校友募捐而来,并将这几千万作为理财投资的本金,每年赢得了几百万的"再生钱"作为活动经费的真正支出。

(四)赋予公益活动正确的指导思想,提升大学生的社会责任意志力

《关于进一步加强和改进大学生社会实践的意见》(中青联发[2005]3号)文件规定,大学生社会实践的总体要求是:以邓小平理论和"三个代表"重要思想为指导,认真贯彻以人为本、全面协调可持续的科学发展观,全面贯彻党的教育方针,引导大学生走出校门、深入基层、深入群众、深入实际,开展教学实践、专业实习、军政训练、社会调查、生产劳动、志愿服务、公益活动、科技发明和勤工助学等。可见,大学生公益活动必须坚持以主流社会意识形态为指导思想,并贯穿于活动的每个环节、每个内容、每次行动,这样,有效保障了参与活动大学生思想价值观

的导向作用。通过活动的隐性教育功能,潜移默化,润物无声地把马克思主义、毛泽东思想、邓小平理论、社会主义核心价值观、社会主义和谐思想、"中国梦"等思想植入于大学生思想价值观中,增强他们对党的领导,对中华民族伟大复兴、共产主义社会的理想信念,提升他们社会责任的意志力。

参考文献:

[1-2]钟一彪.大学生公益活动的功能定位[J].北京青年政治学院学报,2013(4):32-35.

[3]钟一彪.大学生社会公益实践探讨[J].当代青年研究,2013(1):121-124.

[4]中共中央国务院.中共中央国务院关于进一步加强和改进大学生思想政治教育的意见[EB/OL].(2004-10-14-).http://baike.baidu.com/link?url=1zxwPS3zmLZmbKN26ApSA04Cq9J2pHn8sWspjd5PKaB19HeMFZU3Ks4E4QDkDP9KmUn8RYd71fr3Bk7SPScYBa(百度百科)

[5]黄婷婷.以志愿服务为载体的大学生公益精神培育研究[D].广西:广西大学,2014.

[6]梁钧泉.大学生微公益活动的思想道德教育功能及其实现研究[D].重庆:西南大学,2013.

[7]任伟.当代中国大学生社会责任感培养研究[D].山东:山东大学,2010.

(文/公共卫生学院　张美艳)

第九章

综合素养提升

医学生人文素养培育的思考与探索

——香港中文大学全人发展的启示

近年来,医患纠纷、护患纠纷成为社会的热点和难点,经常见诸于报端。有研究者对医护人员的人文素养水平与就医满意度的关系进行了调查,发现提升医生的人文素质水平能显著提高患者的就医满意度,促进医患之间建立良好的人际关系。因此,重构知识体系,增加人文素养教育,塑造其良好的职业道德,以缓解日益突出的医患矛盾,成为医学人才培养的必修课。

全人发展,是相对于作为工具的"半人"教育而言的,就是全面发展的人、和谐统一的人,是在精神和心理上整全的人。香港中文大学在"全人发展"理念下逐步建立的学生工作体系,在实现人才的培养目标方面已经取得了明显的效果。学习借鉴香港中文大学全人教育的经验,可以为内地医学生人文素养培育提供新的视角和有益借鉴。

一、当前医学生人文素养培育现状与存在的问题

（一）人文素养培育理念稍显滞后

近年来,随着医学模式的不断演进,很多医学教育工作者已经深刻认识到医学生人文素养培育的重要性,但限于各种原因,人文素养培育在很多高等医学院校还停滞于初期阶段,没有形成完善的人文素养培育理念和可行的经验。

(二)人文学科课程设置有失合理

目前关于人文素养培育课程没有整体规划和统一标准,课程设置随意性强,规范性差。如由人文社会科学与医学交叉课程,如医学哲学、医学伦理学、医学社会学、社区卫生保健等存在内容重复、知识脱节等现象。

在医学生综合素质和应用能力的培育方面存在不足,缺少根据现实问题开发的课程,在对90后医学生的调查中发现,最令90后感到困扰的是人际关系问题,其中77%的学生认为不懂得交际的技巧是人际关系处理不好的原因之一。而有研究者对2002年至2006年某地区三家医院所发生的医疗纠纷进行了分析,发现四年间,该三家医院共发生医疗纠纷93例,其中,因医患沟通不畅,对医护人员产生误解导致的纠纷达48例,占总数的50%以上。因此沟通学的课程在医学生人文素养培育中的作用显得尤为重要。

(三)人文素养教学效果不甚理想,师资力量薄弱

在很多医学院校,人文社科课程属于选修课程,学生中普遍存在"选修课不重要"的思想,对人文社科课程重视程度不够,影响了教学效果。另外,教授这些选修课的老师多是授课经验不足的新手,缺乏集体备课、老教师指导教学等,授课情况不甚理想。

(四)人文素养评价体系缺失

如何评价人文素养的高低,特别是个体的内化程度,目前尚无量化评价标准,这就难以对开展人文素养培育状况和效果进行考察和价值判断。虽然人文社会科学知识的掌握程度可以用测评的方法来考查,但无法看出其内化的程度,而内化程度才是教育的目标所在。

二、以全人发展为教育目标的全人教育

(一)全人教育的界定

全人教育(holistic education)兴起于20世纪80年代的美国,美国学者隆·米勒是正式提出全人教育概念的第一人。当时美国一些教育学家期望提出一种新的教育理念,以纠正当代社会过于看重有用性和技术理性的倾向,因此出现了以追求人的整体发展为主要旨归的"全人教育运动"。全人教育主张在健全人格的基础上,促进学生的全面发展,即全人发展,培养学生的人文精神,让个体潜能得到自由、全面、充分、可持续的发展。

我国高等教育也吸纳借鉴了全人教育这一具有前瞻性的教育思想,传播到我

国的全人教育思想,对港澳台地区高等教育产生了巨大影响。港澳台地区全人教育把我国传统教育观念与全人教育理念相互交融,逐渐开创了一种以培养完全的人为宗旨的现代大学教育模式。

(二)全人教育的教育主张

全人教育是在大学人文精神逐渐缺失以及大学教育日益功利主义倾向的背景下提出的,倡导以育人为本,强调以开发人的理智、情感、身心、美感、创造力和精神潜能为教育目的。它将所有学生都视为有潜力发展成为全人的个体,主张通过对学生这一充满无限发展潜能的有机体进行充分挖掘,提高学生的综合素质。全人可以形象理解为大写的英文字母"T",下面一竖代表专业知识,上面一横指对各领域知识的广泛学习和融会贯通。

隆·米勒认为"全人"应该包含六大基本素质,即智能、情感、社会、身体、审美和精神。我国学者张勇军认为,所谓全人教育,是相对于作为工具的"半人"教育而言的,其目的是针对教育目标工具化倾向的一种矫正。概括地说,全人就是全面发展的人、和谐统一的人,是具有主体性并能把握自己命运的人,是作为人的人而非作为工具的人,是在精神和心理上整全的人而非残缺的人。全人教育是用人文教育的方法,达到全人发展的目标。

三、香港中文大学全人教育对医学生人文素养培育的启示

(一)立足第一课堂,让医学人文素养培育贯穿于有形教学

香港中文大学全人发展的理念渲染于学生在校接受的所有形式教育(Formal education)和非形式教育(Non-formal education)中。其中,形式教育指的即为学科专业知识的学习。

医学院校中,学生的学习任务普遍较重,课程基本上是以医学专业课程为主,且门数多,难度大。如果将人文素养脱离第一课堂去培育将很可能导致事倍功半,学生苦不堪言的结局。而医学是研究人的科学,将医学人文素养培育贯穿于有形的医学教学中是完全可行的。因此,最实际的解决办法就是最大限度利用现有的资源,加强医学课程的人文教化功能在教学内容中的渗透。比如《人体解剖学》教学中增加对教学所用遗体"无语良师"的追思仪式,表达对"无语良师"的敬意,促使每一位医学生认真严谨地对待医学,看待生命。

(二)优化通识课程,加强人文实践能力

"道不可坐论,德不能空谈"。人文素养培育需要丰富人文知识内容的支持。

香港中文大学开设了众多通识教育课程,主要包括人文科学、科学与科技、社会分析、数量推理、艺术创作、审美体验等。本科生毕业要求的123个学分中有21个学分必须是来自通识教育的核心课程,另外还有15个语文学分,2个体育学分。鼓励学生关注文化、艺术、音乐、语言、沟通技巧和体育。

培育医学生人文素养,需对目前的课程体系加以完善。课程内容应涵盖文化基础、人文、医学科学等类型,增设一些医学临床相关的人文教育课程,如医患沟通、卫生法学等,以培养人文知识、人文精神,形成人文素养。加强医学生的人文实践能力,将人文素质培养融入医学实践中,提高医学生综合素质,真正做到"仁心仁术"。比如在护理学生培养中开设沟通学课程、礼仪培训,培育有"温度"的卓越护理人才。

(三)强化学生主体参与意识,提高综合素质

香港中文大学育人体系突出学生的主体参与意识,构建立体化的学生教育管理与服务。通过着力强化行政人员的服务意识和学生的主体参与意识,促进了学生自主、自立、自我教育、自我管理意识。

全人发展是将所有学生都视为有潜力发展成为全人的个体,主张通过对学生这一充满无限发展潜能的有机体进行充分挖掘,提高学生的综合素质。卓越班、行知班、领导力人才培养及助理辅导员等都是很好的实践。当前,北京理工大学、深圳大学等开创的大学生事务中心一站式服务,创新学生工作模式,不仅提高了管理水平和服务效能,而且培养了学生独立自主意识和解决问题能力,值得借鉴。

(四)融入校园文化和大学精神

大学作为培养人文素养的场所,其特有的校风、校训实际就是一种人文精神的体现。香港中文大学校训为:博文约礼。意为知识深广,遵守礼仪,体现了德智并重的教育方针。其愿景是成为国际一流的研究型综合大学,体现了双语并重、跨文化的传统。此外还有明确的、全校达成共识的教育目标、"ICARE"学生发展模式、对学生的期望、全人教育理念等,这些都是体现一所大学人文精神的地方。

香港中文大学非常重视充分利用校友、退休教师的资源,积极创造条件让退休教授继续参与学校特别是直接与学生接触的事务,既增加了学生了解大师的机会,又使退休教授能继续老有所为,发挥余热,值得借鉴。

参考文献:

[1]谢安邦. 全人教育理念与和谐社会建设[M]. 上海:华东师范大学出版社,2009:135—136.68.

[2]叶稳安.医学生人文素质教育的思考与探索[J].中国高等医学教育,2010(6):32-33.

[3]亓艳丽.90后大学生思想状况调查——以广东医学院大一新生为研究对象[J].新教育时代,2015,37:62-63.

[4]王石径,顾肃.大学生人文素养培育的思考与探索——香港科技大学全人教育的启示[J].湖北社会科学,2015,6:179-184.

[5]张德良,张昊.刍议"全人结构"理念观照下的大学教师发展[J].江苏高教,2013,5:56-58.

[6]池末珍,简道林,谭先明,刘红菊.医学生人文素养培育初探[J].现代医药卫生,2015,31(21):3345-3346.

(本文作者:护理学院　亓艳丽)

关于提高医学生大学语文素养的思考

——香港中文大学研修心得

香港中文大学从其1963年由三所书院合并建校之时,就明确提出其办学的理念:"结合传统与现代,融会中国与西方",所以它没有完成照搬殖民地英式大学办学模式,而是从香港的特殊历史发展历程和华人地区的特点,扎根本民族文化,坚决走中、西融合发展道路,采取中英双语教学、成立中国文化研究所,不走全盘西化的路线,以成为国际化大学为愿景,办学理念凸显中文两字,其中文价值不但体现在对汉语言的传承、传播上,更重要的是对中华文化的承担。为了实现中文的价值,香港中文大学在课程设置上凸显了语文教育的比重。在其本科专业课程设置的123个学分中,语文的占了15分,达到12%的比重。而反观当前国内高校,国内大学生语文教育被严重忽视,大学生的阅读、书写、语言表达能力低下,语文素养缺失严重。理工科院校高校基本把语文作为一门任意选修课,学分只有2分。在当代人文科学与自然科学日益交叉渗透的发展趋势下,必须重视延伸语文教育,通过语文教育提升民族文化的格调和品位,提高大学生语文能力,增强大学生人文素养,为学好本专业各类专业课程打下坚实的基础。

一、我校学生语文素养现状

(一)中文书写能力薄弱

在电脑普及的年代,当代大学生入校后中文文字书写能力下降。1、错别字多、异体字乱用:电脑打字打印代替了硬笔手写,导致了在手写文字时经常出现错别字或是忘记笔画的完整书写。比如,学生在写某些申请书经常会出现把"申"请写成"审"请书、把"艰"苦奋斗写成"坚"苦奋斗等。2、对常用字词无用正确使用:比如在一些名师大家的讲座上的互动提问时,不会正确使用礼貌敬语"您",经常用"你"怎么看待这个问题,"你"怎样解决这个,场面令人尴尬。3、遣词造句能力差:由于网络的发达,学生在需要写文章写总结的时候,习惯于在网络下载各种文章,不加以思索整理,就直接复制剪切等把各段文字拼凑成章,堆砌成文,导致文章啰嗦重复、层次不清、词不达意、逻辑混乱。长此以往,中文写作能力明显下降。

(二)纸质阅读量少,阅读水平下降

当代大学生是网络化、智能化背景下成长的一代,移动互联网和智能手机的飞速发展更使大学生的纸质文字阅读量减少。学生更多的是通过手机浏览器、微博、微信等手机软件进行碎片化阅读。这种电子化、碎片化的阅读方式在信息的获取上虽然及时、量多,但对于学生的信息处理能力、阅读的深度理解能力造成很多不良的影响。网络小说、电子书的阅读导致不能及时进行读书笔记、批注,滋生了学生的过目即忘速食阅读陋习,不利于深度和系统的阅读习惯的培养和自学能力的提高。

(三)语文教育认知不足,人文精神缺失

作为一名未来的医生,医学生除了要具备扎实的专业知识,还要培育健全的人格和高尚的医德。但在目前医学高等教育中,关于医德、医风等人文方面的教育培养方面还是不够重视,只是简单通过两课的教育进行较为形式化的思想政治和德育教育,缺乏针对性和实效性。医学生在病历书写和讨论需要具备良好的语文能力的方面表现不尽如人意。如:对病历用字的多处涂改,错别字、字体潦草,严重影响教学中病历的阅读和保存的真实性。此外,在与部分的学生交谈中,经常还会听到学生说自己是理科生,所以文章写不好、历史不熟悉、政治不敏感是理所当然,以前学语文纯粹就是为了应付高考。一句我是学理科的,就可以成为不学语文或学不好的借口。学校对语文教育的忽视,学生自身对语文认知不足,导致了在医学生培养过程中语文素质的缺失,在实习和临床实践过程中因缺乏人文关怀出现一些医疗纠纷,造成医患关系紧张。

二、我校医学生语文素养缺失原因分析

(一)重理轻文、重专业轻综合

在高考实行文理分科后,大学教育文理两极分化更加明显。学校层面、学生自身都有强烈的专才教育意识。这种意识助长了一种只要专长,不要基础的思想。相当一部分理科学生从高中分科开始,就已经有了学好数理化、走遍天下都不怕的观念,高考过后就自然而然放松了对语文的要求与学习。到大学阶段,随着专业学习的到来,注重技能型和应用性的功利性倾向更加明显。而学校在课程设置上的重理轻文、重专业轻综合的教育导向也使大学语文的教育被边缘化。如我校医学生大一的基础课程,英语、高等数学和化学、生物这种些高中理科课程作都属于必修课程,但语文却一直就没被列入必修科目。只是作为一门任意选修科目。大学生入学后的语文教育得不到延伸,作文水平、汉字书写能力退化,语文素养越来越低。

(二)重英文轻母语,语文教育边缘化

在知识全球化的大背景下,为了与国际接轨,国内高校在近十年来一直不断的在加强和改进大学英语四六级的教育。大学英语是大学一二年级的必修课程,甚至在前几年有些高校还规定必修考过国家英语四级才能够拿到学士学位。我校甚至在近几年还以入学时的英语成绩进行英语快慢的分班,以便更好的培养英语水平高的医学生。而为了英语这门课,有些医学生还花了几乎和专业课一样的时间来考级,有些甚至到毕业前还在为了四级证书努力奋斗。而作为母语的中文教育却一直没有得到重视。每年毕业季用人单位对于外语四六级的要求,更推动大学生对外语的刻苦学习,甚至出现有些大学生求职时能书写漂亮的英文简历,能流利的用英语回答职业问题,但却写不出通畅的中文简历,面试时更以方言色彩浓重的普通话和词不达意的中文回答面试官的提问的怪象。

(三)移动互联网语境下,语文教育推进难度加大

在网络的语境下,学生的人际交流虚拟化,口头表达机会少,人际交流主要是依赖于社交软件,热衷于简单、碎片化的网络表达方式,缺乏对事件或观点表达的完整性和逻辑性,书面和口头的文字表述能力下降。而不规范的网络术语,谐音字、外来的音译词、新编的网络流行术语使用,混淆了规范的汉字发音和和词汇的运用,从而加大了网络语境下语文教育推行的难度。

(四)课程设置单一、陈旧

在就业难、专业教育功利化的形势下,大学语文的边缘化严重,大部分高校基本上都是把大学语文作为非文科专业学生的选修课程,选课人数和课时少,课程内容和教学方式单一、陈旧,主要是采用类似中学的那种文选精讲的、诗歌和文章的鉴赏,甚至只是对高中语文知识的填鸭式重复,内容缺乏难度深度,缺乏自由的课堂讨论和互动,师资水平相对其他专业课程的弱,授课老师多是刚毕业的非中文专业科班出身的专业教师年轻教师,缺乏专业的教学经验,教学效果差。无法调动学生学习的积极性,无法体现语文的大学本质。

(五)校园人文氛围弱

校园文化活动虽然形式多样,内容丰富,各种文艺体育活动、节日庆典层出不穷。但每年校园文化艺术节主要都是一些侧重专业知识领域中的比赛活动:如医学模型设计、临床技能比赛、医学知识竞赛、考研访谈、全校性的英语的演讲比赛、英语辩论赛、英文电影配音比赛、四六级考试经验分享会等。但关于中华传统文化为主题的大型人文方面活动项目极少,主要是以形式化的、常规化的小型班级主题的团日和党日活动开展,如各种思想建设的征文比赛、辩论赛等,活动强制性大趣味性较低。

三、语文素养提高的途径

(一)改变观念,提高师资力量,改革创新课程设置

在重理轻文、重外语轻母语的情况下,首先要改变大学语文无用论的教育观念,把培养学生的人文素养作为大学语文教学的主要任务,把大学语文列入大学必修课的课程安排中;配备专业性强、教学经验丰富的教师;更新教材内容,加强以国学和传统文化为核心的内容的创新;以启发性教学和发散性思维的教学理念创新教育方式,促进课堂的互动性,提高课程的趣味性,增强学生的学习主动性和积极性。

除了核心内容的课本教学,还要抓住当大学生的网络成长特点,在课堂上增加各种题材类型网络小说的鉴赏和分享,引导学生正确利用网络进行电子书阅读,吸收网络世界优秀的文学元素,增加课程的趣味性。

此外,还可以在文学鉴赏外,增加书法鉴赏内容和书法练习课、普通话课程等,增加对中文汉字的理解和热爱,提高汉字的书写能力和运用能力、语言的口头表达能力。

(二)校园中华文化氛围的营造

在当前洋节盛行和各种外语文化活动饱和的高校校园,要重新唤起学生们对母语教育的重视,还需要从文化视角入手,以中华优秀的传统文化来加强母语教育。大学语文课程的内容常常蕴含着丰富的中华传统文化,语文的学习不仅仅是简单的文学阅读,而是旨在提高自身的文化底蕴、精神层次和做人的境界。因此,除了在课堂上进行中华传统的理论学习外,还可以依托校园文化这个平台进行中华文化的传播和实践,增强语文教学的实践性。比如可以开展全校性汉字听写和识字比赛、成语接龙等趣味性和实践性高的活动,加强对中文汉字的认识和书写的锻炼。此外,还可以举办中华民俗艺术节,开展传统节假日的相关活动,如中秋节的月饼制作比赛、端午节的包粽子比赛及一些相关知识的有奖竞猜活动。通过一系列校园中华文化活动的开展,增加学生对本民族文化的了解,增强民族自豪感和自信心,从而自觉地维护母语地位,自觉地学习母语知识,提高自身的语文素养。

(三)利用网络进行语文微课教育

网络对于语文的学习是把双刃剑,通过正确的使用网络传播功能,网络也可成为语文学习的有效平台。利用当下大学生们热衷的微信、微博,进行语文微课堂,通过设立学校语文课程公众账号进行汉语和中华文化小知识的推送,并通过建立微信群和微博进行相关课程内容的讨论互动,增强学习的趣味性和交互性,充分利用网络微课的教学模式下来渗透语文教育。

此外,针对网络时代学生的阅读特点,除了进行一定数量的纸质语文杂志的印刷外,学校传媒中心可以通过创建大学语文的电子杂志,通过校园网和手机网络的下载以便学生进行实时的阅读,引发同学阅读的积极性,慢慢的养成语文阅读的习惯。

总而言之,语文素养既是大学生人文素质的重要组成部分,也是他们专业学习的基础,是学生必须具备的基本的交际、交流和学习素质,影响并决定着学生未来的社会生活和职业生活。在当前文化多元化的背景下,加强以传承中华文明为宗旨的大学语文教育,重视语文教育的延伸和改革创新,有利于大学生们与外来的民族文化逐步整合融会贯通、跨文化交流。加强中华传统文化的熏陶、提高大学生的语文素养是高校教育的使命和不断探索研究的重要课题。

参考文献：

[1] 洪桦. 论大学语文教学与改革[J]. 贵州警官职业学院学报,2006(02). 92-93

[2] 秦怡红. 内地普通高校双语教学模式初探——香港中文大学双语教学经验借鉴[J]. 长春大学学报,2008(01). 91-93

[3] 俞俏燕. 走出大学人文教育的困境[J]. 黑龙江高教研究,2008(03). 84-85

[4] 杨小明. 关于"全面提高学生语文素养"的哲学思考[J]. 河北师范大学学报. 教育科学版,2008(04). 125-127

[5] 张勤. 李学. 关于大学生语文素养培养的思考[J]语文学刊. 2009(03). 166-167

(文/第二临床医学院　陈丹霞)

香港中文大学就业指导的工作启示

随着大学毕业生数量的急剧增长,大学生就业问题也持续成为社会和高校关注的问题。虽然内地高校的就业指导也在不断改革和创新,如：指导大学生转变就业观念,更新就业指导内容,改进就业指导方式等,但是内地高校就业指导受市场条件、高校办学效益等因素的制约,仍存在一些问题。主要表现为：过分重视就业率而忽视学生的全面发展,重视就业指导理论授课而轻视就业过程中的实践活动,重视就业指导职能部门的管理和服务功能而忽视教育功能等。他山之石,可以攻玉。香港中文大学就业指导有着比较先进的就业工作理念和方法,对内地高校加强和改进就业指导具有很大启发和借鉴意义。

一、香港中文大学就业指导的基本情况

(一)就业机构设置与工作职能

香港中文大学的就业指导的机构与内地相似,为独立的机构,人员配置和经费充足,就业机构工作人员与毕业生的比例一般为1:200。其就业机构的职能主要有：就业咨询与指导；网络资源共享；完善就业资料和档案；开展招聘、讲座和面试；开展就业教育；积极推进实习体验等。

(二)就业指导的工作理念

香港中文大学的学生工作理念是以学生为本,在教育过程中,始终将学生看成一个成人,平等对待学生,尊重学生的选择。如在安排就业社会实践计划时,并不会将学习成绩作为参考指标,而是确保每个学生在校期间至少有一次就业社会实践的机会。因此,在香港中文大学的就业指导过程中,老师是学生的指导者、服务者和教育者,而不是教者、管理者,老师的主要职责是培养学生所需的各项技能,建立健全人格,拥有明辨是非的能力和成熟的处事态度。

(三)就业指导的工作目标

香港中文大学的就业目标是分阶段性的。就其短期目标而言,是帮助学生加强对行业的认识,增加就业的机会;就其中期目标而言,是在于加强学生个人就业市场的竞争能力,提高毕业生的专业形象;就其长期目标而言,是在于培养具有社会良知和国际视野的领袖。从短期、中期和长期目标来看,都体现了以学生为本的教育理念,其核心是培养学生的就业核心竞争力。

(四)就业指导的内容

香港中文大学的就业指导包括求职服务、培训服务、辅导服务和调研服务四大内容等。香港中文大学特别重视学生的实习体验,以此提升学生的就业竞争力。该校开展的"寰宇暑期实习计划"就是学校精心打造的一个重要项目。自1997年起,中大学生事务处已举办"寰宇暑期实习计划",为学生提供多元化的实习经验及文化交流机会,至今已惠及超过3,700名学生。

二、香港中文大学就业指导工作的特点

(一)全人教育理念,打造核心竞争力

作为香港地区唯一一所实行书院制的高校,香港中文大学的全人教育有着坚实的制度文化基础。书院制的教育模式源于英国,旨在通过提供众多与正规课程相辅相成的通识教育课程和各种活动计划,培养学生的人际关系处理技巧、文化品位、自信心和责任感。通过书院制这一重要纽带,将学校育人理念传递给每个学生,最终帮助学生开阔视野,提升学生的综合竞争力。

(二)重视就业指导中的体验式学习和非形式教育

香港中文大学认为社会经验和阅历在个人发展中是十分重要的。学校也积极创设条件和机会帮助学生。从新生入学开始,学校除了会协助各级学生组织开展活动以外,还精心设计各种暑期短期实习计划、带薪实习和课程实

习等。通过多层次、多方向的实习实践活动,帮助学生理解和增强学生与工作的联系。除了"寰宇暑期实习计划"以外,还有学长计划、"I. CARE 博群计划"等。

(三)注重个性化和精细化相结合

香港中文大学的就业指导工作者除了做好日常的教育和指导以外,还十分重视学生个体的差异的辅导,在实际工作中,强调将个性化和精细化相结合。该校从事就业指导的工作人员大多具有企业人力资源或教育学、心理学背景,就业指导经验丰富,注重对经典就业理论的探索和应用。同时,就业指导人员善于运用现代化的职业测评工具以及推行工作坊等模式,使就业指导的个性化和精细化得到充分的体现。

(四)多维协同,整合资源,市场化运作开辟就业市场

虽然香港中文大学不会像内地高校一样,举办专题或综合性的专场招聘会,但是学校注重资源的整合和调配,通过公关策略,与企业、政府等建立良好的关系。为切合学生的多元兴趣及专业,除了商界的实习岗位外,香港中文大学还致力与其他行业的机构合作,如科学及科技研究、文化产业及非政府组织等。

三、香港中文大学就业工作对内地高校的借鉴和启示

(一)提高认识,转变就业指导的观念

从就业指导结果看,香港和内地的高校都很重视学生的就业指导,挖掘学生的就业机会,提高学生的就业率和就业质量。但是在实现就业的过程中,内地高校是片面关注就业率,忽视学生的全面发展。因此,在内地高校的就业改革中,应该统一思想,认识到就业工作在高校"如何培养人,培养什么样的人"中的重要地位。在目标管理上完成三个转变:从传统的关注初次就业率转向提高就业质量;从重视推荐毕业生转向关心学生成长;从就业部门向教学部门的简单反馈,转向协同育人。

(二)加强网络信息化管理,搭建用人单位与学生的联系

在目前的就业市场上,内地高校一般是在学生毕业年级开展招聘会、宣讲会等活动。而这些活动往往是面向毕业年级的学生,低年级的同学对此一来兴趣不大,二来针对性不强,因此,用人单位的用人要求无法传递给学生。在教育管理过程中,也自然存在就业指导的滞后性。借鉴香港中文大学的经验,就业指导部门

应加强与用人单位的联系,尤其是增加开展实习见习的机会,帮助学生更加合理定位,科学分析个人的优劣势等,从而促进个人的发展。

随着信息化技术在各行业的应用,就业指导工作也可以通过信息化技术整合就业市场的信息,使用人单位可以通过网络查询到所需要的人才信息,毕业生也可以通过网络寻找合适的雇主,并可以通过网上签署意向书,然后再进一步地洽谈。

(三)合理设置就业指导课程

就业指导课程的设计和开展是就业指导的重要内容和重要途径。目前,内地高校开设的就业指导课程大多存在四个方面的问题:一是师资参差不齐,多数高校的就业创业课程是由辅导员完成。而辅导员自身的阅历和经验都极其有限。二是教学多是理论授课,讲授的内容多是采取灌输的方式,形式枯燥乏味。三是教学安排多是在大一刚入学和大四即将毕业时开展,和日常教育活动脱节严重,存在"两张皮"的现象。四是实践课程形同虚设,由于资金、场地、条件的限制,尽管部分高校开设了就业指导实践课程,最后也是不了了之。因此,我们应该合理设置就业指导课程。要树立对大学生从一年级做起、进行四年全程指导服务的理念。在大学一年级,侧重进行专业与职业前景教育,将所学的专业与未来的素质要求和就业出路相联系。大学二、三年级是学生积累专业知识和职业技能的阶段,要引导学生思考和设计自己的职业生涯,结合社会需求建立自己的知识结构,进行适当的技能培养,以塑造适应未来就业市场需要的"全人"。大学四年级是实现就业的关键性阶段,要根据其特点进行就业制度政策和求职技巧方面的指导,并对大学生进行教育和心理辅导,帮助其做好"从学生到社会人"的角色转换。除此以外,应该借鉴香港中文大学的体验式学习方法,积极搭建平台,创造条件,帮助学生提升个人的竞争力。

(四)更新就业指导理念,鼓励大学生自主创业

在大众创业、万众创新的今天,创业也成为了高校的重要职能。创业创造的不仅仅是就业岗位,还有学校生产力和竞争力。学校就业指导部门应该大力培养学生的创业理念,提供创业政策和优惠,鼓励和支持大学生创业。这样才能有利于增强大学生的创业意识,激发他们的创业激情,逐步完成从学校直接走向社会的转变。

参考文献:

[1]朱义清韩尚峰.香港大学生就业工作对内地高校的启示[J].重庆科技

学院学报(社会科学版),2009(09):94-95。

[2] 何海翔. 香港高校就业指导的特点及启示[J]. 湖南师范大学教育科学学报,2012(01):97-100。

(文/医学检验学院 吴春丽 黄育宽)

香港中文大学的学生工作对医学新生教育的启示

香港中文大学是一所研究型综合大学,致力于发扬中国传统文化,结合传统和现代,融会中国与西方,坚持全人教育的理念,注重通识教育,在学生教育管理方面积累了许多成熟的做法与经验。笔者有幸参与为期一周的学生事务及教学管理干部研究班,领略了香港中文大学先进的教育理念与开展学生工作的做法,具有较强的借鉴意义。尤其是对于大一学生,大一学年对学生而言是非常关键的时期,是否能适应,从中学到大学,从家乡到外地,从被照顾到独立自主等的各种转变,关系到学生今后的学习生活和发展。新生不适应的问题主要表现在生活环境不适应、学习不适应、目标缺失、人际沟通障碍等方面。若在这一时期,有针对性开展教育活动,帮助学生适应过渡期,完成角色转换和定位,树立职业目标和理想,具有非常重要的意义。

一、香港中文大学的学生工作实践

香港中文大学的学生工作强调教育功能,通过提供平台及机会,学生通过参与不同的活动增强体验式的学习,协助学生扩展视野,让学生有所反思与学习,促进学生的自我发展和全面发展。

(一)举办迎新活动-熟悉新环境

香港中文大学最有特色的迎新活动就是 Orientation Camp(迎新营),简称 O Camp。迎新营一般是由学生事务处、学生资助处及学生会或书院、舍堂联合主办的大型迎新活动,在开学前2周举办,持续时间一般4-5天。有面向全体新生开展的,也有专门针对内地生、国际生开展的迎新营,主要内容有开营礼、校园探索、图案书馆参观、校友分享、时间管理和目标驱动等成功学工作坊、小组分享、大师讲座等等。O Camp 会把新生分成很多小组,每组大约10人。每组由2名在校老生担任组爸组妈,带领 10 名左右新生为组子组女。除了新生营的活动,在全年里,组爸组妈与组子组女每个星期都会见面,聊天谈心,对新生在学习生活中的遇到的问题提供建议。在新生营中,最传统也最受欢迎的竞技项目,自然非 Check Point 莫属。Check Point 是类似野外定向游戏,参与活动的新生由组爸组妈带领,按照游戏指引到学校指定地点完成指定任务,任务花样层出不穷。参与 O Camp 的新生人数众多,口碑好,是帮助新生快速了解学校、熟悉新环境,认识新朋友,感受校园文化和人文风情的平台,以便更好的融入大学生活。

(二)开展学业指导计划 - 学业指导

由院系为主导解决学生专业学习上的问题。每一名学生都有学业顾问,由教师担任。分为 2 个层级,第一层顾问主要协助学生解决学业上的问题,并提供各方面的学习信息和指引,让学生得以均衡发展;第二层顾问主要是对学业有问题的学生提供进一步的辅导,并提供其他协助或转介。在学生事务处下设来港生组,还专门针对内地生及其他非本地生提供学习辅导。

(三)全方位的心理辅导 - 心理过渡

开展个人心理咨询,针对新生开展心理评估,为有需要的同学提供身心健康、性格测试等心理测试,以加深同学对自我的了解。关注个人成长的活动,举办不同类型的活动和工作坊,与同学探讨在生活和成长中所遇到的问题,以提升个人处事待人的能力。开展心理健康教育推广,举办全校性的活动,提供咨询,加强学生的心里健康意识。

(四)注重学生早期接触及服务社会 - 专业为本

香港中文大学致力于培养学生对社会的承担,培养学生敏于体察别人的需要和困难,培育学生的人文意识和创新批判思维。在学生事务处下设立社会及公民参与组,透过博群计划,开展社会服务日、社区研究计划、乡郊长者关怀等活动,设立社会服务项目基金,鼓励学生积极参与社会及公民服务,关注弱势群体,从实践中学习。伍宜孙书院针对一年级的学生设立"创新志业及社会责任"的通识教育必修课程,包括四个专题,分别是个人、社会与大学,社会问题及议题,市场经济中的创意、社会福利及社会企业,思维心理学与创意,为时 12 周。针对医学生,在入学后实施四年家庭跟踪计划,也就是让医学生深入到一个有孕妇的家庭,进行连续 4 年的跟踪调查。其目的是使学生能够了解母亲从怀孕到分娩的经历、婴儿的正常成长过程、家庭保健方法、健康观念及保持健康的方法、社区卫生保健措施和改善医患关系的方法,使学生形成医学防治的整体观念和系统知识。[1]

(五)早期开展就业指导和职业规划 – 确立目标

学生与老师有许多交流的机会,如校长开放日、论坛、高桌晚宴、夜话等。尤其是大师友计划,计划为期一年,由资深的专业人士与在校学生进行配对,透过向导师的学习交流,汲取宝贵经验。有利于学生扩宽视野,贴近社会,确立就业及人生目标,丰富个人网络。这些专业人士来自社会各界,许多不乏香港中文大学的校友。在2015年,共有136位学长参加计划,有234个学生受惠。

二、拓展务实高效的新生教育途径

(一)改进新生教育的课程

目前我校的新生教育课程包含有学籍管理教育、校史教育、校规校纪教育、心理讲座、消防交通安全教育、校园安全教育、保密教育、网络信息安全教育、国家助学政策解读和图书馆教育等。采取的形式也多以理论课、观看录像、考试的形式进行,学生更多是被动的接受,缺乏参与与互动交流。可以改革课程授课方式。例如可采取的是新生营的方式,把校史、校规的教育融入有趣的活动中;以案例为导向,展开课程的学习;结合参观医院的形式进行专业思想教育;以小组讨论PPT汇总、知识竞赛、提交学习总结报告的方式,代替开卷考试等。

(二)发挥朋辈指导作用

朋辈教育的主要作用是促进助人者的个人发展、为朋辈提供支持和照顾、对学校的心理氛围产生积极的影响以及在专业心理辅导人员和有心理问题的学生之间起桥梁作用。[2]优良学风班与新生班级结对子,优秀学生党员、学生干部担任新生班级的班主任助理,开展传帮带活动。向新生熟悉校园周边环境,分享学习计划和学习经验。

(三)早期接触临床、社会

建立医学专业新生的预见习计划,在第一学年,有计划地安排新生参与医院导诊、护送病人等义工服务,通过感受医院、感受医生、感受病人、感受生命,以加强专业思想教育,培养专业兴趣,塑造医学生早期学习阶段职业精神,为后续理论课程的学习和加快知识的内化过程奠定基础。鼓励学生参与学生志愿服务团队和社会实践活动,关注弱势群体,调研社会热点问题,以培扩宽视野,培育公民意识。

（四）搭建交流互动平台

搭建师生互动交流网络平台，学生可在网上提问，下载教学计划与学习资料，反馈教学意见。落实教师担任新生班主任制度，可邀请退休教师担任新生课外辅导教师。发挥校友资源的作用，开展师友计划、校友论坛。

参考文献：

[1] 向秋玲．王淑珍、余菁、王庭槐．香港中文大学与中山大学医学教育课程教学的比较[J]．医学教育探索，2010：1015－1018．

[2] 王思斌．社会工作专业化及本土化实践[M]．北京：社会科学文献出版社，2006：99．

（文/第三临床医学院　何锦霞）

香港中文大学教育理念对内地研究生自我教育的启示

研究生是我国高层次人才培养的重要群体，如何提高他们的教育质量是高校亟待解决的重大课题。原苏联教育学家苏霍姆林斯基说过："只有当受教育者，不是依赖外在力量而是靠内在力量，根据社会需要和自己的需要，主动地调遣和丰富充实自己时，才是教育的最大成功。"因此笔者认为研究生的"自我教育"问题是提高研究生教育质量重要而关键的环节。香港中文大学强调尊重学生的主体地位，发挥学生自我管理、自我负责、自我发展的教育理念对内地研究生自我教育的探索与发展具有较强的启示和借鉴意义。

一、研究生自我教育的内涵

何谓自我教育？苏霍姆林斯基认为，对于少年学生，尤其需要注意让他们学会自我教育。因为，"一个少年，只有当他学会了不仅仔细地研究周围世界，而且仔细地研究自身的时候，只有当他们不仅努力认识周围的事物和现象，而且努力认识自己的内心世界的时候，他才能成为一个真正的人。这里说的就是学生在精神生活的一切领域里的自我教育。"[1] 邱伟光、张耀灿主编的《思想政治教育学原理》中指出："所谓自我教育法，是指受教育者根据思想政治教育的目标和要求，在自我意识的基础上通过自我认识、自我体验、自我控制产生积极进取之心,主动接受先进思想和正确行为的方法。"白晓燕认为"自我教育是教育对象从自身发展需要出发,依据社会的价值要求,充分发挥教育对象的能动性,既主动求教,又接受他教的影响,使教育对象在品德、才智、心理、审美、体质等诸方面不断发展和完善的教育活动。"[2]因此,在以上自我教育内涵的基础上,笔者认为自我教育是指个体主体在自我意识发展的基础上,在自我社会化的过程中,以自我意识为前提,通过主客体的分化,把自身作为教育对象,以社会主义道德规范和主体自身发展的需要为客体,通过自我选择、自我内化、自我控制等过程,有意识地改造和提高个体认识的主体性,使自己在德、智、体、美等方面不断发展和完善,真正成为社会所需要的人的一种高度内省的教育活动过程。

二、香港中文大学教育理念

通过学习进修与考察交流,并结合自身的认知,笔者认为香港中文大学教育理念在以下三方面值得我们学习与借鉴:

(一)坚持"全人教育"的育人理念

香港中文大学认为教育的目的不仅仅是帮助学生学会如何学习,更重要的是学会如何做事,如何做人及如何与人相处,也即是坚持全人教育理念,强调尊重学生的主体地位,多元化全人发展。所谓"全人教育"是指将"以人为本、全人发展"理念贯穿于高等教育全过程,其着眼于学生个体的内在潜能,根据个体差异给予充分的引导、激励、唤醒和鼓舞,使每个学生潜能得到最大限度的开发,将作为人的本质的创造精神引发出来,使他成为自主自觉、优化而和谐发展的健全个人,在德、智、体、群、美、事、情七方面全面发展。[3]

香港中文大学通过"培育既专且博的人才,致力拓宽同学视野,及培育综合思考能力,使学生成为领袖人才,贡献社会"的教育愿景和目标,更注重挖掘和发挥学生个体的潜能实现优化而和谐发展。在此目标引领下,学校尊重每个学生的主体性,照顾每个学生多元能力的需要,同时着重形式教育(学科专业学习及研究,增强硬技能)和非形式教育(学科以为的课外活动及个人教育以发挥个人潜能,提升软技能)以此促进学生扩宽视野,建立发展解难能力,培养对社会的承担,进而达到全人发展的教育效果

(二)秉持以人为本、支援辅导的教育理念

香港的学生在18岁之后就会被视为能够对自己思想行为、生命选择负责的的成年人,因此香港高等学校会对学生给予了充分的信任,给予学生更大的空间

去组织和掌握自己的学习,去发展各方面的才华。学校在贯彻尊重学生的主体地位,发挥学生自我管理、自我负责、自我发展的教育理念的同时,也以一个引导者和支援者的身份提供周到的服务和设施,制定全方位的学生支援计划,营造良好的成长环境氛围,协助学生投入大学生活,并通过不同的活动、援助及辅导,培养学生各方面的才能,为日后升学及就业做好准备。在这种教育理念培养出来的学生主体意识和自我负责观念相对比较强。他们会主动地去思考自己人生,去规划未来的历程,而这正是教育最终的目的。

(三)注重实践活动,倡导国际交流的教育理念

大学要造就领袖人才,必须本身具备世界水准的教育素质。因此,香港中文大学在加强学术研究、提高科研水准、改革课程及学制和开阔教师和学生的视野以及加强学术交流合作等方面都进行了积极的努力。如与世界逾一百五十所院校开展学生交换计划,让学生有机会与不同国家的学生交流共处,扩展视野;制定外展培训计划,鼓励学生申报实践活动项目,在校期间至少参与一次出境游学交流活动;发挥学生主动性,以市场需求和个人成长需求为原则,让学生自发组织团体并开展各类活动等。多元化的活动和游学交流,给学生提供广阔的知识基础和宽广的知识视野,也进一步让他们能够具备国际化的眼光及更加广阔的胸怀来分析问题,增强社会责任感和提高社会能力,最终成为有理想、有作为、具有远见和广泛才能的领袖人才。

三、香港中文大学教育理念对内地研究生自我教育实现的启示

(一)更新教育理念,促进研究生自我教育

不同的教育理念会产生不同的教育模式,也就会导致受教育者形成不同的价值观念。相对于香港高等教育而言,内地传统教育未能很好地把成年学生视为独立的主体来尊重、教育和管理,未能深入地理解让学生自我负责,自我发展的教育观念,更多的仍是以家长式包办的教育理念和制度去规范学生,为学生做主,规划学生的生命历程。学生在这种教育理念的影响常常会以托付者的价值观念完全按照依赖传统教育固有的模式生存,不再发展自我独立、自我教育、自我成长、自我负责的意识。如此一来,学生的心智有可能只停留在未成年人状态,一味地依赖家庭、学校和社会,始终不能以成年人的心态去面对社会,对自己的人生负责。因此,教育者需要更新教育理念,借鉴学习香港中文大学的尊重学生的主体地位,发挥学生自我管理、自我负责、自我发展的教育理念,立足于研究生身心发展的规律,尊重和弘扬学生的主体意识,尊重他们内在价值的自我实现和完善,激发和引

导他们增强自我教育的意识,学会对自己的思想行为负责,发挥个人的内在潜能,自主自觉地把科学的政治思想、价值观念、道德规范内化于心,外化于行,真正成为身心健全、全面发展的人才。

(二)完善自我意识,提高自我教育的能力

自我意识是一个人在社会化过程中逐步形成和发展起来的,对自我以及自己与周围环境关系的多方面多层次的认知、体验和评价,是个体关于自我全部的思想、情感和态度的总和。提高自我教育能力的基础是要不断完善自我意识,因为它对研究生个性的形成、发展起着调节、监督与校正作用。笔者认为可以从三方面引导研究生树立正确的自我意识。第一,正确认识自我。苏霍姆林斯基指出"人生的真谛,实在于认识自己,而且是正确的认识自己,自我教育正是从这里开始的。"[4]它是研究生自我体验、自我监控的基础。正确认识自我也就是要客观的自我解剖,认识到自己作为主体存在的规定性和自由性,扬长避短,树立自尊和自信的科学自我意识,同时在他人的评价和在开放的社会实践中沟通他人与自我、自我与社会诸要素之间的关系,从而能客观地认识评价自己,不断完善自身的个性品质。第二,坚持自我学习。自我学习能力的培养是自我教育的动力环节,它能激发学生内在的潜力,充分发挥他们的积极性和创造性,进一步开发他们的自我教育能力。坚持自我学习,除了保留传统的学习书本和理论外,还要创造性的实践活动学习,善于发现、学习竞争对象的长处与优势,弥补自己的不足,用以增强竞争的动力。第三,进行自我反思。孔子说"学而不思则罔,思而不学则殆"。儒家认为,这种反省内求的精神是人在道德上不断自我进取的动力。引导学生经常性地理性思考,进行自我反思,可以促进他们不断矫正自我认识的偏差,逐步提高自我评价和自我控制的能力。这种理性方式的自我反思是研究生把握自身发展规律,进行自我教育的一种重要方式。

(三)加强正面引导,保障研究生自我教育的外在条件

苏霍姆林斯基认为,外部环境是学生精神生活的决定因素。也就是创造良好的自我教育环境能进一步发挥研究生的自我教育的效果。这就要求教育者必须加强正面引导,提供保障学生自我教育的外在条件。

1. 强化导师责任制,发挥导师的模范和榜样作用

"学高为师,身正为范。"导师是研究生的良师益友,他们的模范和榜样的力量通常通过感染、暗示、模仿等方式发挥作用,激发学生的进取精神,为学生的自我教育提供了良好的契机并使他们终身受益。因此,这就要求导师强化自身责任制,有意识地培养学生自我教育,促使研究生达到自我完善的目的。

2. 搭建平台，参与管理，构建自我教育的组织体系

自我教育可分为个体自我教育和集体教育两种基本形式，两者是相辅相成的。其中个体自我教育强调个人将自身作为主体，以积极的态度对待外部的灌输和环境的影响，自觉地促进思想转化，并积极付诸实践，从而形成一定的行为习惯。集体自我教育是通过群体的学习，在群体环境影响下自觉接受先进的、正确的思想，抵制、克服消极的和不良的思想，自觉进行思想转化和行为控制，从而形成良好的思想道德品质的过程。研究生会和学生社团等组织是建立在"自我教育、自我管理、自我服务"基础上的群众性学生"自治"组织，是沟通广大学生与学校联系的桥梁纽带，也是学生参与学校民主管理、推进自我教育的重要组织体系。学校通过此组织体系，鼓励学生结合市场需求和个人成长需求为原则，自主开展内容健康、形式活泼的活动，使大学生在活动中实现自我教育，在活动中完善个体自我教育与集体自我教育的有机结合。

3. 注重实践活动，在实践中达到自我教育内化

教育本身就是一种实践活动。研究生的自我教育作为一种主体的自我实现活动，只有通过实践，他们的品德修养、思想观念、情感体验、方法技能等才能逐渐内化、深化、检验，才能真正成为内在精神世界的一部分。研究生应尽量多参加实践活动，如通过"三助"工作，带教本科实验课，带教本科实习生等把实践与操作能力和理论研究相结合，在教学的准备中无形提高了研究生自我教育的认识，加大了自我教育的动机，促成了自我教育的行为。学校积极搭建科研实践平台，如博士论坛、研究生论坛、临床新进展等，邀请国内外专家、学校博士等进行专题讲座，开展科研开题报告汇报比赛，组织参加科研项目申报和竞赛活动等为学生普及相关知识和技巧，提高科研水平；加强与国内外学校合作，联合培养研究生，传达国内学术会议通知，鼓励研究生走出去交流，拓宽学术视野；鼓励和引导研究生结合个人专业知识和研究成果，以科研报告、科研成果的转化、临床知识技能等形式为社会的发展服务。实践活动让研究生在活动中体验式学习，并将外部的教育信念经过自我认知和思考内化为自己的内心道德准则和理想信念，同时自觉地将道德准则和理想信念外化为自己的行为规范，使行为和认知达到统一，进而达到最佳的教育效果。

参考文献：

[1]苏霍姆林斯基. 给教师的建议[M]. 教育科学出版社,1984年第35页
[2]白晓燕. 思想政治教育中的自我教育探析[M]. 北京：首都师范大学出

版社,2008.

  [3]梁爽,王秀彦,高春娣等人,全人教育理念下的香港高校学生事务管理及其对内地高校的启示[J]中国电力教育,2008年11月,第225-227页

  [4][苏]苏霍姆林斯基著.《少年的教育和自我教育》[M].北京:中译本北京出版社,1984,第235页。

（文/研究生学院 陈秋余）